宝鸡文理学院横渠书院项目“清代陕西士绅与地方社会事务管控研究”（ZKH09）成果

宝鸡文理学院哲学重点学科建设经费资助

横渠书院丛书 • 王志刚 刘学智 / 主编

清朝陕西地方社会治理视野下的士绅研究

杨银权◇著

中国社会科学出版社

图书在版编目(CIP)数据

清朝陕西地方社会治理视野下的士绅研究／杨银权著．—北京：中国社会科学出版社，2016.1

ISBN 978-7-5161-6662-8

Ⅰ.①清…　Ⅱ.①杨…　Ⅲ.①绅士—社会阶层—研究—陕西省—清代
Ⅳ.①D691.71

中国版本图书馆 CIP 数据核字(2015)第 166953 号

出 版 人　赵剑英
责任编辑　周晓慧
责任校对　无　介
责任印制　戴　宽

出　　版　中国社会科学出版社
社　　址　北京鼓楼西大街甲 158 号
邮　　编　100720
网　　址　http://www.csspw.cn
发 行 部　010-84083685
门 市 部　010-84029450
经　　销　新华书店及其他书店

印刷装订　三河市君旺印务有限公司
版　　次　2016 年 1 月第 1 版
印　　次　2016 年 1 月第 1 次印刷

开　　本　710×1000　1/16
印　　张　19.25
插　　页　2
字　　数　325 千字
定　　价　72.00 元

凡购买中国社会科学出版社图书，如有质量问题请与本社营销中心联系调换
电话：010-84083683

目　　录

导　论

一　选题原因及研究意义

中国古代属于等级森严的阶级社会，为了维护封建统治，强化中央集权，有效实现对全国民众的统治，历代统治者在人才选用及治国策略选择方面，可谓殚心竭虑，但无论他们采取什么样的统治方式，其对广大基层地方社会的有效治理及管控都离不开地方“士绅阶层”的参与和支持。这种现象的长期存在有两个重要原因：其一，士绅阶层是各级官员的主要来源。这些饱读诗书和儒家经典教义的读书人，常常通过科举考试、捐纳、赏赐、恩荫、军功等形式挤入统治阶层行列，从而代表皇权实行对百姓的直接统治。因此，他们具有治国安民、治理地方社会的实践经验。所以，他们属于封建国家的准官员或者卸任官员。其二，即使那些没有挤入统治阶层行列，或者已经从官场退出的士绅，他们同样在地方社会中发挥着不可忽视的作用。这是中国古代知识分子特有的使命感和忧患意识所驱使的结果。此外，由于统治阶级的精力和时间毕竟有限，他们不可能对全国广大地区，尤其是基层社会（县以下）实行直接统治。于是，作为“四民之首”的“士绅”就成为协助地方官员有效治理地方社会的最佳人选。“士绅”于是充当了“官”“民”之间的桥梁和中介。官绅合作从而成为地方社会管控的最佳模式。

基于此，士绅在中国古代社会是一个特殊的阶层。作为四民之首，他们虽不属于统治者，却在基层社会里担任了治民的角色。尤其在社会秩序不稳定时期的基层乡村社会，士绅的作用有时候甚至比代表皇权的地方官员的影响还直接。在身份上，他们虽居“四民之首”，但究竟还属于“民”的范畴，但在地方社会里，他们却比其他平民享有更多更大的特权。正因如此，士绅研究在社会史研究中占据着举足轻重的地位。自20世纪以来，学术界对这一群体的研究范围越来越广，越来越深入。总体来看，学术界目前关于士绅相关问题的研究，主要集中在士绅的概念、内涵、作用等几个大问题上；对区域士绅的研究主要集中在经济较发达的江浙等地区。例如，学界对明清江南士绅的研究相对较多，而有关明清西北地区士绅研究的成果则相对较少。

从已有成果来看，关于“士绅”与统治者关系的研究也是学术界的一个热点，许多学者对此都有比较深入的论述。因为自古以来就有关于皇权和相权孰大孰小的矛盾和相关探讨。所以，对于统治阶级来说，如何有效地实现对相权的约束，并使之有效地佐理自己的江山和统治，是一个相当重要的问题。因为，相权过重，就会危及皇权，但约束过多，则会使自己处于闭目塞听、与世隔绝的状态。所以，如何把握好这个度，也是统治者时常需要思考的一个重要问题。为了深入研究这一阶层的特点及影响，在研究中，对于“官”和“绅”的内涵以及它们之间的异同，就是首先必须明确的问题。对此，邓玉娜在《“甲申之变”与中国官绅阶层》一文中认为，“官”是指在朝为宦的有大小品阶的官员，“绅”是指民间实际统治力量，或缙绅，或族绅或乡绅。“官”和“绅”总是相互联系、相互依赖的。尤其是在基层社会里，中下级官吏和地方士绅之间胶着紧密。……绅士与官休戚与共，享有种种特权，但同时又与基层民众保持着密切联系，成为官民之间的缓冲与中介。她进一步认为：作为官的触角的延伸，但凡官府政令的实施、赋税的征收、地方治安的维持，离开士绅的配合就无法进行。[①] 这种认识可以说是对士绅构成、士绅与官员关系、士绅在基层社会乃至整个中国古代社会中作用的一个概括，比较符合中国古代士绅，尤其是明清士绅在地方社会中的实际状况。

关于士绅在地方社会作用的研究力作，应属著名的美籍华人学者张仲礼先生的《中国绅士》与《中国绅士的收入》两部著作。在前一本著作中，张仲礼先生认为：“绅士充当了政府官员和当地百姓之间的中介

① 邓玉娜：《“甲申之变”与中国官绅阶层》，《郑州航空工业管理学院学报》（社会科学版）2005年第3期。

人。"[①] 尤其是在社会动乱和危机之时，"地方公事，官不能离开绅士而有为。"[②] 另外，张先生还进一步从封建王朝的行政设置、官员回避制度、士绅的流动转移环境、士绅的特点等方面，分析了促使士绅在基层社会事务中发挥天然职责的原因。他认为，在基层社会中，士绅所承担的事务，许多都是对政府有用的。这些事务若非士绅承担，则必须由官吏办理。然而，官吏的幕僚和书办太少，经费也不足，不能承担所有必要的事务，特别是地方政府，则更是如此。并且，官吏还因任期太短，对地方情形不熟，有些事务难以办理。因为政府条例对官吏在一个地方的任职时间也有限制，并规定官吏必须回避原籍。所以，这些措施虽有阻止官吏结交地方权势和各种关系的目的，但对他们的行政效率也产生了阻碍作用。[③]

总之，中国古代基层社会的状况可以概括为："盖官有更替，不如绅之居处常亲。官有隔阂，不如绅士之见闻切近。"[④] 于是，这些集知识、权势、声望和特权于一身的"士绅"，在传统社会中扮演着重要的社会角色。在不同时期，有不同的面貌和不同的具体内涵，但其"出则为官，居则为绅"，在统治者与被统治者、中央和地方社区之间，充当缓冲的基本功能却一直未变，这也正是士绅阶层的本色所在。所以，近年来，对士绅阶层在地方社会作用的研究逐渐成为一大热点，受到国内外学者的广泛重视，取得了丰硕的成果。

本书选择士绅阶层，尤其是关注他们在基层社会治理中的角色及作用，并将这一群体作为研究对象，主要有以下几方面的原因：

第一，"士"为四民之首，在封建社会里处于官和民的中间，充当着中介人的角色。作为政治精英和文化精英，他们在地方社会中，不但享有比较高的特权和待遇，而且对国家社会事务，尤其是对于家乡社会事务，有着其他阶层所无法替代的独特作用。因为广大乡民自身识字不多，判断能力有限，所以很多地方事务在很大程度上，是听取本族、本乡那些拥有知识的精英人士即士绅的决断的。对于士绅而言，以天下为己任的崇高使

---

① 张仲礼：《中国绅士——关于其在十九世纪中国社会中作用的研究》，上海社会科学院出版社 1991 年版，第 58 页。

② 胡林翼：《胡文忠公全集》第 4 册，世界书局 1936 年版，第 1757 页。

③ 张仲礼：《中国绅士——关于其在十九世纪中国社会中作用的研究》，上海社会科学院出版社 1991 年版，第 56 页。

④ 盛康：《皇朝经世文续编》卷 82，光绪二十三年刻本。

命感和强烈的责任感，也促使他们必须为地方事务鞠躬尽瘁，死而后已。因为，作为一个居于领袖地位和享有特权的社会阶层，他们把对自己家乡事务的处理和利益保护，当作不可推卸的责任。所以，他们承担了诸如公益活动、排解纠纷、兴建公共工程等职责，有时还组织团练和征税等事务。另外，作为知识文化的享有者或垄断者，他们在地方文化教育方面起着领袖作用，包括弘扬儒学社会所有的价值观念以及维护这些观念的物质表现，诸如寺院、学校和贡院等。① 就是说，士绅实际上承担着基层社会的许多事务性工作。

第二，士绅和地方官员的关系复杂。在地方社会中，士绅与地方官员常常合作，这主要是在他们的利益和意见一致时。士绅也常代表乡民去和地方官辩论、交涉，这主要发生在地方官员的行为或违背封建礼仪，或侵害包括士绅在内的地方乡民的利益时。所以，虽然大多数时候，士绅是与地方官员合作的，他们在地方官员的授意下代表地方官府行事，但在有些情况下，“士绅常常自行其是，官府只能默认或者勉强容忍”②。这种情况主要发生在封建王朝和地方官府统治力量衰微的封建王朝后期。所以，“在某些情况下，士绅也利用自己对官府的影响，将自己的意志强加于地方官吏”③。甚至，当士绅的利益受到损害时，他们还敢于去同官府讲理。究其原因，就在于大量的地方社会事务若离开地方士绅的参与，地方官根本就无法完成，所以他们必须依靠士绅来实现对基层社会的治理。例如，晚清白莲教起义、太平天国起义爆发后的地方团练事务，以及众多灾荒爆发之后的赈济事务，等等。

第三，地方社会的许多公共事务也基本上由士绅实际主持兴建或办理。地方志中有无数记载表明：士绅在修桥造路、开河筑堤和水利兴修等公共工程方面发挥了重要作用。例如在地方福利事务中，“官吏有时只是领个头，他们邀约士绅到县署磋商，然后任命他们主管赈济局”④。还有一些事情，官吏只是批准而已。例如，济贫、义葬、育婴堂或诸如此类的

① 张仲礼：《中国绅士——关于其在十九世纪中国社会中作用的研究》，上海社会科学院出版社 1991 年版，第 54 页。

② 同上书，第 57 页。

③ 同上书，第 59 页。

④ 刘衡：《办理春荒章程》，徐致初编：《牧令书》卷 14，道光二十八年刻本，第 58—60 页。

事务，至于经费和管理也均由士绅承担。[①] 例如，在学校等机构的修建方面，“往往修造工程由知县发起，但工程的建造和捐资都是由绅士承担的”[②]。此外，为本地的考试修造贡院，一般也认为是士绅的职责。[③]

作为中国古代士绅阶层的重要组成部分，清朝陕西士绅也不例外。他们同样在地方社会事务中发挥了重要作用，无论是承平时期地方社会的学校教育、公共事务、公共工程，还是社会动荡时期的战乱救助、社会秩序的维持、对乡民生命财产的保护等。例如，咸同年间的团练兴建、堡寨修筑等方面所起的作用尤为突出。

第四，知识分子被称为社会的良心，在当今社会，尤其是在“科技创新”等政策的号召下，广大知识分子越来越多地参与行政事务。对于知识分子从政这一现象，学术界也有不同的看法和意见，争论一般有以下几个方面。一是作为知识分子，尤其是从事学术研究的高级知识分子是否适合从政，以及从政对他们的学术研究有什么不利影响？通俗地说，就是知识分子从事基层行政事务工作是否大才小用？是否符合人尽其才的用人原则？另外一个比较集中也比较现实的争论，就是知识分子从政后是否能成为一名合格的官员？是否可以实现步入仕途时的初衷？因为在历史上，科举士子在中举后虽大多步入仕途，但是，他们并不全都是优秀的循吏，其中的一些人往往在官场的政治斗争中一败涂地。另外，许多人也会因为耿直的个性而与官场风气格格不入。于是，罢官者有之，隐退者有之。而回乡之后的士绅因为具有较高的文化素养、高尚的道德操守、忧国忧民的忧患意识、立德立业的主观意愿、关注民生的民本思想，等等，所以他们在基层社会治理中发挥了重要作用。

总之，这一课题研究的意义在于，通过揭示清代陕西士绅在地方政治、经济、文化、公共事务等方面的作用及得失，尤其是探究其人在基层社会文化教育、公共工程、慈善事务、社会风俗等方面的作用，有助于我们对现今知识分子从政现象，以及知识分子在社会事务中应尽职责等方面有更深入的认识和研究，进而对当今社会官民关系紧张，农村基层社会治理工作难度加大，农村安全事件频出，农民法律意识淡薄等社会现实问题

① 陈宏谋：《育婴堂条规事宜册》，《牧令书》卷15，第23页。

② 张仲礼：《中国绅士——关于其在十九世纪中国社会中作用的研究》，上海社会科学院出版社1991年版，第68页。

③ 戴肇辰：《广州府志》卷65，光绪五年刻本。

的解决和治理，给予一定的借鉴和启示。

二　该课题研究现状

士绅是明清时期一个“独特的社会集团”，在国家、社会中占有举足轻重的地位，他们不仅具有社会所公认的政治、经济和社会特权，而且享有独特的生活方式，并且高居于平民之上，主宰着广大民众的生活，担负着多种社会职能，构成了全部封建统治的基础，以致有人称古代中国为“绅士之国”①。自20世纪40年代以来，海内外学者对士绅的关注和研究逐渐热了起来，也取得了丰硕成果。从总体上看，研究相对集中于以下几个方面。

（一）关于士绅概念的相关论述

在国内，士绅概念从一开始就存在着分歧。在《皇权与绅权》② 一书中，费孝通认为：“绅士是退任的官僚，或者是官僚的亲亲戚戚。”吴晗则说：“官僚、士大夫、绅士、知识分子，这四者实在是一个东西，虽然在不同的场合，同一个可能具有几种身份，然而在本质上，到底还是一个。”马敏在《官商之间——社会剧变中的近代绅商》③ 中认为，绅士“应当是指以科举功名之士为主体的在野社会集团，同时也包括通过其它渠道（如通过捐纳、保举等）而获得身份和职衔者。”王先明在《近代绅士——一个封建阶层的历史命运》④ 中认为，绅士是“一个处于封建官僚之下、平民之上的独特社会阶层。”沈葵在《中国近代绅士阶层及其社会地位》⑤ 中则认为：“士绅主要是科举及第未仕或落第分子、当地较有文化的中小地主、退休回乡或长期赋闲居乡养病的中小官吏、宗族元老等一批在乡村社会有相当影响的人物。”周荣德在《中国社会的阶层与流动——一个社区中士绅身份的研究》⑥ 中认为：绅士是一个社会的知识阶

① 费正清：《美国与中国》，世界知识出版社1988年版，第33页。
② 天津人民出版社1988年版。
③ 天津人民出版社1995年版。
④ 天津人民出版社1997年版。
⑤ 《光明日报》2001年11月13日。
⑥ 学林出版社2000年版。

层，有着许多与普通人不同的特征，他们有着特殊的规范系统，有着特殊的生活方式，还有着特定的文化抱负，本身博学多才。他们不仅精通和遵守儒家的伦理道德，而且在社会变迁的过程中，也能较快地接受新东西。

在这些观点中，以张仲礼先生的言论最具有代表性，也基本上得到了学术界的认可。张仲礼先生在《中国绅士——关于其在19世纪中国社会中作用的研究》中认为："绅士的地位是通过取得功名、学品、学衔和官职获得的，凡属上述身份的，自然成为绅士集团成员。功名、学品和学衔，都用以表明该身份者的受教育背景。官职一般只授给那些其教育背景业经考试证明的人。"也就是说，张先生认为，"绅士是包括官员在内的所有拥有学衔和功名的集团"。以上观点，虽然各有不同，但有一点是相同的，那就是他们都把科举功名的获得者看作士绅的主要构成部分。但对是否包括在职的官员，是否包括生员，是否包括职官在乡的子弟，是否包括居乡的地主及其他具有较多财富和较高社会地位，但未有任何功名职衔的地方精英分子，还存在着很大分歧。

除以上这些比较有代表性的论点外，近年来，专门探讨"士绅"、"绅士"、"士大夫"、"知识分子"等内涵的文章也不少。主要有：吴佳佳《"绅士"的内涵》①；张培锋《论中国古代"士大夫"概念的演变与界定》②；王乐《士人、士绅、士大夫异同辨》③；汪国风《士大夫与知识分子》④；张涛《"知识分子"与"士大夫"辨析》⑤；郑也夫《知识分子的定义》⑥，等等。

（二）士绅制度研究

阳信生《明清绅士制度初探》⑦一文，从士绅阶层产生的原因、制度来源以及绅权的制度性保障入手，分析指出，士绅制度开始于隋唐，到明清时期趋于成熟。它是封建社会地方政治制度的重要组成部分，也是中国封建政治制度的一大特色，并成为封建皇权统治的基础和重要保障。另

① 《安徽文学》2006年第8期。
② 《天津大学学报》2006年第1期。
③ 《东岳论丛》2006年第2期。
④ 《浙江师范大学学报》2006年第5期。
⑤ 《武汉理工大学学报》2005年第5期。
⑥ 《北京社会科学》1997年第3期。
⑦ 《船山学刊》2007年第1期。

外，费孝通《论绅士》[①] 则认为："士绅是大一统的专制皇权确立之后，中国传统社会所特有的一种人物。"对于士绅的形成，杨力伟《士绅的产生、衰落与消亡——一个宏观的透视》[②] 的论述更为具体，他认为："由科举途径而获得的功名身份的终身制，使一批人沉淀下来，形成了一个有稳定的制度性来源的社会群体——士绅集团。"这些观点应该是学术界对士绅制度形成所作研究中比较有代表性的观点。

（三）士绅基本构成研究

关于"士绅"的构成，学者们通常采取二分方法来叙说。张仲礼《中国绅士——关于其在 19 世纪中国社会中作用的研究》把中国士绅分为上层集团和下层集团；按士绅身份的获得途径又分为"正途"和"异途"两种。周荣德先生《中国社会的阶层与流动——一个社区中士绅身份的研究》也依据士绅身份获得的途径，把士绅分为"正统"和"非正统"两部分。他把通过科举考试者称为"正统"，把通过花钱买来科举学衔者称为"非正统"。王先明《近代绅士——一个封建阶层的历史命运》则采用分类列举的方法，把士绅分为以下几类：其一，具有生员以上的科举功名者。其二，由捐纳而获得"身份"者。其三，乡居退职官员。其四，具有军功的退职人员。其五，具有武科功名身份者。他把这些看作"士绅"的基本构成因素。

总之，在目前关于士绅的分类方面，吴佳佳的分类应该算比较细致的，其《"绅士"的内涵》从不同的角度出发，把士绅分为八类：第一，依据功名职衔获得途径的不同，将士绅分为正途和异途。第二，依据居住地的不同，分为城绅和乡绅。第三，依据所取得的功名和职衔的高低，分为上层士绅和下层士绅。她把获取生员、监生功名者归为下层士绅，而把获取贡生、举人、进士等高级功名者归为上层士绅。第四，依据士绅籍贯的不同，分为本地绅士与外来绅士。第五，依据绅士所从事的主要活动或职业的不同，把绅士分为商绅、学绅、军绅、职绅等，从事商业活动的为商绅，在新旧学堂中任教或求学者为学绅，从事军事活动者为军绅，在地方公共管理机构（如教育会、劝学所、自治公所等）任职的绅士为职绅。

---

① 费孝通、吴晗：《皇权与绅权》，天津人民出版社 1988 年版。

② 《社会科学调查》1991 年第 5 期。

第六，依据绅士所获取功名或职衔的类别以及绅士实际从事的主要活动，分为文绅和武绅。第七，依据绅士的政治态度，分为传统绅士和新式绅士（亦可称为“新绅士”和“旧绅士”）。第八，依据绅士品行的优秀与否，分为正绅和劣绅。

（四）士绅社会职责研究

在历史上，中国绅士承担着非常重要的社会职责。张仲礼先生说：“绅士作为一个居于领袖地位和享有各种社会特权的社会集团，承担了若干社会职责。他们视自己家乡的福利增进和利益保护为己任，所以在政府官员面前，他们代表了本地的利益，承担了许多诸如公益活动、排解纠纷、兴修公共工程等地方事务，有时还组织团练和征税等许多事务。士绅在文化上的领袖作用包括弘扬儒学社会所有的价值观念以及这些观念的物质表现，诸如维护寺院、学校与贡院等。”另外，“绅士还有一个重要的社会职责是，他们充当了政府官员和地方百姓之间的中介人”。“同时，绅士作为本地的代言人，常常去说服政府接受他们的看法。”① 周荣德认为：“士绅成员可以看作是马克斯·韦伯命名为‘业余’或‘非业余’类的行政人员。”“士绅执行许多任务，最重要的任务是，充当社会领袖，组织社区的防卫，调解人民日常的纠纷，关心人民生活，为社区人民树立楷模，以及帮助人主持婚丧等事宜。”② 萧公权《中国乡村：19世纪帝国的控制》集中阐述了绅士的社会角色及其与国家的关系。他认为，在正常情况下，绅士能与国家保持一致，因为王朝的延续，可保证他们继续享受为人所垂涎的特权地位；尤其是进入官场的绅士，其利益与现存政权紧密地交织在一起，因而有着比士人更强的动力来支持这一政权。

然而，绅士与国家也有利益分歧，当把他们维系在一起的环境发生重大变化时，二者就可能会背离。有学者认为：因为绅士中许多人谋取地位，是为了更好地保全家庭财产，对抗侵占，而不是为了满足他们为帝国事业服务的愿望。瞿同祖在《清代地方政府》中以地方政制为依托，分析了绅士的特点与地方政府的关系。他认为，绅士是一群地方精英，是与

---

① 张仲礼：《中国绅士——关于其在19世纪中国社会中作用的研究》，上海社会科学院出版社1991年版，第48—52页。

② 周荣德：《中国社会的阶层与流动——一个社区中士绅身份的研究》，上海学林出版社2000年版，第59、93、94页。

政府的正式权力相对应的一个非正式的权力集团，其影响主要集中在两个区域——民众与州县官。他认为，作为“一乡之望”、“四夷之表”，绅士在民间承担着多种社会职责，并由此取得对乡民的控制，但也往往利用其特权地位，武断乡曲。同时，由于地方政务繁巨，州县官必须借助绅士来施治，没有绅士的参与和支持，地方行政活动就会陷于瘫痪。对绅士而言，为了维护其既得利益及在地方社区的影响，他们也须借官势来统民。但是，官、绅在地方权益的分配上，也时常会发生摩擦，甚至出现集众抗官，与政府分庭抗礼的严峻势态。另外，费正清在《美国与中国》中认为，中国绅士至少应该从如下意义去理解：一是应当把“它视为一群家族，而不仅是个别有功名的人”。因为，作为个人的绅士是公家官员，掌管政权和行政事务，但也是处在家族关系中的成员，家势旺盛有利于绅士成长，绅士辈出也可扩大家族的影响。二是不应只从狭义上去理解绅士（指取得功名的人），“中国的绅士只能按经济和政治的双重意义来理解，因为他们是同拥有地产和官职的情况相联系的”。

旧中国的官吏以士绅家族为收捐征税的媒介。同时，士绅也为农民做中间人，他们在执行官吏压迫农民的任务时，也能减轻官员对地方社会乡民的剥削和压迫。因为对于地方官吏来说，在应付地方社会的水灾、饥荒或早期叛乱以及众多的次要案件和公共工程时，都需要士绅的帮助。所以士绅是平民大众与官方之间的缓冲阶层。另外，艾森斯塔特在《帝国的政治体系》[①] 中指出：“绅士主要生活在有墙城镇而不是乡村之中。他们是地方精英，其所担负的责任，一部分与其地位处于其下的农民有关，一部分与其上的官僚有关。农民共同体将之视为地主，视为庞大的统治阶级的最低一层。因为，绅士管理着有关土地使用的习惯权利与法律制度。”

（五）区域士绅研究

虽然学术界对绅士问题的研究很热，但大都是对整个群体的研究，涉及区域士绅研究的相对较少，即使有，也集中在明清时期江南等经济、文化比较发达的地区。例如，吴金成《明代江西农村的社会变化与绅士》[②] 重点讨论的是江西农村社会变化与绅士的关系。买文兰《绅士与地

---

① 三联书店 1993 年版。

② 《第二届国际汉学会议论文集：明清与近代史组》，石油工业出版社 1989 年版。

方——以河南士绅王锡彤为个案的透视》[①] 一文以王锡彤为例，从他在清末民初积极投身于地方教育、政务、捍卫地方利益等活动入手，论述其是如何成为具有一定趋新色彩的“学商”、“绅商”或“职商”的，他是中国内地士绅阶层近代型的典型，促进了近代社会的发展演化；其难以割舍的传统影响，又不可避免地对河南社会的进步产生了一定的制约。李世众《19 世纪中叶士绅阶层的分裂——以温州社会为考察中心》[②] 一文以温州为例，论述了 19 世纪上层绅士与下层绅士分裂的原因及其对社会的影响。余新忠、惠清楼《清前期乡贤的社会构成初探——以浙西杭州和湖州府为中心》[③] 以这两地为例，对绅士在社会生活中的主导性作了比较翔实的论述。徐茂明《同光之际江南士绅与江南社会秩序的重建》[④] 对太平天国运动后，江南士绅为维护自身的权力与地方政府一起，在政治、社会、文化、伦理等方面采取积极措施，努力重建江南社会秩序的活动做了比较全面的论述。同时，他从社会发展的历史趋势出发，论述了这种以复古为旨趣的重建秩序最终失败的必然性。赵世瑜在《社会动荡与地方士绅——以明末清初的山西阳城陈氏为例》[⑤] 中对社会动荡时期士绅在维护基层社会稳定方面的作用及动机进行了论述。马学强《乡绅与明清上海社会》[⑥] 对明清时代上海地区的一些乡绅挟势恃强，鱼肉乡里，从而激起民怨的事件进行了论述，从而指出这些恶绅劣宦的行为不但给地方带来了不稳定因素，而且还妨碍了区域社会经济的正常运行与健康发展。蔡晓荣《传统士绅与社会巨变——以辛亥革命前后的江西士绅为考察中心》[⑦] 对辛亥革命时期江西士绅对革命的推动作用，以及革命对士绅的影响等进行了论述，认为二者之间存在着一种微妙的互动关系，这种互动还对革命后的江西社会产生了重要影响。

通过以上论述我们得知，尽管学术界以张仲礼、吴晗、费孝通、王先明、周荣德等人为代表，对士绅的内涵、构成、特权地位及作用、流动、阶层的消失等诸多问题，有了较深入的研究，但是，还存在着明显的薄弱

---

① 《河南师范大学学报》2004 年第 5 期。

② 《历史教学问题》2004 年第 6 期。

③ 《苏州科技学院学报》2003 年第 3 期。

④ 《江海学刊》2003 年第 5 期。

⑤ 《清史研究》1999 年第 2 期。

⑥ 《上海社会科学院学术季刊》1997 年第 1 期。

⑦ 《江西教育学院学报》2004 年第 4 期。

与不足之处。

第一，已有成果主要是全国性、通论性的研究。例如，张仲礼先生的《中国绅士》概括了士绅在社会事务中共同的特性和作用，而对不同区域士绅的特点及导致这种特性形成的原因等的论述就涉及较少。

第二，关于区域士绅的研究成果数量相对较少。例如，周荣德先生的《中国社会的阶层与流动——一个社区中士绅身份的研究》主要是以云南昆阳县为例的；刘正伟的《督抚与士绅——江苏教育近代化研究》则主要是以清朝时期经济发达、文化教育水平较高、士绅活动更活跃的江苏士绅为例的，对他们与地方官的关系，尤其是与地方官合作创办近代江苏教育方面的作用进行了研究。关于区域士绅，尤其是西北地区士绅的研究非常薄弱。

（六）陕西士绅研究

目前，学术界并无系统地对清代陕西士绅群体研究的成果。在已有的研究成果中，主要涉及的是对那些在清朝时期比较有名的个别人物的研究。例如，对明朝遗民、陕西大儒李颙的研究成果非常多，其中，既涉及他对清朝征召山林隐逸及博学鸿儒的拒绝，也涉及其晚年派子代替自己赴京谢恩及对清朝态度转变等的研究；既有对其文化成果的研究，也有对其身处明末清初交际的探究。此外，学术界对明末清初陕西籍“贰臣”党崇雅的研究成果也相对较多。

总之，纵观已有的相关论著，学术界并无专门研究清朝陕西士绅，尤其是他们在地方社会治理事务中所扮演角色或作用等问题的研究。因此，系统、深入研究清代陕西士绅在地方乡村社会中所扮演的上交下达的中间人角色及作用，不仅对我们了解清代陕西地方的社会治理方式、途径、成效等具有重要意义，也对当今陕西地方社会治理乃至全国士绅阶层消失后知识分子的职责，以及地方社会的治理途径及方式，具有重要的借鉴意义。

三　相关概念及研究方法

1. 关于“士绅”。对于这个概念，学术界的看法各不相同，不同学者对此的理解均存在着差异和分歧，对此上文已经提及。在本书中，笔者采用张仲礼先生的界说，认为士绅是指那些具有生员以上功名，或有一定职衔的知识阶层。因此，本书所说的士绅，不仅包括武科功名获得者，也将文科功名获得者的致仕者——曾经的官员，纳入其中。而且，这些人是士绅构成的主体。因此，本书所认定的"士绅"概念比较宽泛，除武科功名获得者外，那些获得文科功名的待仕、出仕、退职者都被纳入其中。另外，由于士绅和绅士的概念比较相近，而传统的知识分子也可以看作士绅或者绅士。所以，有些时候，本书中士绅与绅士常常通用，只不过侧重有所不同。

2. 关于区域的界定。本书所涉及的陕西，即指清代陕西的行政辖区，即七个府，包括西安府、同州府、凤翔府、汉中府、兴安府、延安府、榆林府；五个直隶州，即乾州直隶州、商州直隶州、邠州直隶州、鄜州直隶州、绥德州直隶州。即七府、五直隶州、五属州、七厅、七十三县。

3. 清代的时间界说。本书所说的清代，是指从清王朝入关开始，即1644年一直到1912年宣统帝退位。

4. 研究方法。本书坚持"论从史出"的历史学研究原则，本着以大量史料为基础，通过众多史料来体现士绅在基层地方社会事务中的作用。这些基本资料主要是以《陕西通志稿》《续修陕西通志稿》中的人物传、学校志、选举、水利志等资料为基础，并借助了《清代史料笔记》中的相关著作。本课题研究力图以士绅的具体活动为例，分析他们在清朝陕西地方社会众多事务中的活动及其活动所产生的效用。同时分析士绅在地方社会治理中的官绅关系、绅民关系等对地方社会治理的作用及影响，等等。

第一章　清朝陕西地方文化教育事务中的士绅

一　士绅的传统职责

从任职的城镇返回到生长的乡村社会，士绅的作用和地位是比较特殊的。关于士绅在乡村基层地方社会中的作用，学术界有很多肯定他们重要作用的论述。例如，王先明就曾经这样认为：

> 在地方政府—士绅—村民的权力网络中，士绅在完成国家权力对村落共同体的社会控制职能方面，起着不可小视的作用。在乡村社区里，士绅是个管理社区的群体，执行着许多社会任务。如充当社会领袖，组织社区的防卫，调解人民的日常的纠纷，关心人民生活，为社区人民树立楷模，以及帮助人主持婚丧事宜等。……士绅并不象官员那样拥有钦命的权力，却享有基层社会赋予的天然的实际权威。“世之有绅衿也，固身为一乡之望，而百姓所宜衿式，所赖保护者也。……绅衿上可以济国家法令之所不及，下可以辅官长思虑之所未周，岂不使百姓赖其利，服其教，畏其神乎?”①

这段论述不仅肯定了士绅在地方社会中的作用，而且对其上交下达的地位也给予了肯定。他在另一部著作《中国近代社会文化史续论》中，对于士绅在基层社会的作用、原因及影响地方社会事务的具体内容，他作

① 王先明：《近代绅士——一个封建阶层的历史命运》，天津人民出版社 1997 年版，第 61 页。

了进一步细化：

> 以社会权威而不是以法定权力资格参与封建政权的运作，士绅阶层便集教化、治安、司法、田赋、税收、礼仪诸功能于一身，成为地方权力的实际代表。①

关于士绅在基层社会的作用，持相似观点的学者还有许多。例如，费正清在谈到清代地方政府的特点时就十分强调绅士的作用，他说：

> 在地方上，当地的小绅士，以及有可能出现的大绅士，他们左右着众多的事情。……地方长官只有在当地绅士头面人物的密切合作下，才能做他的工作。②

另外，孔飞力也说：

> 士子——绅士指那些得到功名的人，他们没有官职，生活于家乡社会，凭借他们的身份、财富和关系操纵地方事务……对社会事务的所有方面实施广泛的、非正式的影响。③

总之，士绅作为居于乡村的特殊力量，享有比较特殊的权力，有着高于其他平民百姓的社会地位，控制着文化知识上的话语权，所以，他们的作用和影响是比较重大的。由于中国古代社会素有重视文字的传统，这种现象也充分体现了国人对文化知识及其享有者的重视及崇拜。体现在具体的行动上，则是诸多惜字社的普遍存在。也正是因为如此，古代社会中的读书人受人们敬重已是不争的事实。因此，具有知识文化的读书人，不仅享有较高的社会地位和声望，有时还会因为文字、书籍等获得意外保全。例如，商州举人卢运熙在明末社会动荡，同里诸人被掳掠的情况下，因为他手上有《孟子》一卷，居然获得了保全。史料记载："卢运熙，商州

---

① 王先明：《中国近代社会文化史续论》，南开大学出版社 2005 年版，第 345 页。

② 费正清：《剑桥中国晚清史》上卷，中国社会科学出版社 1985 年版，第 17、25 页。

③ 孔飞力：《中华帝国晚期的叛乱及其敌人》，中国社会科学出版社 1990 年版，第 5 页。

人，康熙辛酉举于乡。崇祯癸未城陷，群儿被掠，俱焚死。运熙手持孟子一卷，贼义之，获免。”①

另外，从士绅自身来说，他们也把地方社会治理等社会职责的发挥看作自身天然的职责。这些作用和职责的范围十分广泛，包括地方文化事务、公共事务诸多方面。在本章里，我们主要讨论与士绅最密切的事务，即清代陕西士绅在地方社会文化教育事务中的职责和作用。

二 士绅重视地方教育的传统

在文化教育并不发达的封建社会里，士绅是唯一享有文化知识的群体，所以，在地方文化教育发展和社会文化建设等方面，发挥主导和主力军作用的往往也是这些身居乡村社会的士绅。另外，作为儒家文化的受益者和封建伦理纲常的卫道士，他们往往在维护地方教化，比如在“圣谕”、“乡约”宣讲等方面，扮演着实际的宣讲者和执行者角色。

关于士绅在地方文化建设以及地方社会教化中的作用，王先明认为：“绅士是儒家文化最忠实的信徒，也是这种文化的宣传者和维护者。他们是唯一享有教育和特权的社会集团。‘劳心者治人，劳力者治于人’的社会价值观决定了惟有文化占有者的绅士才拥有维护传统社会纲常伦理的职责。”② 以上论述，就是学术界对士绅作为地方文化建设主导的最好注解，即士绅之所以必须履行这样的职责，就是因为他们不但享有特殊的社会地位，而且在于他们对文化知识的垄断。因为士绅的主体构成是具有科举功名的“读书敦品之士”，是科举制度或封建教育的受益者和热心支持者。③

作为儒学教义确定的纲常伦纪的卫道士、执行者和代理人，士绅将学校教育和对儒家教化的关注和执行，视为他们最重要的职责之一。这些具体的事务包括创立和经理教育及文化机构，包括义学、私人书院、方志局、文学社团等的创办、运作，以及维持这些文化机构设施正常运转所需费用的筹措。因为所有这些教育和文化机构的负责人既需要经理能力，又需要文化才能。所以，只有士绅才有提供这些服务的资格，于是，创建并

① 《陕西通志》卷62“人物八”，第50页。

② 王先明：《中国近代社会文化史论》，人民出版社2000年版，第21页。

③ 王先明：《近代绅士——一个封建阶层的历史命运》，天津人民出版社1997年版，第53页。

经理这些机构者基本上都是士绅。而诸多事实也一再表明，这些事务的发展均离不开地方士绅的介入、参与，因为他们确实在各项事务中都发挥着实际的领导作用。

作为入主中原的少数民族政权，清朝统治者十分注重教化在维持封建统治中的作用。因此，统治者极力推动封建教化在社会中尤其是基层社会中的发展并发挥其作用。为了加强对基层民众的控制与约束，除了宣讲圣谕外，创办义学等也是加强社会控制的一种手段。因为清朝统治者认为，礼教、法制教育离不开起码的文化水平，“民不知诗书，士不畏王法，包粮健讼，结党成群，武断乡曲，皆平日漫无防检以束身心，是以放佚至此，急宜兴举义学”①。

正是因为充分认识到了教化的重要作用，以及义学、社学等在维护良好社会风俗等方面的作用，所以，清朝统治者大力提倡地方官员和士绅积极创办义学、社学。“州县官皆提倡绅士慷慨捐输，为本乡贫苦无力读书的子弟兴办义学。”② 于是，在地方官的大力提倡下，一直以儒家文化卫道士自居的士绅更加积极地投身到义学、社学的创办之中。

三　清代陕西士绅与地方社学、义学

“德主刑辅”、“明刑弼教”历来是中国封建王朝治国的基本方针。其手段不仅“以礼入法”，而且是“教化”、“刑罚”并举，并把教化置于安邦治国、长治久安的首要地位。例如，早在西汉时期，董仲舒就讲道：“教化立而奸邪皆止者，其提防完也；教化废而奸邪并出，刑罚不能胜者，其提防坏也。古者明于此，是故南面而治天下，莫不以教化为先务。”③ 正是因为清朝统治者深明教化在巩固和加强统治方面的妙用，所以无不强调“善法令禁于一时，而教化维于可久，若徒讲法令而教化不先，是舍本而务末也”④。因此，清朝各帝亲制圣谕广训，要求各级政府施行广泛的教化，使广大国民“重人伦”、“笃宗族”、“隆学校”、“崇正学”、“讲法律”、“明礼让”、“禁非为”、“息诬告”等，这些可以说就是

---

① 戴兆佳：《天台治略》卷9。

② 吴吉远：《清代地方政府的司法职能研究》，中国社会科学出版社1998年版，第108页

③ 《汉书·董仲舒传》。

④ 《清圣祖实录》卷34，康熙九年冬十月初一日上谕。

一种全民的法制宣传教育。

“官绅士人在庶民教化上的努力实不可低估。”[①] 为了加强对基层社会的教化控制，清王朝提倡各级官府及民间力量创办社学，通过社学来实现教化功能。可以说，社学与义学就是清王朝加强地方教化及控制的手段。在地方官的提倡下，陕西士绅也积极致力于地方社学和义学的创立活动。因为在统治阶级看来，社学与义学不仅仅是实现清王朝化民成俗的手段和工具，更是培育地方社会贫寒学子，使他们具备基本的文化知识的场所。这对于扩大士绅队伍，传播文化具有重要意义。

（一）士绅创修地方义学、社学

清朝统治者认为礼教、法制教育皆离不开起码的文化水平。若一地皆是目不识丁者，则教化、善法无从谈起，正常的社会秩序也难以维持。正所谓“兴学为善俗之方，蒙养为圣功之治，此人才之本，治化之源也”[②]。

可以说，义学、社学不仅是化民成俗的工具，也是士绅发挥自身作用的一种方式。所以，检阅陕西地方志，士绅积极创办义学、社学的例子有很多。这也是士绅致力于地方学校教育的主要内容之一。但是，清朝陕西地方社会义学、社学的数量和规模远远落后于经济发达的江浙等地区。主要的代表人物及办学事迹有：

> 郑王选，凤翔人，康熙丁酉举人。居林下，为族人建义学，教子弟宗族成名者甚众。[③]
>
> 叶兰，榆林人，乾隆庚辰举人。里居时，又置本族义田，郡城义学，他义举多类是。[④]
>
> 任泰干，蒲城人。于本村创设义塾，里人屡欲建碑，力阻之。[⑤]
>
> 程得禄，泾阳人。弟德昌亦多义举，乾隆元年，设里塾、备束脩膏火，训族邻子弟贫不能读者。[⑥]

---

① 游子安：《劝化金箴：清代善书研究》，天津人民出版社1999年版，第39页。

② 裕谦：《劝勉斋偶存稿》卷2《劝谕广设义学》。

③ 《续陕西通志稿》卷81“人物八”，第9页。

④ 《续陕西通志稿》卷83“人物十”，第24页。

⑤ 《续陕西通志稿》卷89“人物十六”，第24页。

⑥ 《续陕西通志稿》卷86“人物十三”，第24页。

□□望，字绍先，渭南人。又于本镇设义学二，置义田百亩。[①]

亢能敬，泾阳人，监生。又立义学，贫不能读者咸就焉。[②]

贺士英，渭南人。家本素封，积而能散，里中子弟因贫废读，为立义学，延师教之。[③]

潘清泰，潘赓泰，大荔人，兄弟皆庠生，笃志正学，晚设义塾于家，题联曰，敢以髦年颓壮志，愿偕小子学真儒，年九十余卒。赓泰受业薛子瑛，力求正学。友人有冤狱，上书拯救，不避危险。同里庠生李坤元，亦讲正学，急公益，设鸿义学塾、建多公祠、立文昌阁，其大端也。[④]

通过以上几位士绅创办义学的记载，我们发现，士绅们创办的义学大多处于自己所居住的乡村社会，具有明显的地域和宗族色彩，所教授的主要是那些贫寒无依的穷人子弟。此外，这些士绅创办义学还有较明显的一个特点，就是士绅把为乡里社会创办义学乃至其他贡献均当作自己的职责，不求回报。例如，当蒲城人任泰干在本村设立义学后，针对乡民因为感激而多次要建碑颂德的提议竭力拒绝。

因为贫穷是中国古代农业社会，尤其是基层农村社会的普遍现象和事实，所以，陕西士绅积极创办的义学为地方贫寒学子接受教育提供了很大的便利。毕竟，“因贫废读”也是中国古代众多寒士子弟不能回避和否认的常态。所以，地方社会以士绅为主体的民间力量捐资设学、捐助膏火、捐试卷费，对于寒士子弟接受教育是有益的。故而，士绅成为促进地方社会教育发展及人才培养的关键力量。诸多史料表明：许多贫穷地区及贫寒子弟的积极向学及成材从客观方面来讲，大多得益于以地方士绅为主体的民间力量的捐助与支持。例如，韩城许多地方人才的成长就得益于地方士绅创办义学的支持。例如，韩城西川里因为地瘠民贫，废读者众多，后在程毓槐兄弟的捐助下设立了社学，因而后来该地方有许多人都取得了科名。据记载：“程毓槐，韩城人，顺治甲午举人。所居西川土瘠民贫，弦诵多废，毓槐、毓櫕为择地建社学，延师课读，乡人子弟咸来就业。嗣后

① 《续陕西通志稿》卷87“人物十四”，第16页。

② 《续陕西通志稿》卷86“人物十三”，第24页。

③ 《续陕西通志稿》卷87“人物十四”，第16页。

④ 《续陕西通志稿》卷78“人物五”，第13页。

科名鹊起，二程培养之力居多。”①

在士绅创办义学的带动和表率下，清朝陕西地方社会的其他民间力量也有创办义学的记载，也屡见于地方志人物传。

> 李兴隆，洋县人。少孤贫，贩豕东北二山，以信义获利，改营商业，积资累万。设塾延师以教乡党戚友贫家子弟读书，供给脩金膏火，一时入泮食饩者半出其塾。②

很明显，从职业或者谋生的角度来看，洋县人李兴隆是个商人。他通过贩卖猪获得了一定的财富。另外，我们还注意到，他虽然从商致富，但是，小时候家里也非常贫穷，也许正是因为自己幼年家境贫寒的现实，击碎了他对古代社会占据主流思潮的“学而优则仕”的理想。所以，在致富之后，他捐资在乡村设立了义学，聘请塾师来教读贫寒的乡人子弟。他的这种义行取得了明显的效果，因为“一时入泮食饩者半出其塾”③，说明该义学人才培养的效果非常显著。

在这种致力于地方社会贫寒子弟教读，积极创办义学优良传统的影响下，士绅在晚清新式学堂创办的过程中依然延续了这种办学传统。

> 石和钧，潼关厅人。襄办学务，先后设小学十余区，筹基金五六千。④

很显然，潼关厅士绅石和钧在自己的家乡先后创办了十多所小学堂，并且所需的办学资金有五六千都是由他筹集的。这也充分说明了地方士绅在致力于学校等机构设施兴建中的特点，即不仅实际负责兴修，而且要负责所需资金的倡捐和筹措。

于是，在中央王朝和地方官的重视和倡导下，致力于地方社会义学、社学的创办及教育就成为士绅基层社会职责的重要内容之一。为了促使更多的士绅关注和创办地方义学，地方官员还对创办义学贡献突出的士绅给

---

① 《陕西通志》卷62“人物八”，第55页。
② 《续陕西通志稿》卷90“人物十七”，第22页。
③ 同上。
④ 《续陕西通志稿》卷78“人物五”，第4页。

予一定的表彰和激励。例如，“王朝栋，紫阳监生。于瓦房店捐修义学教乡里子弟读。知县徐元润嘉之，为文志其事”[①]。反过来，地方官府的支持和嘉奖又进一步促进了士绅对地方社会义学和社学的创办。

（二）士绅捐助地方义学、社学

在清朝学校机构中，书院是以地方官府创建为主，所以其官学化的倾向和特征非常明显。除此之外，府州县学也都是官方教育机构。而众多分布在乡村的社学、义学等主要是由地方社会以士绅为主体的民间力量创办的，地方官府不会提供办学经费。所以，无论是义学、社学的房舍、地址，还是义学的兴建费用、维修费用、办学经费等，大都是由地方民间力量筹措的。因此，为地方义学捐助房舍、学田、膏火等，也是士绅致力于地方教育的重要内容。

士绅为地方义学捐施学田。清朝捐赠学田的人员非常广泛，除了各级官员外，各地乡绅名宦、社会名流，包括退任官员、地主豪绅、举人、监生、生员，甚至商人、僧人、妇人等，无不踊跃急公，置学田以兴学。究其原因，在于时人尤其是地方官府和绅士的倡导。时论倡导说：“谁谓小恩小惠不足为尚矣，醵全邑之富，惠全邑之贫，大树飘一叶，大仓减一粒，损己微，益人众，又何乐而不为之乎，受惠者欢声载道，犹小者也，祀纪历传之不朽，报之大也，更何惜而不为乎?”[②] 这番言论正是士绅积极致力于地方公共事务资金捐输以及带头倡导地方社会积极捐助的最好写照。

清朝陕西士绅捐助义学学田的事例也有许多。例如，“李邦英，澄城人，都司衔。道光己丑，邦英为孙堡村立义学施地一顷，所居庄村并立义学，施地一顷四十亩。”[③]“刘太华，咸阳人，生员。事亲至孝无违，又捐资设义学、立文社，恤贫济困。”[④] 从资料中我们得知，澄城人李邦英不仅为澄城县孙堡村的义学捐地一顷，而且为他所居住的村庄捐助学田更多，达一顷四十亩。再如，“邓智敏，府谷人，武生。好义举，乾隆二十三年捐地三十垧入义学备修费。后捐修学宫，身自督工，尤笃于宗族孤寡

① 《续陕西通志稿》卷91“人物十八”，第13页。

② （民国）《宁化县志》卷9。

③ 《续陕西通志稿》卷89“人物十六”，第3页。

④ 《续陕西通志稿》卷86“人物十三”，第11页。

贫乏，加意周济，未尝有德色。”①

这些资料充分说明，地方义学的学田、经费等主要来自于地方社会中以士绅为主体的民间社会力量的捐助。

士绅为义学捐助经费。义学因为没有官方资金的支持，所以有时候单个士绅或者几个士绅也无法备齐地方义学兴建所需要的经费。于是，就需要士绅带头捐款，以号召地方社会的其他力量慷慨捐助。士绅在地方社会事务捐助中的带头作用是其他社会力量所无法取代的。因为士绅在中国社会结构中扮演着国家代理人、社区守望者和个人利益维护者三重角色。②此外，作为一个乡土社会的地方势力，士绅始终与社区的利益血脉紧密地连接在一起，并自觉地扮演着民众领袖的角色。所以，封建皇权只能借助于绅权有限地实施自己的统治。这也正是中国封建社会结构在传统文化方面的一个基本特色。③ 所以，士绅是地方社会的当然领袖，举凡地方公产，如义仓、社仓、育婴堂、节妇堂等多由绅士管理；地方公益和教育事业，诸如修桥铺路、兴修水利、开设私塾等也多由士绅操持。此外，防盗、教化乡民也是士绅当仁不让的义务。

地方社会的公共工程和公益事业，需要整个社会力量的参与，需要有持续资金的不断投入才能得到长期发展。所以，对于中国古代地方社会，尤其是乡村社会的社学、义学等教育机构来说，若无持续资金的投入，年代久远就有可能倾圮、荒废。所以，诸多资料表明，包括义学在内的诸多教育机构，基本上都是在得到地方士绅等民间社会力量的持续捐助下兴建或发展起来的。例如，

> 李振玉，朝邑人。以义学久废，施田四十亩，钱八十缗复兴之，贫乏者得入塾读。又王大典，施田百亩建义塾、储义仓。④

很显然，李振玉所在朝邑县义学的再次复兴，贫寒子弟的再次就读，正是得益于他的捐助。可见，在地方社会义学的兴建及资金筹措中，士绅的优势和号召力是非常明显的。再如，

---

① 《续陕西通志稿》卷92“人物十九”，第13页。

② 雷冬文：《近代士绅在民众起义中的角色扮演》，《安徽史学》2003年第3期。

③ 王先明：《晚清士绅基层社会地位的历史变动》，《历史研究》1996年第1期。

④ 《续陕西通志稿》卷88“人物十五”，第21页。

余国才，孝义厅人。厅旧无学校，嘉庆十九年，国才首倡客籍学校，捐资最巨。①

可见，孝义厅原来本没有学校。这使得广大寒门孩童失去了接受学校教育的机会，直到嘉庆十九年，在地方士绅余国才的倡导和捐助下，孝义厅才有了学校。而在这所学校的兴建过程中，余国才不仅提倡创办学校，而且在资金的筹措中，他捐款最多。这种现象除了与士绅在地方社会里的天然社会职责及使命感有关外，也与士绅们大多实力雄厚有着密不可分的关系。

此外，也有士绅兄弟联合为族党修建义学的记载，例如，"高士鹏，城固人，以同治癸酉拔贡任知县，分四川。辛亥国变归里，年七十有七卒。士鹏性孝友，笃于宗族，当万鹏官顺天府尹时，捐巨资葺宗祠，士鹏身任督工。又置祭田，设义塾，族中子弟遂多向学"②。显然，高氏义塾的设置经费来自于在外做官的高万鹏捐助，而义学和宗祠的实际监修工作则由留在家乡的胞弟高士鹏担任。

总之，士绅的主体构成是具有科举功名的读书敦品之人，都是科举制度的受益者和热心支持者。所以，地方社会兴办学务，设馆授徒，修建社学、义学，维修官学校舍、贡院等，都是清代士绅义不容辞的责任。③ 地方义学、社学、公学、私塾，甚至其他文化建设，例如，地方志的修撰等，一向都归士绅把持，以致在近代学堂创办时，士绅们也理所当然地成为创建新学的承担者。④

（三）士绅执教地方义学

"蒙养极大事，亦最难事，盖终身事业此为根本。"⑤ 这说明社学、义学对一个人的成长来说至关重要。所以，在执教地方社会的义学与社学之中，启蒙、教导地方幼儿也是士绅关注地方教育、贡献地方社会的重要

---

① 《续陕西通志稿》卷86"人物十三"，第1页。

② 《续陕西通志稿》卷82"人物九"，第6页。

③ 《广州府志》卷65。

④ 王先明：《近代绅士》，天津人民出版社1997年版，第53页。

⑤ 张伯行：《养正类编》卷4《沈龙江义学约》。

内容。

“以砚为田，以舌为耒”的“舌耕”活动既是中国古代士人治生、提高自己知识文化修养的途径，也是士人践履立功思想的一种途径。因为，在科举名额逐渐收紧，而应举士子无限扩大的客观情况下，能脱颖而出，走上仕途的幸运儿毕竟是少数。于是，众多沉淀下来的士人选择了执教基层社会的私塾、义学、社学，这不仅是理所当然的选择，而且对于士绅来讲，也是农本社会中士人的“本业”。

一般来讲，书院院长往往延聘当地或外地较著名的文人出任，而义学与社学教师，则多由本地有生员功名的知识分子充当。所以，在清代陕西地方志人物传中，有许多执教地方社会义学、社学等士绅的相关记载。

> 张翰仙，蓝田人，嘉庆戊午举人，大挑任知县。告归后，设教乡里，循循善诱。与邑令刘达泉切究民生休戚，咸得其要，里人称颂。①
>
> 杨钟麟，咸宁人，举人。乡先生刘监称为畏友，延主家塾。键户课读，谢绝人事，尝谓读书如扎硬寨、打死仗，不可一字放过，至处家要忍让、待人宜宽厚耳，学者日众，及门多知名士。②
>
> 高上达，兴平人，贡生。设教里门，后官千阳教谕。与长安柏景伟、同邑张芳、康君耀、解学缙行吕氏乡约法，一年四会，迭为宾主，先谒主人家祠，各出功过册，以正学相砥砺，人多观感。③
>
> 文世发，南郑人。以诸生教授，从游之众及于城褒，岁脩百余金，多散诸贫乏。④
>
> 缑燧，邠州人。躬行实践，学有根底，授徒有法，里塾奉为式，以廪贡官临潼训导。因横渠祠建书院，又于沿渭各村设义塾，脩脯膏火各有程式。闻户县王丰川心敬讲学，亲往请益，自是书问往返，日奉其教，一言一动不敢稍逾，心敬谓其进道之勇可方横渠。临潼周梦熊集会讲学，推燧主盟，乃为之申约、界定条规。每值讲期，乡人来

① 《续陕西通志稿》卷76“人物三”，第1页。

② 《续陕西通志稿》卷74“人物一”，第24页。

③ 《续陕西通志稿》卷75“人物二”，第7页。

④ 《续陕西通志稿》卷90“人物十七”，第20页。

听者沓至，渭水南北蒸蒸然知向正学矣。①

由以上资料可知，缑燧在担任临潼训导以前是在所在地方的私塾里任教的。他凭借其渊博的知识和有效的教学方法而名扬地方社会，成为地方社会私塾等学校的榜样和范式。在担任临潼训导之后，他又在渭河沿岸各村庄设立了诸多义学，广泛教育渭河沿岸的生徒。其教育功效和效果非常显著，因为在他主讲时，乡里社会来听的人络绎不绝，并由他带动了渭河沿岸蒸蒸日上的乐学风气。再如南承烈，他在未中举之前也是在地方社会担任蒙师。"南承烈，安定人，康熙乙卯举人。（未中举时）教授生徒，依然以转移风气为己任，弟宏绪、功懋，侄曰京及王宏荐皆出其门。邑人士试冠军列前茅者非弟子即门徒，由是文风蒸蒸日上，其侄子南功懋掌教延郡云峰书院。"②

虽然，在地方私塾、义学、社学等蒙学机构里任教的大多是一些科举功名较低的士人，但是他们中的许多人在地方社会人才培养方面的贡献却不容小视。也正因为他们有较高的学名及声誉，往往能赢得地方官员的赏识和聘用。因此，他们为地方社会的人才培养做出了重要贡献。例如，

康述周，榆林人，乾隆壬午举人。笃志力学，家居授徒，乡间以为仪表。③

高如玉，葭州人。州牧孙毓奇等重其行义，聘主义学，如玉以师道自任，生徒蔚起。④

卢黄甲，沔县举人。性严正，成就诸生百余人，乡里称为理学先生。⑤

卫引嘉，韩城人，顺治己亥进士，族党有好学者招至家塾，或解囊助之，多所成就。⑥

刘天宠，城固人，乾隆乙未进士。少贫，就乡塾舌耕以养亲，能

① 《续陕西通志稿》卷83"人物十"，第6页。
② 同上书，第3页。
③ 同上书，第24页。
④ 《陕西通志》卷62"人物八"，第64页。
⑤ 《续陕西通志稿》卷90"人物十七"，第25页。
⑥ 《陕西通志》卷62"人物八"，第54页。

得其欢心，待姊妹及宗族均有恩。归里后，从游者众，有韩履宠等十数人经指授者，皆翘然出众。①

杨溥，府谷人。幼即以圣贤自期，孝友笃志，入泮后绝意仕进，留心理学，至忘寝食。设教于村，两河之士从游甚众，以敦行孝弟为先，及门多积学力行之士。②

此外，重视地方人才培养的士绅往往还对一些特别贫寒及境遇坎坷的士子给予额外关照和培养，以使他们能够成才。例如，蒲城士人刘鸣珂培养西和人李重炳的事例就是如此。

刘鸣珂，蒲城诸生。西和李重炳少年不偶，延致于家俾就读，后得为知名士。③

总之，作为地方社会的中坚力量，士绅在民办性质的社学、义学等的兴建过程方面，不仅在资金筹措过程中，而且在义学的教育教学活动中均发挥了重要的作用。“学不在于为文而已，行修家庭伦理蔼然以厚；教不止于授徒而已，化及乡闾而风旨超然以高。”④ 在此，虽然刘晓东先生谈论的是明代塾师的乡村教化职责，但其观点同样适用于致力于清朝陕西地方私塾、义学、社学等初级教育中的士绅。因为许多士绅都参与了地方社会义学、社学的教育教学工作，所以，他们不仅传播了文化知识，培养了众多人才，而且还对基层社会秩序的维护及教化具有重要意义。也正是因为他们在人才培养方面的突出贡献，所以他们中的许多人在去世后受到人们持久的怀念。例如，“宋佑文，大荔人，光绪丙子举人。历任守令均敬礼之，主讲邑书院、续修志乘，设村中义塾。殁之日，里人罢社，门下为树德教碑，著有清源义学汇刊等”⑤。

---

① 《续陕西通志稿》卷82“人物九”，第3页。

② 《续陕西通志稿》卷83“人物十”，第31页。

③ 《陕西通志》卷62“人物八”，第61页。

④ 吴宽：《匏翁家藏集》卷72《杜东原先生墓表》，四部丛刊初编·集部，商务印书馆民国年间刊行本。

⑤ 《续陕西通志稿》卷78“人物五”，第13页。

四　清代陕西士绅与书院创办

书院兴起于唐，定型于宋，经过元、明两代的发展，到清代趋于鼎盛。可以说，历代书院的迅猛发展，无疑是多种社会力量交互作用、共同促进的结果。因为作为一种与意识形态密切相关，并有可能产生广泛社会影响的社会组织形式，书院的发展与专制王权有着复杂而微妙的关系。在专制权力试图渗透到社会各个领域、私人空间与社会公共空间十分逼仄的传统社会环境中，书院的存在不能不引起最高统治者的重视与关注。由于君主在传统社会结构中处于权力金字塔的顶端，拥有统御一切、支配一切的绝对权力。所以，君主的好恶、扶持或压制的态度对于书院发展的影响是非常明显的。在某种程度上甚至可以说，书院的发展是以历代君主的支持为前提条件的。[①] 因为在中国古代的书院发展史上，也屡次发生君主禁毁书院、限制书院的事件。这些政令虽对书院产生了较大的负面影响，但是就大多数情况而言，最高统治者都以各种不同的方式，在不同程度上对书院予以关注、支持。

书院是介于官学与私学之间的一种独特的文化教育机构。这种独特的性质使之有可能游离于官方意识形态之外，成为一种政治上的异己力量。[②] 所以在清朝初年，鉴于明代东林书院对朝政的评议，清朝统治者极力限制书院的发展。例如，顺治九年（1652）下谕，“不许别创书院、群聚徒党，及号召地方游食无行之徒，空谈废业”[③]。但是，这种限制政策并没有阻止书院的发展，于是在限制无法奏效时，为了笼络士心，巩固统治，清王朝转而开始积极支持书院的发展，企图通过支持来掌握对全国书院的控制。

清朝统治者对书院政策发生较大转变是在康熙时期。因为康熙转而开始支持书院的发展，并力图实现通过官方的支持而达到控制书院的目的，即通过政策和经费的支持来控制它。作为一种独具特色的教育组织，书院有着深厚的社会基础和文化背景。所以，书院在康熙、雍正年间松绑后迅

① 宋永明：《宋元明清历朝君主与书院发展》，《陕西师范大学学报》2007 年第 2 期。

② 同上。

③ 蒋廷锡：《古今图书集成》卷 395《选举志》，中华书局 1986 年版。

速发展起来。康熙朝之后，雍正十一年（1733）上谕也明确要求，“建立书院，择一省文行兼优之士读书其中”[①]。这就对书院的禁令松了绑，此后，不仅地方官员，而且民间学者的主体——绅士等也积极致力于地方书院的创办和讲学。于是，全国各地，尤其是省城的书院如雨后春笋般发展起来。为了表示对书院的支持，在政策调整之后，清朝统治者每年还支付约 6 万两银子来对书院建设进行补贴。[②]

清朝统治者不仅解除了创办书院的禁令，而且还对书院院长的人选、经费来源等做了相应规定。例如，雍正十一年（1733）诏书，对府州县书院的建设及经费来源、管理等作出了明确的规定：“各省府州县书院，或绅士出资创办，或地方官拨公经理，俱申报该管官查核。”[③] 于是，18 世纪中国新建了许多书院，19 世纪出现了更多的书院。不过，值得注意的是，各地书院的数量多少不均，经济发达地区的书院数量比较多，在经济落后的地区，书院数量则比较少。

（一）士绅与书院创办

有学者统计，清朝陕西共有书院 137 所。其中榆林 13 所，延安 17 所，铜川 2 所，宝鸡 16 所，咸阳 20 所，西安 6 所，渭南 31 所，汉中 19 所，安康 8 所，商洛 5 所。[④] 这些书院的创办、管理及教学，倾注了许多地方士绅的精力和劳动。

书院是儒学创造、更新、积累和传播的重要场所，是儒家士人求学进德、安身立命之地，所以，作为一种有形的存在，书院的灵魂就是儒学。[⑤] 因此，作为儒家文化知识的享有者，士绅对各地书院的创办及经理非常积极。因为对于士绅来讲，书院等教育机构的兴修、管理、执教等就是他们的“本业”。

由于书院肩负着为封建国家输送、培养合格人才的重任，大多建立在省城等一些比较大的区域，规模宏大，耗资不菲。所以，相对存在于乡村

---

① 《清朝文献通考》卷 70。

② 《钦定大清会典事例》卷 19。

③ 《清会典事例》卷 395《礼部·学校·各省书院》，中华书局影印本 1991 年版。

④ 刘晓喆、胡翠玲：《陕西书院的历史概貌与区域特征初探》，《西北大学学报》2007 年第 5 期。

⑤ 宋永明：《宋元明清历朝君主与书院发展》，《陕西师范大学学报》2007 年第 2 期。

社会的数量较多、规模较小的义学、社学，书院的数量相对比较少，但规模较大，大多分布在城镇。由于许多书院都是由地方官员带头兴建的，其官学化的特征非常明显。故而，纯粹由地方士绅兴建的书院非常少。在很多情况下，书院属于官绅合作创办的范畴。具体来看，士绅在书院兴建过程中发挥的作用主要有：号召、建议地方官兴办书院，并为书院兴建带头倡捐经费、捐田产、捐助书院膏火，等等。

1. 士绅与书院兴建

从经济角度来讲，士绅因为大多都有做官的经历，而做官在古代被认为是一项收入比较高的职业，因此，再次返回家乡的士绅大多数都拥有一定的积蓄。所以，把这些或多或少的积蓄投入地方社会的各项公共事务中就成为许多士绅的首选，而书院无疑是他们捐助的主要对象。因为在封建社会里，政府用于教育的投资微不足道。一个地区教育水准的高低，在很大程度上只能依赖于民间的力量。因此，以士绅为代表的地方社会对教育机构的捐助就显得尤为重要。在清朝陕西地方志人物传中，有许多捐助过地方学校兴建士绅的事例记载。

> 柏森，泾阳人。刊有用书四十一种，建仓设塾，有益乡里者悉为之，保奖四品衔。子惠民，能继父志，开办学堂捐银巨万。①
>
> 张溶，武功人，官凤翔教授。子大朴，以增生官四川县丞。修城助饷，增绿野书院经费，诸义举前后输金计数千。②
>
> 高长绅，米脂人，进士。曾为米脂书院宾兴捐钱一千缗，乡会试士子咸戴德焉。③

以上事例说明，许多士绅在地方书院的兴建中捐助过建设经费。因为这不仅是他们的职责之一，而且他们大多数人都具备这样的经济实力。不过，在清朝陕西，明确记载单纯由地方士绅创办书院的资料并不是很多。主要有：

---

① 《续陕西通志稿》卷86“人物十三”，第27页。

② 《续陕西通志稿》卷90“人物十七”，第4页。

③ 《续陕西通志稿》卷83“人物十”，第13页。

潘清泰，潘赓泰，大荔人，兄弟皆庠生，笃志正学，而清泰规模尤宏阔。欲兴学校以育人才，乃于洪善村创渭阳书院，捐地数十亩为倡。与杨树椿、芮城薛子瑛、三原贺瑞麟或师或友，冀讲正学救人心以挽回世乱。又以余资助华阴王守恭建灵峡书院。尝曰奉养不足为孝，必求薛贺先生文字刻石以显亲乃为孝；庭训不足为慈，必率子弟游薛贺之门，闻至教而归正学乃为慈。[①]

姚得，泾阳人，议叙道员。念黉序灰烬，士无所栖，乃创建泾干书院，并出五千金生息为束脩膏奖费，故虽残破之区，而弦诵不辍，科甲继起。[②]

王守恭，华阴诸生。回变后，沙苑地多荒芜，曹恭协延守恭讲学其地，依白马故渠开垦荒田数百亩，筑草屋数十楹，名曰正谊书社，周环以柳，守恭手书柳湖别墅四字榜之。暇与沙宛潘清泰、张道棻诸人行蓝田吕氏乡约，以善俗而教士。门下著籍者一时多纯修之士。[③]

由于清朝书院有官学化倾向，许多书院是由地方官倡建的，士绅参与建设和资金的筹措。不过，也有由几个地方士绅自发联合修建的书院。例如，宗铭书院就是由凤翔人王锡桂、刘源森和岐山人武文炳三人修建的。从史料可知，宗铭书院的资金是王锡桂捐输的。据记载，“王锡桂，凤翔人。疏财仗义，光绪壬辰输一千五百金，与岐山武文炳，邑副贡刘源森建修宗铭书院，又捐设西关义塾”[④]。可见，宗铭书院的兴建资金是王锡桂捐助的，而房舍却是由岐山士绅武文炳捐助的。“武文炳，岐山人。性孝友好义，童年入邑庠，遵祖命弃举子业，从三原贺瑞麟游，有志正学，又以祖遗命捐凤翔城内住房四十八间建宗铭书院，延瑞麟主讲，并捐田四顷，遗书五千卷以惠士林，疆吏为其祖奏建乐善好施坊。文炳复捐田二顷设正蒙义塾于本村，并刊朱子家礼、文庙备考、弟子规、女儿经等书，援例得教职，署三原训导兼摄教谕，襄办赈务，全活甚众。尝聚请于岐山甘

① 《续陕西通志稿》卷78“人物五”，第13页。
② 《续陕西通志稿》卷86“人物十三”，第26页。
③ 《续陕西通志稿》卷80“人物七”，第14页。
④ 《续陕西通志稿》卷90“人物十七”，第9页。

棠下建召公祠”[1]。

以上事例就是清朝陕西地方志中明确记载士绅创办书院的部分史料。明清时期的书院有两类：一类是蒙馆，一类是经馆。想必这些纯粹由士绅兴建的书院应该是蒙馆，所以耗资较少，士绅可以独力修建。正是因为这类书院造价较低，所以潘清泰兄弟不仅创建了渭阳书院，而且还资助了华阴王守恭兴建的灵山书院，可以说，他们兄弟为清朝陕西地方书院的兴建做出了突出贡献。此外，姚得不仅兴建了泾干书院，而且捐助了书院5000金发商生息，作为书院的办学经费。其教学效果也更为显著，泾阳地方在泾干书院创建之后，“弦诵不辍，科甲继起”。

此外，地方志中还记载了许多士绅为书院兴建捐助的史料：

> 王赐均，神木人，乾隆戊子举人，尝捐千金倡修兴文书院。[2]
>
> 高希冉，朝邑人，议叙户部员外郎。捐修华原书院及两次赈济共银三百两。[3]

可见，在兴文书院的修建过程中，举人王赐均为了鼓励地方社会捐资，他带头捐助了1000金作为书院兴建费用。在华原书院的兴建过程中，举人高希冉也捐助了300两银子。

作为士绅，致力于书院建设是他们的职责，所以他们中的许多人为地方书院建设不遗余力，积极奔走。因为绅士是“儒学教义确定的纲常伦纪的卫道士，执行者和代理人”[4]。所以，许多士绅的家族成员也乐善好施，热衷于地方公益。例如，在学校教育机构的建立、书籍的刊刻，桥梁、城墙等公共工程，族田祭祀，灾荒救助等方面常有士绅家族的捐助。例如，“刘学宠，朝邑人。与侄振清、际清、照清均好义举。添修省城举院号舍、增关中书院膏火，共捐银八九万两。捐修灞桥银二万两，并捐本邑卷价。修华原书院，文庙，立同义文会，捐修府城，又设义学，建宗祠，置祭田。岁饥，施饼饵，钱粟，校刻青照堂丛书，尤见重艺林。其后

---

① 《续陕西通志稿》卷90“人物十七”，第11页。

② 《续陕西通志稿》卷83“人物十”，第27页。

③ 《续陕西通志稿》卷88“人物十五”，第20页。

④ 张仲礼：《中国绅士》，中国社会科学出版社1991年版。

裔锡金、炬瀚等皆以科甲起家，官至知府”①。

除了书院兴建过程中的捐资、捐地外，书院日常的维修费用往往也来自于地方士绅的慷慨捐助。例如，绿野书院的维修，“罗映汉，武功庠生。尝出资葺绿野书院，创立惜字纸会”②。

此外，地方士绅捐修陕西地方书院的事例还有：

> 三原学古书院，元朝延祐十年建，乾隆十四年，邑监生门子超及其妻张氏捐助，修斋十楹。③
>
> 泾干书院在县治西北，同治八年，邑绅姚憋、姚惠捐建。用银巨万，规模宏大，又捐金五千金为经费。慷慨尚义，各县所无，左文襄公为匾旌之。④

可见，三原学古书院在乾隆十四年扩建时，得到了地方监生门子超夫妇的捐助，而泾干书院兴建的万两银子来自于姚憋、姚惠兄弟俩的捐助。相对于义学、社学而言，由于书院规模宏大，耗资不菲，书院建成后得到了时任总督左宗棠的旌表奖励。此外，以兴学为己任的士绅还在异地他乡为地方社会捐建书院。例如，朝邑岁贡王廷辅任古浪训导时，就曾经捐俸为古浪建书院。据记载：“王廷辅，朝邑人，岁贡。任古浪训导，教诸生曰，学以德行为本，文艺为末。倘名节有亏，即学富才充难言不朽。士子皆知耻，自好奉公守法。廷辅又捐俸创建书院，自是古浪人士尊师讲学者日多。”⑤

2. 士绅与书院维护

由于年久失修或者其他社会动荡等因素，地方社会学校教育机构往往败坏或被占用，导致士子失去学习场所。于是，受益于文化教育的地方士绅往往会慷慨捐助地方学校的重建。士绅对于书院建设的作用主要有学校建设土地的捐助、所需资金的倡捐或独捐、学校维修经费的筹措、具体建设过程中的监督及协调，等等。例如，华州的少华书院就是因原有的秀峰

---

① 《续陕西通志稿》卷88“人物十五”，第19页。

② 《续陕西通志稿》卷96“人物二十三”，第16页。

③ 民国《续修陕西通志稿》卷37。

④ 同上。

⑤ 《续陕西通志稿》卷78“人物五”，第15页。

书院因战乱被借用后，由当地贡生史芝捐地重修的。据载：

史芝，华州人，乾隆丁酉拔贡，直隶布政司理问。胞侄徵等幼失怙，提携教育，备极劬劳，伯仲相继成进士，皆芝之力也。性好义举，州城秀峰书院因西陲用兵借为驿馆，士子无肄业之所，芝慨然施地一区，倡捐千金重建之。屋宇整齐，花竹畅茂，额曰“少华书院”一时称盛举焉。[①]

可见，华州的秀峰书院被征借，变成了驿馆，导致地方士人失去了学习的场所，于是地方贡生史芝为修建书院提供1000金，后来该书院被命名为少华书院。另据记载，这次少华书院的监修则是杜習哲。因为，虽然地方官力图控制书院的建设、管理等，但由于事务繁杂，许多地方事务都是由地方士绅实际负责的。所以，少华书院的实际监理也是华州士绅杜習哲。据记载：

杜習哲，华州人。好善乐施，积而能散。嘉庆庚辰岁荒，在高塘镇施粥，存活千余口。监修少华书院及城隍庙，不辞劳瘁，且捐金为倡。又捐建红水渠二桥，人不病涉。[②]

总之，作为知识文化的享有者，作为地方社会财力较富有者，无论是从负担能力还是从内心的责任感等方面来说，士绅都曾积极致力于地方社会书院的创办及维修活动。他们或独力兴建，或响应地方官的提倡带头倡捐，或者实际负责书院的兴建工作，为陕西地方社会书院的兴建和运作做出了重要的贡献。

（二）官绅联合兴建书院

作为清王朝力图控制的书院并没有得到中央和地方财政的更多经费支持。所以，虽然清朝统治者有兴学之谕旨，但中央财政中并无兴学项目，而地方财政中所设修学经费数额甚少，无异于杯水车薪，于事无补。所

① 《续陕西通志稿》卷89“人物十六”，第9页。

② 同上书，第10页。

以，从地方兴学的实际情况来看，往往是地方官以兴学为号召，并率先捐俸以示提倡，鼓励和倡导地方士绅进行捐助。但是，书院大多规模较大，造价不低，所以士绅与地方官员合力共同兴办就成为陕西地方书院，乃至全国书院建立的最主要形式。① 所以，地方士绅和学校生员或出钱或出力，成为兴学活动中的主要力量。

为了鼓励士绅及地方百姓积极捐输，有些地方书院还对捐助者给予更多的优待。例如，陕西汉南书院规定，道光年间捐输田亩的首事及士绅，“将来子孙入院肄业，即文艺稍次，亦宽为收录”②。可见，自身捐输可以造福子孙后代的规定，无疑又进一步激发了更多包括士绅在内的地方社会力量对书院的捐助。

在清朝陕西的137所书院中，由地方官和士绅合作兴建的数量最多。具体情况是，地方官员在中央王朝和地方士绅的建议下决定兴建书院，并捐俸以示支持，然后，修建所需资金的绝大部分由地方社会有声望的士绅或独资，或带头号召乡民捐助，而在具体的兴建过程中，实际负责具体事务的还是地方士绅中的佼佼者。因为地方官只是以类似顾问或监督的形式存在，他们的任务只是在书院落成的时候参加典礼及上奏朝廷，并在书院建成碑记上题名记载这项政绩和功绩。

因为“邑有兴建，俱赖绅士倡劝，始终经理”③，所以，无论是地方公共工程兴建所需资金的来源及捐助，还是工程的实际兴建，负责其事的都是地方士绅。例如，陕甘味经书院兴建的基址、经费、实际兴修都来自于民间力量的捐助。味经书院是同治十二年（1873）由学政许振祎奏建的，建在泾阳县内姚家巷（现姚家巷中学）。该书院由地方官商捐款，邑绅吴建勋捐地以助，姚诚諴、王贤辅监修，同年9月建成。④ 书院初创时，由泾阳士绅吴建勋捐献基址（纵五十三丈、横十二丈），三原、合阳、韩城、渭南等地绅商奔走筹集资金，三州九县先后筹集资金共计白银14670两，但仍是“地址迫狭，经费支绌”⑤。书院的修建工程于同治十

---

① 雷红伟：《清代地方官学的恢复与重建》，《中国地方志》2007年第7期。

② 民国《陕西联合县立汉中学校志》，《书院时代志》，荣林堂刊。

③ 叶镇：《作吏要言》，《牧令书》卷7。

④ 张惠民：《清末陕西的味经、崇实书院及其科技教育活动》，《汉中师院学报》1991年第4期。

⑤ 刘古愚：《陕甘味经书院志》营建二，陕西味经刊书处，清光绪二十年。

二年（1873）九月顺利告竣，光绪二年（1876），监院寇守信增建监院署及厩。光绪十一年（1885）二月，吴建勋再次捐地近8亩，使书院面积得以拓展，吴建勋的族弟又捐地一亩七分，使书院面积又一次得到拓展。至此，味经书院的格局已基本确定。①

味经书院的创立，“不费公家丝粟，一年而事举。虽创始疏略，而规模固已宏远矣”②。据此可知，无论是味经书院的创建还是拓展，地方士绅给予的资助很大，除吴建勋与族弟捐献地基之外，另有“城固训导澄城姚劭諴、澄城教谕白河王贤辅、同知泾阳怡立方、训导衔富平张枢、咸宁杨彝珍、泾阳吴乙东、安康谢鸿、泾阳牛兴宗先后集款一万余金”③。

再如崇实书院。光绪二十一年（1895）春，刘光蕡在味经书院设“时务斋”，讲求实用之学。次年，当陕西学政赵惟熙向他问及如何整饬陕西学校教育时，刘即提出“崇实学”、“预教训”、“习测算”、“广艺术”四点改革意见，并明确指出：西人之学，皆归实用，虚不如实，建议设立书院，讲求西学。光绪二十三年（1897）6月，书院奏准兴建，11月落成，坐落在泾阳县城味经书院东边（现泾阳县委）。④可见，崇实书院也是在地方士绅刘光蕡的建议及努力下兴建起来的。

除了为书院的兴建带头捐款，实际负责书院的兴修之外，士绅往往也为书院的日常开支和维护而积极奔走，慷慨捐助。因为，无论哪所书院，其建立、发展、日常运作、维护等经费都离不开士绅的倡捐与参与。对此，张仲礼先生有一段论述，他说：“不论富的还是穷的地区，有些绅士都在经常性地为书院的运作和资金筹集而奔走。”⑤这些捐施内容主要包括学田、膏火等。

总之，无论是士绅阶层自己建立书院还是地方官员与士绅联合创办书院，他们都在清朝陕西书院倡办及地方人才培养方面做出了积极的贡献。对此，刘新科先生在《西安教育史》中曾这样评价陕西书院在推动陕西社会文化发展方面的历史性作用，他说：“明清时期，尤其是晚清西安地

① 徐凌美、丁煜成：《陕甘味经书院考述》，《宝鸡文理学院学报》2014年第4期。
② 刘古愚：《陕甘味经书院志》经始一，陕西味经刊书处，清光绪二十年。
③ 《续修陕西通志稿》卷36。
④ 张惠民：《清末陕西的味经、崇实书院及其科技教育活动》，《汉中师院学报》1991年第4期。
⑤ 张仲礼：《中国绅士的收入》，上海社会科学院出版社2001年版，第55页。

区的书院在传承文化，传播实学思想，推动西安教育乃至陕西、全国教育逐步走向近代化的过程中，是有着不可磨灭的历史贡献的，它们给西安教育涂下了浓墨重彩的一笔，留下了丰厚的历史文化遗产。”① “书院成为传承关学、端正学见、明体适用、传播西学的重要场所，对西安地区学术、文化的发展做出了不可磨灭的贡献。”② 这是对清朝陕西书院人才培养、文化传播作用的客观评价，但究其根源，诸多书院的创办及经理却离不开士绅的参与和支持。

五　主讲陕西书院的士绅

因为书院在文化传承与人才培养方面具有非常重要的作用和意义，所以自宋以来，许多文人名士、朝廷要员都有在书院学习或主讲的经历。在明清时期，这种现象更为突出。明清时期的这种趋势和特点主要体现在书院的创建者及主持者经常是名师云集，书院生徒英才辈出两个方面。书院人文荟萃的特点正是基于此两方面而形成的。所以，中国历史上的书院，素有“往来无白丁”的特点，它自诞生起，就一直是文人骚客、学者名师雅集之所。因为书院的建设与发展也有赖于文人骚客、学者名师的有力推动。③

陕西地区书院的主讲或主持人，更是云集了宋代以降陕西历史上一大批名儒大师或教育家。例如，宋时的张载（主讲眉县横渠书院）、明清之际的吕柟（主讲高陵东林书院等）、冯从吾（主讲关中书院等）、李颙（主讲关中书院等）、贺瑞麟（主讲学古书院）、刘古愚（主讲味经书院、崇实书院等）、牛兆镰（先后主讲蓝田芸阁书院、三原清麓书院、西安关中书院、鲁斋书院），等等。另外，陕西书院也是英才辈出。例如，明时的弘道书院就培养了“如康海、马理、秦伟、张原、李伸、赵嬴、秦宁、王佩、李结等，均名震一时”④。再如，明清之际的关中书院更是培养了王杰（清朝陕西第一个状元，官至东阁大学士），以及刘古愚、牛兆镰

① 刘新科、刘兰香：《西安教育史》，西安出版社 2005 年版，第 247 页。

② 同上书，第 280 页。

③ 刘晓喆、胡翠玲：《陕西书院的历史概貌与区域特征初探》，《西北大学学报》2007 年第 5 期。

④ 刘新科、刘兰香：《西安教育史》，西安出版社 2005 年版，第 244 页。

（理学家、人称“牛才子”）、王鼎（嘉庆进士，道光东阁大学士）、阎敬铭（道光进士、光绪东阁大学士）、赵舒翘（同治进士、官至总理各国事务衙门大臣），等等。①

另外，先后主讲关中书院的知名士绅也非常多。例如，

> 孙景烈，武功人，乾隆己未成进士，历主关中及甘肃兰山各书院讲席。……一时及门人才最盛，如同邑张洲、临潼王巡泰、洛南薛宁廷、大荔李法、华阴李如榛等，均以理学经济著名，而韩城相国王杰尤为入室弟子，常与人曰“先生归里三十年，虽不废讲学，独绝声气之交，其为关中学者宗，有自来矣。”屡主绿野书院讲席，学者宗之，后配祀张横渠。武功自横渠寓居讲学后，孙景烈复倡明正学，继起者惟行义与郭慎行。著有四书讲义、关中、兰山两书院课解。②

再如，味经书院创设后，前后出任山长的知名士绅有史兆熊、赵宜煊、李尧、安维峻、柏景伟、刘古愚等。味经书院最初延请举人史兆熊（字梦轩）掌教席，史兆熊教士有法，除了平时认真传授知识外，还特别重视学生的品德教育。他经常指导学生要立志潜修，先品行后文艺，并身体力行，言传身教。他坚决反对学生吸食鸦片、赌博、游娼和随意出入戏院、酒馆等。③ 据地方志记载：“史兆熊，城固人，道光间举人。学使许振祎创建味经书院于泾阳，崇实学，奏派兆熊为院长，订期十年，兆熊严定课程，教养兼至，诸生悦服，由是人才辈出，一洗敷衍空疏之弊，嗣以劳致疾辞归，殁后祀于书院。”④“盖味经书院之设，先后三十年。史梦轩先生开于前，柏景伟、刘光蕡二先生继于后，章程完善，教士有法。”⑤可见，味经书院俨然成为关中地区传播自然科学知识和新思想的基地。除史兆熊外，知名的主讲人还有，“史家荣，华阴人，贡生。绩学能文，教授里闾，成就甚众，选泾阳教谕。教士有法，屡书上考，学使嘉之，檄兼

① 刘晓喆、胡翠玲：《陕西书院的历史概貌与区域特征初探》，《西北大学学报》2007年第5期。

② 《续陕西通志稿》卷81“人物八”，第3页。

③ 徐凌美、丁煜成：《陕甘味经书院考述》，《宝鸡文理学院学报》2014年第4期。

④ 《续陕西通志稿》卷82“人物九”，第4页。

⑤ 《续修陕西通志稿》卷36。

味经书院监院事。秦中大书院惟味经书院设立最迟，自同治十二年许学使振祎奏建后，吴学使大澂扩之，柯学使逢时又奏立刊书处，其教法、院规较各书院特精严，而庶务亦较繁。不惟院长由学使慎重礼聘，多一时硕学大儒，即监院亦由学使就学官中遴品学兼优者充之。故院长自史兆熊后若柏景伟、刘光蕡皆当世名儒，而监院如怡立方、寇守信、周斯亿等亦皆志操清白，有为有守，嗣斯亿以擢知县去，家荣继之。上助院长，下钤生徒，守其故章，萧规、曹随诸事并举，井井不紊。后并味经于宏道，改学堂、书籍、版刻等，提学余堃委家荣司之。”①

翻阅陕西地方志，我们发现有许多关于讲学地方书院士绅事迹的相关记载。相对于社学、义学、私塾等执教者大多是一些科举功名较低者或者文名不太显著者的特征，主讲书院的大多是一些学名、文名声誉颇高的知名学者。这是因为清朝统治者非常重视书院建设及人才培养的功能，所以对书院院长的人选要求也比较严格，曾多次发布上谕，要求地方官员严加甄选。

因为在清朝中后期，伴随着官学的衰微，书院成为重要的育才场所，清朝中央也加强了对书院的管理。例如，在道光二年（1822），清宣宗就明确下令加强对书院的管理，要求聘用才学兼优者充任院长，教育士子，培养人才。谕旨要求：“通谕各省督抚与所属书院，务须认真稽查，延请品学兼优绅士，住院训课。”② 明确要求只有才学兼优的士绅才能够担任书院的监院及教授生徒者。道光十五年（1826）再次重申书院山长的重要性，下谕旨说：“书院所以育才，今州县书院多废圮，或以无品无学之人滥充山长，因循苟且，视为具文。著通谕各省督抚严饬地方官，兴复书院，选择山长不准虚文了事。”③ 强调的还是要选拔德才兼备的士绅担任书院山长。

因此，地方士绅中能担任书院院长及主讲的大多是一些科名较高，文名、德修俱优的或致仕，或丁忧，或辞官归里的官员。他们往往或受地方官的邀请，或被地方社会推荐担任书院的院长或主讲。例如，合阳人侯锡麟就是因为受到相国王杰的器重，所以被聘请为自己的家乡——韩城龙门

---

① 《续陕西通志稿》卷80“人物七”，第15页。

② 《清会典事例》卷395《礼部·学校·各省书院》，中华书局影印本1991年版。

③ 《清朝续文献通考·学校考七·书院》，万有文库本，上海商务印书馆1937年版。

书院的主讲。"侯锡麟，合阳人，举人。尝示人曰，读古人书，岂仅为作文字掇巍科名计乎？相国王杰慕其学品，延主讲韩城龙门书院，令少子诸孙北面执弟子礼，多所造就。莅望江任时，镌清慎勤三字印佩之以自警。"① 除此之外，还有许多受地方社会重视，被聘到书院主讲的士绅。例如：

史调，华阴人。康熙庚子乡捷后得王建常集，读之，恍然曰，读书非为科名已也，将以求其在我者，遂立志以圣贤为师。居云台观二十年，教授生徒，成就甚众。崔虞村中丞重其学，延掌关中书院，后谒选福建仙游令。折狱不事笞杖，催科不用刑威，救荒弥盗，善政实多，竟以柄凿不入，自免去职。尝言，出处去就，士人大节，末流俗尚污可苟同？盖不屑不洁，素所自立者然也。解组后，主临潼、横渠书院，王巡泰实出其门。殁之日，孙景烈表其墓曰，史君急流勇退，有劲骨、有恒心，足以羽翼关学云。②

杨树椿，朝邑人。弱冠失怙，从塾师读入庠，居太华山中，博览百家，豪迈不羁，欲以诗文驰骋一世。及从学李元春，交三原贺瑞麟及芮城薛子瑛，始绝意进取，专治濂洛关闽书，发奋为圣贤性命之学。同治九年，关中乱。薛子瑛曰，吾辈为学，当自生于忧患，始此，治身心之大义也。树椿佩其言，晚岁学益邃。邑令黄照临创友仁书院，聘主讲席，督学吴大徵以学行奏于朝，赐国子监学正衔。③

苏遇龙，府谷人，乾隆十二年肄业关中书院，与韩城相国王杰同受知于陈中丞宏谋。丁外艰归，主讲榆阳书院。④

阎亮阁，府谷人，进士。丁外艰归，掌教荣河书院，以疾卒。⑤

周道隆，泾阳人，进士。丁尤归，力主关中横渠、瀛洲各书院讲席，善启发后进。⑥

---

① 《续陕西通志稿》卷79"人物六"，第4页。
② 《续陕西通志稿》卷80"人物七"，第10页。
③ 《续陕西通志稿》卷78"人物五"，第29页。
④ 《续陕西通志稿》卷83"人物十"，第31页。
⑤ 同上。
⑥ 《续陕西通志稿》卷76"人物三"，第6页。

可见，以上士绅均是因为文名显著，操守高洁，因而受到了地方官的重视和器重，所以被聘为书院讲席，从而舌耕书院，为陕西地方社会发展培养人才。

“须知在任之官，还乡即绅也。”① 这是王先明先生对官绅流动及身份转变的一个精辟而又简练的论述。因为“绅”与“官”在封建社会中是很难截然分开的社会群体，二者之间不仅有频繁的社会流动，而且他们的身份也经常会相互转化，或者士绅因为出仕而成为官员，或者官员因为致仕等远离官场而转变为士绅，而且绅与官之间相互关系的协调、平衡又是封建政治机制得以正常运作的基本条件。所以，“官”与“绅”应该是一个整体，区别就在于他们与政治权力的远近，即“官”居于政治权力核心，而“绅”则游离于政治权力之外。

所以致仕后士绅的活动范围就从城镇转移到了农村，可以说，他们随之也完成了伴随着身份转移而发生的社会流动。即“从乡村——城镇——再到乡村”。因为在科举中试以前，他们的活动范围大多是在乡村社会，他们的身份是儒生或者被称作儒士、生员、秀才等，但无论他们被称作什么，他们的活动范围是固定的，都是在乡村社会生活，他们的身份属于民，属于士的范畴；而一旦考中举人或者进士，他们的身份则发生了变化，许多人，尤其是较高科名获得者马上就可以出仕为官，这时，他们的身份也随之发生质的改变，成了官员或者士大夫。因为他们要去城镇做官，所以他们的活动范围也随之发生转移和迁徙，进入了城镇；而在几年或几十年时间不等的为官生涯结束后，他们中的许多人在叶落归根或其他思想的促使下往往会选择返回家乡，于是他们的身份从官员转而变为士绅，他们的活动范围也从城镇再次返回乡村社会。因为对绅士而言，家乡是养育他们的地方，即使在外做官，仍然有一种乡土情结，一旦在官场不顺或受挫，便退隐乡里。② 这也是中国古代社会与当今社会最大的不同之处。因为在当今社会，很多人离开农村后就不愿意再回到家乡农村，但是因为无法融进城市，所以这些人就成了所谓的“无根漂泊一族”。

中国绅士有着不同于西方绅士和地主的二合一的特点，所以中国士绅

---

① 王先明：《近代绅士——一个封建阶层的历史命运》，天津人民出版社 1997 年版，第 12 页。

② 余子明：《从乡村到都市：晚清绅士群体的城市化》，《史学月刊》2002 年第 8 期。

具有显著的乡土情结和知识分子特点。[①] 费孝通先生也说：中国人才缺乏集中性的实事，也就是原来在乡间的，并不因为被科举选择出来之后就脱离本土。[②] 这些论述均是指士大夫或者官员与士绅身份在转变时所发生的相应社会流动。然而，再次回到乡村的这些知识分子已经不再是当年那个毫无社会及政治影响力的儒生了，他们不仅科举功名的光环还在，而且出仕做官的阅历又使他们结交了更多的知名人士。用现在的话来讲，出仕做官的经历不仅丰富了他们的视野和阅历，而且更为重要的是，结交了更多的人，扩大了交际圈、朋友圈，积攒了人脉。所以回到家乡的士绅在地方社会的声望和威望无人可比。他们于是成为地方社会各项事务发展及运作不可或缺的中坚力量。

“重义轻利，舍生取义”是中国古代士人的优良品质。具体表现在，当国家、民族处于危急时刻时的奋不顾身，在金钱与利益相抉择时取义而舍利。所以，对于回到家乡社会从事教育的士绅来说，他们因为有过一定的做官经历，所以至少不贫穷。因此，重义轻利的许多士绅并不以教授为生，而是着力于地方社会人才的教育及培养。因为在他们看来，执教书院可以看做士人理想在地方教育事业上的体现。而这与那些以舌根为治生方式的蒙馆先生和私塾先生有着明显的不同。因为这些有过做官经历的士绅从事地方教育并不以治生、获取脩脯为目的。许多人甚至在担任书院院长期间，还不惜自掏腰包捐助地方书院。因为“绅士都非常热衷于开办学堂，甚至不惜自己花钱来办”[③]。所以，不计脩脯，执教地方书院就成为一些士绅回乡后的常态。例如，泾阳贡生熊日强。“熊日强，泾阳人，贡生。友爱兄弟，养育子侄，教授以学品为先，不计脩脯。”[④]

不以治生为目的的士绅，从事地方教育就是要实现自身价值，为地方社会培养出更多的优秀人才。所以他们中的有些人不仅不取薪水，甚至捐俸助修地方书院及膏火，为书院捐献自己的藏书。这一点对于知识分子来讲，是非常难能可贵的，因为在重义轻利的古代社会，拾金不昧，舍生取义不难，但是要捐献自己的藏书，这对于知识分子来讲是很难做到的。因

① 李严成：《绅士的资格获取与职业选择》，《湖北大学成人教育学院学报》2004年第5期。

② 费孝通：《乡土重建》，《民国丛书》第3编（14），上海书店1991年版，第70页。

③ 费正清：《剑桥中国晚清史》，中国社会科学出版社1993年版，第428页。

④ 《续陕西通志稿》卷86“人物十三”，第23页。

为在知识分子看来，一本好书的意义要远远大于它表面所蕴含的物质财富或价值，是不能用金钱来衡量的。而在清朝陕西，就有许多捐献自己藏书给书院，供士子研读的士绅。例如：

> 黄桂滋，临潼人，咸丰辛酉举人、光绪丁丑进士。乞假归，主讲本邑横渠书院，以家藏经史善本俾生徒肄习，复捐钱二百缗备岁修费。①

可见，主讲地方书院，为地方社会培养人才，是士绅在地方教育事务中的诸多活动之一。

六　士绅书院教学的成效

（一）多所成就

或致力于地方书院教育事业的发展，或在书院中担任院长教授生徒，这些是回乡士绅诸多社会职责的重要内容之一。诸多史料表明，许多士绅在致仕后参与过陕西地方社会的文化教育活动，而且取得了非常明显的效果。例如“学舍不能容”、“负笈者踵至”等描述士绅讲学效果显著的语句，屡见于陕西地方志。检索清代陕西地方志人物传的记载，投身地方书院教育，人才培养效果突出的士绅人数非常多，比较典型的代表人物主要有：

> 张骏，兴平人，拔贡。告归，主讲槐里书院，成德达材，人文蔚起。②
>
> 王会昌，朝邑人，举人，主讲华原书院，成就甚多。③
>
> 郭四维，三水人，举人。致仕归，掌教石门书院，敦品励学，多式矜式。④
>
> 符大纪，泾阳人，进士。主讲瀛洲书院，仿白鹿洞规条，诸生多

---

① 《续陕西通志稿》卷75“人物二”，第11页。

② 同上书，第7页。

③ 《续陕西通志稿》卷78“人物五”，第29页。

④ 《续陕西通志稿》卷81“人物八”，第8页。

所成就。①

原廷葆，蒲城人。读书以身体力行为主，后主讲凤翔书院。②

杨嘉德，府谷人，蒲城王相国鼎重之，延为教读师，由国学生中式乙未顺天举人。归里，掌教荣河及神木之文兴书院，以疾卒。③

曹学易，紫阳人，道光庚子举人，主讲东来书院，造就宏多。④

可见，以上诸士绅大都拥有举人或进士等科举功名，他们致仕归里后都曾在陕西地方书院中任教，并为陕西地方社会的人才培养贡献了自己的力量。此外，在知识人传统职责及地方社会官员的推举下，有些文名颇高、声望显著的士绅不仅在一所书院执教，往往还会被许多书院聘为讲席。例如：

白遇道，高陵人，进士。力主丰登、关中书院讲席，名士多出其门。⑤

段维，岐山人，光绪癸卯进士。先后主讲凤鸣、朝阳两书院，教士重躬行及经世学。⑥

雷时夏，澄城人，道光间进士。归班候选知县，主讲横渠、丰登、少华各书院，寻迁安徽宁国县。⑦

可见，高陵进士白遇道先后主讲过丰登书院和关中书院；岐山进士段维主讲过凤鸣书院和朝阳书院；而澄城进士雷时夏主讲过横渠书院、丰登书院、少华书院三所书院。另外，有些知名士绅还被聘为其他省份书院的讲席，例如，“田嘉种，临潼人，乾隆年间进士。历主本邑及耀州、富平，四川合江、山西绛州各书院，从游以文名显者众”⑧。

另外，在优良传统和家训族规的影响下，士绅往往也会将祖、父辈及

---

① 《续陕西通志稿》卷76“人物三”，第5页。

② 《续陕西通志稿》卷89“人物十六”，第20页。

③ 《续陕西通志稿》卷83“人物十”，第30页。

④ 《续陕西通志稿》卷82“人物九”，第23页。

⑤ 《续陕西通志稿》卷84“人物十一”，第14页。

⑥ 同上书，第26页。

⑦ 《续陕西通志稿》卷79“人物六”，第18页。

⑧ 《续陕西通志稿》卷75“人物二”，第9页。

兄长们造福地方社会的活动和贡献做为自己学习的榜样。体现在书院教学方面，就是有很多陕西士绅兄弟、父子等均从事过书院教学工作。例如：

> 薛宝辰，咸宁人，己丑进士。丁外艰归，主讲关中书院，旋为宏道学堂总教习，多所成就。从弟薛秉壬，丙戌进士。丁外艰归，亦充宏道学堂总教习，门下多知名士。①
>
> 李来南，朝邑人，李元春长子，恩贡生。幼承家学，博极群书，为文章必本经义。主讲邑西河书院，一守其父家法。②

可见，咸宁进士薛宝辰、薛秉壬是兄弟俩，他们均担任过宏道书院的讲席，且教育及培养效果非常显著。另外，朝邑人李元春父子也都担任过地方书院讲席，而李来南在主讲西河书院时，遵循的就是他的父亲李元春的教育方法。

另外，在晚清新政改革中，变革教育、开办新式学堂，引进西方科学技术成为当时教育改革的主要内容。在此期间，士绅不仅积极投身于新式学堂的创办之中，许多人也从书院教学转而投身到新式学堂的教育教学活动之中。例如：

> 高树荣，米脂人，同治癸酉拔贡。光绪间主定阳书院讲席，后掌教凤翔书院，为横渠书院讲学地，树荣即讲横渠之学，并授各科学，谓变法非变道，以息新旧之争。光绪三十二年，主讲榆林中学堂。③
>
> 郭毓璋，华州人。年十三为诸生，受学于长安柏景伟、咸阳刘光蕡，潜心经史，学业益进。先后主讲少华书院，教授西北大学，成德中学，诲人不倦。④
>
> 王椝，褒城人，咸丰辛酉拔贡，授户部七品小京官升主事。以目疾归，宦囊萧然，藏书甚富，主讲汉南书院者十年，诲人不倦，成就甚多，后改办中学堂，订章程，士风丕振。⑤

---

① 《续陕西通志稿》卷84“人物十一”，第11页。

② 《续陕西通志稿》卷78“人物五”，第29页。

③ 《续陕西通志稿》卷83“人物十”，第14页。

④ 《续陕西通志稿》卷84“人物十一”，第24页。

⑤ 《续陕西通志稿》卷82“人物九”，第1页。

张傚铭，朝邑人，光绪甲午举于乡，掌教华原书院，多所成就。寻迁长安教谕，岁减廉俸钱三百缗，为月课奖赏。民国初任教育司司长，倡办女学，创设女子师范学校。①

从以上记载可知，他们均是从书院教习转而从事新式学堂教学的。这也充分说明，以教学为己任，关注时事和社会变化的陕西士绅也能及时调整自己的教育职责，并能及时主动地适应社会发展及人才培养的需要。所以，在新式学堂的创办和教育活动中，他们也积极参与其中。

（二）桃李满天下

如果说，上述罗列的陕西士绅大都在清朝时期的各类陕西地方书院中担任过讲席，为陕西地方人才培养做出了重要贡献，而“来学者众”此类表述对于其人的良好教学效果的总结和描述过于笼统与模糊的话，以下这些史料和事迹就是对士绅人才培养效果的明确记载。虽然这些记载可能略显夸张，但从另一个侧面反映了地方士绅在回归乡村社会后，在书院教学活动中的突出贡献。主要的代表人物及事迹有：

武廷珍，平利人，道光庚戌进士。寻告归，杜门著述，惟以汲引后进为己任，一时掇高科、登显宦者多出其门。②

杨家坤，紫阳人，道光辛巳举人。授临潼教谕，以亲老告终养在籍。邑人钦其品学，延主东来书院讲席，造就多知名士。③

张恩荣，长安人，同治进士。以父病乞终养，遂不复出。主讲宏道书院，四方请业者踵至，一经指授，率掇巍科，拥皋比者十八年，秦中名士多出其门。光绪壬寅，诏直省改建学堂，当道重恩荣品学，复聘襄理教法，新政甫颁，学者趋向，方资矜式，忽遘疾卒。④

杨鸾，乾隆间进士。经史百氏靡不涉猎，尤嗜讽咏，在京与诸名流相酬唱，钱塘袁枚称曰，秦中后起诗人也。解组归，主丰登、张掖

① 《续陕西通志稿》卷84“人物十一”，第22页。
② 《续陕西通志稿》卷82“人物九”，第19页。
③ 同上书，第23页。
④ 《续陕西通志稿》卷74“人物一”，第20页。

尧山诸书院讲席，得其衣钵即成名士。①

梁春华，白水人，道光甲辰登贤书。主讲邠州各书院，训士先器识而后文艺。一从之游，如木遇绳、如璞遇与人，如百果草木得甘澍也。②

岳震川，洋县人，嘉庆间进士。肄业关中书院，与邑人王擅魁、勉县严景云称汉南三杰。乞终养归，先后掌教关中、汉南、关南三书院。谓书院之设关系吏治民风甚巨，首严交际辞受，肄业者以钱物为贽，皆力却之，一时名士多出其门，盩厔路德，其尤著者也。③

孙庆余，武功人，举人。除广西阳朔知县，监生某有冤狱，托献五百金关说，召责之，卒白其冤，奸民由是蛰伏。解组归，行李萧然。平生事亲接族党，远近无间言，迭主乾阳、明道、绿野三书院讲席。出其绪余，士多霑溉，学者称之拟诸关西夫子。④

从以上几位士绅的传记中我们得知，投身于地方书院教育士绅的人才培养效果十分显著。例如，进士杨鸾的教育效果夸张地说，几乎可以点石成金，其“得其衣钵即成名士”的记载就是对这种良好教育效果的描述。而主讲过关中、汉南、关南书院的岳震川的教学效果也非常显著，其中最知名的弟子就是路德，而路德在清朝陕西知识人群体中的名望是非常高的。另外，主讲过乾阳书院、明道书院、绿野书院的孙余庆，因为教学效果突出，文名远扬，所以被称为“关西夫子”。

也许这些笼统的对其人才教育、人才培养效果的描述和记载的说服力有限，但是在有些士绅的人物传中，对执教地方书院时的人才培养、考中功名人数的记载非常明确。例如，关中大儒李颙，他对陕西地方社会的人才培养及学风的影响尤为重大和深远，史料记载中列出了其学生中较知名的一部分。“李颙，盩厔人，康熙十二年，总督鄂善修复关中书院，邀李颙至，为诸生讲明正学，人称二曲先生。门人如咸宁罗魁、韩城程良受、蒲城宁维垣、邠州王吉相皆笃志力学，得知行合一之旨。其质美而学未迨者，雒南杨尧陼、舜陼，同州马稶士，武功张志坦，志坦年三十而卒，颙

① 《续陕西通志稿》卷78“人物五”，第1页。

② 《续陕西通志稿》卷80“人物七”，第1页。

③ 《续陕西通志稿》卷82“人物九”，第7页。

④ 《续陕西通志稿》卷81“人物八”，第5页。

恸之，为表其墓，坦父承烈亦学于颙。”①

再如，史料中对其他士绅人才培养效果以数字记载较明确的还有：

> 武廷辉，平利人，拔贡。尤喜奖励后进，游其门掇高科者不下百余人。②
>
> 程祖洛，平利人，嘉庆二十四年恩贡。性慷慨好施，远近慕其行谊，师事者甚众，一时入泮登科者多出其门。③
>
> 高照煦，米脂人，同治癸酉举人。历任宜川、合阳教谕，升榆林府教授，保荐卓异，加国子监学正衔。性孝友，与弟照鑫均以文学著，主讲圁川书院三次，遇诸生可造者，必鼓舞裁成。嘉道以来，米脂六十年无科第，至光绪中叶，乡榜十四人，会榜五人皆出其门。殁后，诸生奉其主于书院，春秋享祀。④
>
> 张霖润，蒲城人，由咸丰壬子举人议叙员外郎，分工部营缮司。寻主尧山书院讲席，捐廉助膏火，是科邑士获隽者九人。⑤

通过以上史料我们得知，士绅人才培养的效果非常突出而具体。例如，经由平利贡生武廷辉培育成才者“不下百余人”；经由贡生程祖洛培养获取科举功名者占据全部考中者的50%。不过，值得注意的是，武廷辉和程祖洛执教的是蒙馆教育的书院，而米脂举人高照熙和蒲城人张霖润主讲的则属于经馆书院。其教学效果和人才培养也十分具体。例如，嘉庆、道光以来，米脂县没有考取进士和举人者，但经过高照熙的培养，截至光绪年间，米脂县考中举人 14 人，进士 5 人，他们全部出自高照熙的门下。另外，经蒲城人张霖润的培养，仅一科考试中，蒲城县考中者就达 9 人。这说明，士绅在地方书院等学校教育机构中的人才培养效果非常显著。

---

① 《陕西通志》卷 63 “人物九”，第 25 页。

② 《续陕西通志稿》卷 82 “人物九”，第 18 页。

③ 同上书，第 17 页。

④ 《续陕西通志稿》卷 83 “人物十”，第 14 页。

⑤ 《续陕西通志稿》卷 84 “人物十一”，第 6 页。

（三）学舍不能容

由于回乡的士绅大多具有较高的科举功名，他们回到乡村社会后深受地方官员和乡人的尊敬。他们所拥有的渊博的知识文化，使得他们成为地方书院山长、院长等职位的不二人选。也正是因为他们自身的诸多优势，所以在执教地方书院后，负笈远来，以致学舍不能容的现象时有发生，对此，上文已经有所提及。为了进一步探究清朝陕西士绅掌教书院后，因来学者众而导致校舍不能容的盛况，我们再赘列部分史料如下：

霍勤炜，朝邑人，光绪戊子副榜，主讲文介书院，倡明正学，孜孜不倦，临邑学者踵至，至学舍竟不能容。官绅咸奉为师资，又捐助京师关陇学堂五百金，人皆以为难。①

雷钟德，安康人，同治辛未进士，改翰林院庶吉士，授编修，光绪己亥大考降内阁中书。尝主讲关南书院，四方闻风负笈者，院为之塞，至赁房以居。②

彭龄，勉县人，由岁贡任盩厔训导。博极群书，训迪有方，与咸阳刘古愚光蕡齐名，有南彭北流之称。士子从游者庑舍至不能容，学使柯逢时以博学宿儒荐，奖国子监助教衔。卒于任所，盩邑士子迄今不忘。③

王巡泰，临潼人，乾隆间进士。历官山西五寨、广西兴业、陆川知县，皆有惠政，人比之陆陇其。归而主讲本邑及渭南华阴、直隶望都、山西解州、运城各书院，从学者多成就，至学舍不能容。④

七 士绅从事书院教育的原因

（一）家庭及孝养因素

因为家庭及孝义养亲等原因导致士绅无法出仕做官，转而主讲地方书

① 《续陕西通志稿》卷84“人物十一”，第21页。
② 《续陕西通志稿》卷82“人物九”，第17页。
③ 同上书，第12页。
④ 《续陕西通志稿》卷75“人物二”，第9页。

院，为地方社会培养人才。这是士绅从事地方学校教育、人才培养的原因之一。

尊老爱幼是中华民族的传统美德。其最基本的内容就是侍奉、孝养自己的父母。这在中国古代社会中是儒家伦理道德的主要内容。而且封建王朝的统治者为了加强控制，常常鼓吹移孝作忠，并企图通过立法来敦促百姓赡养父母、忠诚于君主和国家。中央王朝经常推行以孝立法制度，以孝立法的主要表现为"不孝入罪"。即在立法上，把不孝列为罪中重罪，如《孝经·五刑章》就说："五刑之属三千，而罪莫大于不孝。"于是，在儒家思想影响及统治者对孝义的提倡和实践下，孝义养亲思想在中国古代社会根深蒂固。

在以孝立法思想的约束之下，对于士人来说，在父母、祖父母等去世和守丧期间，士子是不能参加科举考试的，已经出仕为官的也要回籍奔丧，即丁忧。这是国家法律层面对士人恪守孝养的要求。另外，士人或因为自身疾病及其他原因，也往往不得不离开官场，返回乡村社会。因此，受家庭原因而不能应举、不得出仕，从而执教地方社会也是清朝陕西士绅执教书院的一种情况。例如：

> 蒋常垣，汉阴人，咸丰癸丑进士，官户部主事。因亲老不忍远离，主讲关南书院。①
>
> 张梦龄，朝邑人，性至孝，乡举后以母老不赴礼部试，主讲西河书院，兢兢以敦品教人为志。②
>
> 贠凤林，三原人，进士。以主事分兵部，亲老，乞终养。力主耀州、华州、咸阳各书院讲席，甄拔多知名士。同治间以劝捐奖员外郎衔。丁继母艰，主讲丰登书院，严定课程，从游者众。以疾请开，复拥关中书院皋比。其宦学半生，无一椽之托，能持大体。修陕甘公所，先后捐饷助赈数逾巨万。③
>
> 王育秀，眉县人，举人。大挑以教职用，历署武功、兴平、洛南学官，选授紫阳训导，调关中书院监院，以亲老告终养归。体恤寒

---

① 《续陕西通志稿》卷82"人物九"，第14页。
② 《续陕西通志稿》卷78"人物五"，第30页。
③ 《续陕西通志稿》卷76"人物三"，第16页。

畯，解衣推食以成之，故门下登甲乙科者甚多。①

杨鼎昌，长安人，同治甲戌进士，选山西灵石知县。丁母尤归里，主讲渭南五峰书院。②

卫如玉，白河人，进士，授内阁中书。以亲老不乐仕进归，主讲天池书院者十年。③

可见，以上几位士绅都是在母老，或父母去世的情况下，或因亲老不忍远离的情况下，从事书院教育的。另外，还有一些是丁忧回乡后主讲书院的。这些史料充分说明，在孝义养亲思想的影响下，在官僚体制的限制下，因为亲老、亲殁而从事地方书院教育也是诸多士绅关注地方书院，致力于地方社会人才培养的重要因素之一。

（二）自身因素

除了因为孝义养亲、丁父母忧等因素从事书院教学之外，还有些士绅因为自身健康原因也会放弃出仕，转而致力于地方教育及人才培养。这是士绅从事地方教育及人才培养的又一因素。

首先，因为清朝官职回避制特点的限制，许多中举的士人必须到遥远的省外做官，这对士子本人来讲就需要有健康的体魄才能胜任舟车劳顿和长途跋涉。另外，为了约束地方官员的家丁、随从的不法行为，清朝统治者也严格限制出仕官员所携带眷属的人数等，这也使得远离家乡任职的士大夫的生活深受影响。此外，代表中央皇权统治的最基层长官——知县，其所治理的人口大约有25万，治理的内容又囊括治安、税收、教育、公共事务、刑法等方方面面，所以，虽然有幕友及下级吏员的分担，但是作为地方社会的父母官，许多事情都需要他亲自处理。因此，其工作量非常之大，一旦健康状况出现问题，士大夫也不得不终止做官生涯，返回家乡。于是，因疾患等原因回乡的士绅往往也积极致力于地方社会的人才教育及培养。例如：

---

① 《续陕西通志稿》卷84“人物十一”，第7页。

② 同上书，第8页。

③ 《续陕西通志稿》卷82“人物九”，第21页。

傅树堂，汉阴厅人，光绪己卯举于乡，庚辰成进士。以目疾改就教职，铨榆林府教授，在任六年，从游日众，贫无膏火者，分清俸与之。①

李宝善，咸宁人，举人。道光甲午举于乡，大挑知县，改任澄城教谕，事已，赴澄城任。因病乞休，绅耆留，主书院讲席，年余始归。晚年主讲崇化、宏道各书院，门下多知名士。②

此外，还有不愿意受到封建礼教约束，愤而辞归，主讲陕西本地书院，长期致力于地方人才培养的士绅。例如：

王文炌，礼泉人，敦品绩学，从游者众。光绪已卯举于乡，官华州学正，司铎六年，士风丕变。后因送考赴郡书吏填报卷册稍迟，督学斥之，声色俱厉，文炌退谓人曰，官师首重廉隅，今受辱若奴隶，实无颜为人师矣。即日请假，不俟试毕，弃官归。③

可见，因自身疾患，不适应官场风气等辞归后的士绅，也会转而从事地方书院教育、培养人才。这是士绅从事地方教育及人才培养的又一原因。

（三）科举因素

在统治阶级的鼓动、笼络，以及家人、社会的督促下，中国古代社会的广大读书人几乎毫无例外地走上了科举入仕的道路。然而，为了保证科举制在知识分子中的崇高地位，不致因得到太多太易而失去笼络士子的向心力和凝聚力，统治阶级又往往限制名额，因而使得科举中式难上加难，于是就有许多终身困于场屋的读书人。科举中式之难和竞争之激烈程度的加剧，也成为晚清主张废科举人士的理由之一。例如，梁启超就曾在上折中说："邑聚千数百童生，擢十数人为生员；省聚万数千生员，而拔百数

① 《续陕西通志稿》卷91"人物十八"，第3页。

② 《续陕西通志稿》卷74"人物一"，第28页。

③ 《续陕西通志稿》卷77"人物四"，第19页。

人为举人；天下聚数千举人，而拔百数人为进士；复于百数进士，而拔数十人入翰林。”① 对于清朝科举中式之难与竞争之激烈状况，何怀宏先生也有统计，并和明代做了比较。他认为：“据统计，明代洪武二十六年录取进士在总人口所占的比重为0.000055%，而清代嘉庆二十五年则为0.000031%。”② 所以，对于绝大多数士子来说，科举中式犹如水中之月，可望而不可即。所以，科举受挫及中举无望的读书人，也会将报国的理想转为从事地方教育和培养人才。在清朝陕西，也有许多因科举受挫而从事地方教育的士绅。例如：

> 刘晖，长安人，光绪甲午登贤书，会试不第，归主少墟书院讲席，课士精勤，学者颂之。③
>
> 王汝梅，清涧人，以廪贡为兰州训导，历任凤翔训导、泾阳教谕。弟汝翼，嘉庆癸酉举人，六上公车未售，遂淡视名场，设教槐荫书屋。循循善诱，诸生膏火不足者资助之。④

总之，深受中国古代传统士人忧患意识和儒家思想的影响，士绅往往在科举受挫，或亲老不忍远离，或淡于名利、不乐仕进的情况下，长期从事地方书院教育。这应该是促使陕西士绅乃至整个中国古代士绅从事地方书院及学校教育的最主要的几个原因。

八　士绅书院教育的期限

受科举考试三年一科特点、丁忧守制、孝义养亲、科举中式之难等诸多因素的限制，士绅在地方书院从事教学活动的时间也长短不一。既有丁忧期间的短暂讲学、科举中式之前以讲学促学习，又有致仕后及不乐仕进状况下的长期讲学或终身讲学。

为了更清晰地揭示清代陕西士绅从事地方书院教育的教龄及贡献，我们以史料为依据，把他们的教学活动大致分为长期讲学者、终身讲学者及

① 梁启超：《饮冰室文集》（三），（台湾）中华书局重印本，第22页。
② 何怀宏：《选举社会及其终结》，三联书店1998年版，第349页。
③ 《续陕西通志稿》卷84“人物十一”，第10页。
④ 《续陕西通志稿》卷83“人物十”，第19页。

短期内任教者。在此，我们主要以长期教授者为例探究其人的教育效果及其人在清朝陕西地方社会教育中的作用。例如：

> 陈炳庚，砖坪厅人（今改岚皋县），邑庠生。学宗程朱，践履笃实，主讲烛峰书院八宰，门人遍甎坪、紫阳两县，颇多通才。①
>
> 王烈，城固人，同治甲戌进士，改翰林院，庶吉士散馆，授四川东乡知县。性憨直，不乐仕宦，寻告归，掌教汉南书院八年，成就人才甚众。②
>
> 张邦治，千阳人。主讲启文书院先后十余年，多所成就。其教以敦品为先，不斤斤于文艺。尝云：士须学品兼优，苟制行弗端，虽读书万卷无益也。后选富平教谕，训迪诸生孜孜不倦，士林悦服。③
>
> 高建瓴，城固人，道光辛巳举人，主讲本邑斗山书院二十余年，不受修脯。④
>
> 阎廷琳，府谷人，乾隆甲午举人，孝廉方正，主讲荣河书院二十余年，循循善诱，成就甚多，教子侄具成立。⑤
>
> 李炜，三原人，同治庚午登贤书，会试不第，绝意进取，援例就教职，选延川训导。以兄老弃官归，主讲学古书院，训迪有法，拥臯比者二十一载。⑥
>
> 黄振国，宁陕厅人，光绪乙亥举人，大荔训导，主讲太乙书院垂二十年。⑦

从以上资料可知，砖坪厅士人陈炳庚主讲烛峰书院 8 年，他培养的学生遍及砖坪厅和紫阳县；与陈炳庚一样，城固进士王烈在返回家乡后，也在地方书院任教 8 年；千阳进士张邦治主讲启文书院 10 年；而相对于其他几位执教 8 年、10 年者，城固举人高建瓴、三原举人李炜在书院教学的时间更长，他们在地方书院任教时间均长达二十来年，而黄振国主讲太

---

① 《续陕西通志稿》卷 82 “人物九”，第 12 页。
② 同上书，第 6 页。
③ 《续陕西通志稿》卷 81 “人物八”，第 16 页。
④ 《续陕西通志稿》卷 82 “人物九”，第 4 页。
⑤ 《续陕西通志稿》卷 83 “人物十”，第 30 页。
⑥ 《续陕西通志稿》卷 76 “人物三”，第 18 页。
⑦ 《续陕西通志稿》卷 74 “人物一”，第 1 页。

乙书院的时间更长，长达20年。

可见，毕生致力于陕西地方社会教育事业及人才培养的士绅很多。因为科举考试三年一科的特点，统治者对科举中式名额的严格控制与减少趋势，以及其他客观因素的影响，使得许多以教授生徒来维持读书应考的士绅可能会将教育当作自己一生的职业。因为对于备考的士子来讲，教授不仅可以解决生计问题，而且可以以教促学。但是，许多人获取功名时年龄偏大，甚至年过花甲，所以这些士绅可以说也属于被动终身任教了。例如：

> 王凤鸣，汉阴人，尤长于教诲，初居乡授徒，文名已震，计舌耕六十余年。奖拔后进几遍关陕，主讲邑之育英、砖坪之崇化、石泉之石城、三益、凤池、安康之岭南、紫阳之东来、兴郡之关南、褒城之连云、临潼之横渠各书院及关中书院。监院所至以修齐为先，不汲汲于时文。光绪丙子始领乡荐，于是年六十一矣，以教授终身，卒年八十有五。①
>
> 张联辉，孝义厅人。由拔贡任教育事务三十余年，终身不入公门，慨然以提倡教育为己任，卒致积劳病故。②
>
> 刘映藜，长安人，光绪甲午举人，教授生徒终身。③

总之，虽然士绅从事地方教育的时间长短不一，但是大多数人都以自己高度的责任感及特有的教学方法，为清朝陕西地方社会的教育事业及人才培育做出了重要贡献。

九　士绅与地方社会的学风、文风

所谓风尚，“大约一、二唱之，众从而合之。和之者众，遂成风俗，不可猝变”④。那么，士是什么？士是维持风化的人。⑤ 也正是因为士是明

① 《续陕西通志稿》卷82“人物九”，第13页。

② 《续陕西通志稿》卷84“人物十一”，第1页。

③ 《续陕西通志稿》卷86“人物十三”，第5页。

④ 《阅世编》卷4《士风》。

⑤ 张东荪：《理性与民主》，上海商务印书馆1946年版，第170页。

德、践德之人，使得社会正义得以弘扬，是非标准得以确立，社会风化得以维持。[①] 这说明，士人对地方社会的学风、文风乃至社会风气等具有极大的影响力。

一个地区的社会风俗，尤其是士风等是反映该地区文明程度的重要标志之一。然而，良好社会风俗的养成和培育却不是朝夕之间就可以完成的，它与该地区长期以来的学风、文风、教育发展水平等密切相关，与该地区士绅的榜样带动和传承、倡导等关系尤为密切。此外，良好的社会风气也是加强控制，尤其是思想控制的重要辅助手段，所以历代统治阶级都十分重视对符合儒家礼仪规范，有助于强化封建统治的社会风气和习俗的培养。而士绅作为儒家文化和礼仪规范的维护和传承者，他们的行为规范更是普通百姓学习的榜样。因此，在某种程度上可以说，一个地区社会风气和风俗良好与否，与该地区士绅群体对儒家礼仪规范的遵守与倡导息息相关。所以，封建国家也常常要求这些居于乡村社会的士绅担负起移风易俗的宣讲职责。

在封建时代，士绅阶层是唯一享有教育和文化特权的社会集团，所以“劳心者治人，劳力者治于人”的社会价值观，决定了唯有作为文化占有者的士绅才拥有卫护传统社会纲常伦纪的职责。[②] 于是，这些陆续离职返乡的官员，以其名望和资历，往往很容易成为一里、一镇、一县甚或一郡的中心人物。由他们出来主持一方风教，其言行举止对特定区域内的人群会产生较大的影响。[③] 另外，因为士绅耳濡目染四书五经等封建礼义道德，所以他们也往往会主动承担以伦理纲常教化影响周围百姓的角色及职责。[④]

士绅的这种教化职责及效用体现在学校教育方面，则是士绅从事的书院教育活动，不仅为地方社会培养了人才，传播了知识文化，而且也为地方社会学风、文风、士风的好转起到了促进作用。例如，在清朝陕西地方志中有许多士绅执教后使得地方社会学风转变、人才蔚起的记载。主要的事迹有：

---

① 张东荪：《理性与民主》，上海商务印书馆1946年版，第170页。

② 张集馨：《道咸宦海见闻录》，中华书局1981年版，第27页。

③ 马学强：《乡绅与明清上海社会》，《上海社会科学院学术季刊》1997年第1期。

④ 王跃生：《清代生监的社会功能初探》，《社会科学辑刊》1988年第4期。

严公均，勉县人。时邑人不知学，公均独能服古通经，奋起萎靡之中，名流胥推重之。①

杨业，府谷人，乾隆间进士。后授汉中教授，兼汉南书院讲席，一秉白鹿洞条规，士风丕振。②

温仪，三原人，进士。归里，诸生从之受举业，务求瑰丽可喜，文风一变，科第日盛。仪为人坦率，不立崖岸，人乐近之。③

罗魁，咸宁人，拔贡生。性纯孝，年十一，值母病，斋沐祷神，愿以身代。及教谕麟游，循循善诱，士风丕振。④

从以上资料可知，勉县士子正是在严公均的推动、影响和表率下积极向学的；而汉南书院士风的振起、麟游县士风的转变、三原地方文风的好转，则分别是在府谷进士杨业、三原进士温仪、咸宁贡生罗魁的表率和教导下发生巨大转变的。清朝陕西地方志记载，在士绅的教育和培养下，地方社会学风、士风好转的例子很多。再如：

陈绶，洛南人，同治癸酉拔贡。以在籍办赈保升主事，念母老病，旋告终养，不复出。洛邑文风闭塞，学术卑陋，绶主讲洛源书院近三十年，士风丕振。⑤

总之，这些士绅不仅为陕西地方社会培养了人才，传播了知识文化，改善了陕西地方社会的学风、文风，而且在稳定社会秩序、表率乡民等方面均做出了重要贡献。例如，有些从陕西走出去的知识分子因为声名显著而名望远扬庙堂之上。例如，“王心敬，号丰川，户县人。幼孤，母李氏守节教养，不稍姑息。未冠人，督学待之不以礼，脱巾出。李氏念俗学不足为，使从盩厔李颙游，一心圣贤之学。岁中只许二三次定省，辄促之去。从师十年，一切需用皆母纺绩之资，颙比之孟母，特述母教一篇。后

① 《续陕西通志稿》卷82“人物九”，第11页。
② 《续陕西通志稿》卷83“人物十”，第29页。
③ 《续陕西通志稿》卷76“人物三”，第11页。
④ 《续陕西通志稿》卷74“人物一”，第21页。
⑤ 《续陕西通志稿》卷77“人物四”，第24页。

归，一时黔闽吴楚诸大僚争聘主讲席。相国朱轼督学时，数式庐问业，果亲王至陕，殷勤顾问，督抚交章以真儒荐，屡征不赴。蒲城某进士廷试，大学士鄂尔泰问丰川安否？某茫然。鄂笑曰，天下莫不知丰川子为其乡人，顾不知耶？凡大吏来秦，必寄问起居焉。”① 有些陕西籍知识分子因为声望受到社会舆论的一致赞扬，而获得了给陕西地方社会学校增加学额的机会。例如，著名的清朝状元王杰，嘉庆皇帝在十九年发布上谕说："因强克捷、王杰正色立朝，著加隶籍之韩城文武学额各五名，永著为例。"②

十　学官群体

与告归、乞假归、致仕归等回乡后主讲本邑或陕西地方其他书院，培养人才有所不同的是，也有一大批从事教育的教职人员。例如那些众多的教谕、学正等。所以，他们也为清朝陕西地方教育和人才培养做出了重大贡献。例如：

阎步青，蓝田人，拔贡生。历任汉中兴安学正，生平以启迪后学为己任。循循善诱，自家居至出仕，追随杖履者日众。本邑名士多出其门，西安及兴汉间风闻者咸乐从游，一时登巍科登仕版者不乏其人，当时以文坛宗匠称之。③

王福鸿，三原人，以优贡选甘泉训导。甘泉贫瘠，士不知学，福鸿为之定课程，筹奖赏，禄俸外丝毫不取。④

刘昰，朝邑人，乾隆间明通榜。授府谷教谕，训课有方，士风丕变，绅民感戴。告归多年，犹有不远千里而就正者。平生博极群书，尤精岐黄，喜纯正。在籍十余年，未尝一入城市，廉静端方，不愧清白家云。⑤

王锡年，合阳人，进士。后改泾阳教谕，邑有贫生某冬衣葛，锡

① 《续陕西通志稿》卷75"人物二"，第16页。

② 《续修陕西通志稿》卷36。

③ 《续陕西通志稿》卷76"人物三"，第2页。

④ 《续陕西通志稿》卷84"人物十一"，第15页。

⑤ 《续陕西通志稿》卷78"人物五"，第14页。

年为鬻绵纩而勉以力学。后归，主讲蒲城书院。①

寇守信，长安人，援例以岁贡叙教职。历署汉中府教授、摄南郑、宁羌各学官，调署葭州学正，补凤翔府训导，监味经书院。揭《白鹿洞学规》、刊《圣谕广训》及《方正学读书要范》、《张杨园爱身修德力学亲贤四则》，又刻《弟子规二语合编》等书，分给乡塾。在汉中，捐俸修葺学署及方正学祠。②

曹良模，礼泉人，举人，光绪庚辰大挑，以教职用，选宁羌训导，调留坝学官，创订学规，多所成就。③

党行义，武功人，少从孙景烈游，乾隆己亥举于乡，试礼部，业入选，以对策失检被黜。巡抚秦承恩礼重之，举孝廉方正，旋由大挑选山丹教谕。屡主绿野书院讲席，学者宗之，后配祀张横渠。武功自横渠寓居讲学后，孙景烈复倡明正学，继起者惟行义与郭慎行。慎行之教，先品节后文艺，行义则合性命文章为一途，晚年就家居讲学地，创立宗祠，并成族谱。④

值得注意的是，这些学官从身份上来讲，属于清朝的地方官员，但是从职业来讲，则属于地方社会学校的从教者。而且有些人在因致仕等原因返回地方社会后，也是凭借其渊博的知识、良好的口碑、丰富的教育教学经验，继续从事地方社会教育工作的。但这时，他们的身份就转变成了士绅，与其他回到地方社会的士绅一样，他们也为陕西地方社会的教育事业贡献了力量。只不过，对他们而言，教育的范围从城镇转移到了家乡，教育从职业转化为兴趣和责任。

十一　士绅与近代新式学堂

1840 年的鸦片战争打开了中国闭关锁国的大门，长期居于主导地位的儒学教育以及人才培养模式受到了前所未有的冲击和动摇。在西方船坚炮利的打击下，中国人，尤其是知识界开始思考并注意对西方科学技术的

① 《续陕西通志稿》卷 79 “人物六”，第 6 页。

② 《续陕西通志稿》卷 74 “人物一”，第 15 页。

③ 《续陕西通志稿》卷 84 “人物十一”，第 17 页。

④ 《续陕西通志稿》卷 81 “人物八”，第 5 页。

学习，从而掀起了科学救国、教育救国、实业救国的高潮。在这一背景下，时论认为：以八股文为主要形式的科举制度及其学校教育形式、内容，成为阻碍中国人学习西方科学技术的绊脚石。于是，在清朝后期，科举制变革与新式学堂教育成为国人在文化传播和人才培养方面的重大创新和尝试。

因此，晚清力图改变中国落后状况的知识分子除了创办实业之外，还积极致力于近代教育事业的建设与发展。在绅士阶层的积极倡导下，“捐资设学者不绝，公立私立日有所闻”[①]。例如陕西临潼，“该县学务蔚兴，悉由张绅秉枢、杨绅樾、杨绅联芳捐资提倡使然”[②]。这则资料明确指出，临潼的新式学堂就是在地方士绅张秉枢、杨樾、杨联芳等人的捐助下兴建起来的。持类似观点，肯定士绅在近代新式学堂兴办过程中所起作用的还有刘正伟先生，他以江苏近代教育为例，得出了同样的观点。他说：“晚清江苏新式教育的发展，初期主要借助于政治近代化的力量，由地方督抚和士绅倡导而走向全国。”[③]

在这一过程中，许多书院被改为新式学堂，近代学校教育体系在地方官员和士绅的合作下逐渐形成。可以说，近代新式学堂大多是由旧的书院改制而成的。在创建及改制过程中，既有地方士绅单独或几个士绅联合兴建的，也有由地方官员与士绅合作创建的。为了进一步说明这个问题，笔者不惜花费笔墨将这些清朝后期陕西的新式学堂及创办资料罗列如下：

西安：高等小学堂，光绪三十一年，同知汪长青、绅士廖文瀚、邵德龄就太乙书院改建而成。

高等小学堂，光绪三十二年，知县李经江、士绅窦鹏、袁赓扬就少墟书院改建而成。

高等小学堂，光绪三十二年，知县易国勋、士绅王熙、陈所蕴就崇化书院改建。

咸阳：高等小学堂，光绪三十二年，知县杨调元、黄秉怀、士绅程学孔由渭阳书院改建。

---

① 《养寿园奏议辑要》卷39，第5页。

② 《樊山政书》卷17，第36页。

③ 刘正伟：《督抚与士绅——江苏教育近代化研究》，河北教育出版社2001年版，第376页。

咸阳初等农业学堂，宣统二年，知县刘林立、士绅苏凤章倡立。

兴平高等小学堂，光绪二年，知县王景莪、士绅张渊就考院改立。

高陵高等小学堂，光绪三十一年，知县王海涵、士绅杨宜洲、张联魁筹立。

户县高等小学堂，光绪三十二年，知县陈云霖、士绅王章就明道书院改建。

户县初等实业学堂，在城内，知县缪延福、士绅王生萼创立。

蓝田高等小学堂，光绪三十一年，知县孙培恩、士绅宋儒、李时钦增修。

泾阳高等小学堂，光绪三十二年，知县蔡宝善、士绅张保桢就泾干书院改立。

三原高等小学堂，光绪三十年，知县倪度、士绅李效功等就学古书院创立。

临潼高等小学堂有三所。一所在关山镇，光绪三十年，知县李嘉绩及士绅张俊民立；一所在两金，光绪三十二年，由举人孙瑗、补用县丞马驯、张泰吉、候选训导傅宗说、廪生胡焕章、乡饮耆宾孙良金创办。候选教谕张秉枢捐银一千六百两，孙瑗捐房一座。①

可见，陕西地方社会的新式学堂几乎全部是由地方官员和士绅联合创办的。之所以说是几乎，而不是全部，是因为临潼县的三所高等小学堂在兴建过程中，除关山镇是由知县李嘉绩和士绅张俊民联合创立的外，其余两所则是由地方士绅单独创立的。他们有的捐房屋，有的捐银两，共同创办了临潼县高等小学堂。

当时，因为清朝中央无暇也无力在全国广兴学堂，所以地方办学几乎完全由绅士们来承担。“今之言学务者，往往是绅，非官。”② 所以，民立、公立学堂都是由绅士们开设的。例如：

宫炳南，盩厔人。受学于长安柏景伟，光绪丙子登贤书，赡恤茕

① 以上资料均见民国《续修陕西通志稿》卷37。

② 《江苏学务总会文牍》，第83页。

族，兴办地方公益，捐建双溪学校。[1]

王步瀛，眉县人，进士。经理善堂会馆及关陇中学堂，擘画精详，不遗余力。[2]

吴怀清，山阳人，光绪庚寅进士。性孝友，笃乡谊，于县署版原镇创办高等小学堂，后进多沐其泽。[3]

纵观陕西地方志，由陕西地方士绅自己创办的晚清新式学堂主要有：

三原嵯峨书院，道光中，由邑士马鸣监、温之朴重葺。

三原公立高等小学堂在福音村，光绪三十一年，士绅孙汉清等筹立。

三原公立两等学堂在东里村，宣统元年，士绅刘宗宴等创立。

三原私立女子高等小学堂在东里村，宣统二年，士绅刘昌晋捐立。

三原县学，乾隆十五年，邑贡生高璘、高珖、詹事主簿高玙捐资重修。

公立两等小学堂，光绪三十二年，由士绅姜焱森就洵阳书院改建而成。

复豳义学有四所，天阁村、马壮镇、魏家泉、西羊村各一所。是光绪二十四年，举人刘古愚先生由赈余款禀请筹立。

兴平私立小学二。一所在老瓜嘴，武进士杨发枝立；一所在齐家寨，农民张光祖立。

自强两等学堂在文义村，士绅张及第等创立。

蓝田云阁书院，举人牛兆濂，国子监学正、贡生兴平张元际纠同志营建。[4]

另外，在近代男女平等思想的影响下，被禁闭在闺阁中的广大女性也纷纷走出家门，接受学校教育。所以，创办新式女子学堂也是致力于近代

---

① 《续陕西通志稿》卷84“人物十一”，第15页。

② 同上书，第27页。

③ 同上书，第19页。

④ 以上资料均见民国《续修陕西通志稿》卷37。

新式学校教育的士绅的任务之一。例如，“三原初等女学堂在东关，士绅胡坪创立”[①]。

总之，无论是士绅阶层自己兴办，还是与地方官员合办，清朝陕西士绅均在晚清地方新式学堂的倡办中发挥了重要作用。而且尤为重要的是，士绅的贡献甚至远远大于地方官员的作用及贡献。

十二　知名的从教者

致力于陕西地方教育事业的士绅为地方社会文化发展所作出的贡献是重大而持久的，他们的教育教学活动收到了非常明显的效果。例如，以正学相砥砺的高上达，仿照吕氏乡约的做法使得更多的人受到了教育；再如，罗魁担任麟游教谕后，“士风丕振”，李宝善改任澄城教谕后，经其劝谕，两名互相指控的同族儒生改过自新，愿意认罚。[②] 这说明，致力于地方社会教育的士绅的教育效果是非常显著的。

受社会发展变迁的影响，士绅的教育活动也能注意吸收新的内容和体现时代气息。例如，清末陕西著名的士绅刘光蕡、柏景伟就是如此，他们两人不仅长期致力于陕西地方的文化教育，而且比较注意把科学、天文、地理、西学等新知识纳入地方社会的教育教学活动之中。例如：

> 刘光蕡，号古愚，咸阳人。家贫力学，昼鬻饼饵，夜为人转磨屑麦，食其余。然读书不辍，旋入府庠，肄业关中书院。苦书肆鲜藏书，乃百计借抄假，读书无虚日，算数为关中绝学，光蕡酷嗜之，偶得《四元鑑细草》于友人家，无从索解，乃冥心探究，忘寝食至呕血，卒通其说。光绪乙亥举于乡，礼部不第，遂绝意仕进。力主泾干、味经、崇实各书院。弟子千数百人，成就者众，而关中风趋一变矣。讲学不分门户，而以实用为期。尝念秦中人才销乏，学术不昌，由于购书不易，乃筹设求友斋校刊有用书籍。又以偿款屡增，民力已竭，非普兴工艺，人自为战不可，乃于崇实书院专课新学，试办白蜡、蚕桑、轧花诸事，且拟集巨资创机器纺织公司，与书院相辅，教

① 民国《续修陕西通志稿》卷37。

② 《续陕西通志稿》卷74“人物一”，第28页。

养兼施，使士农工商各竞于学。遣及门高足数人游沪上学习机器，归而实行之，卒以费绌中辍。欲广开西北畜牧之利，收其皮毛制为服用。论者叹为旷世之通儒，非虚誉也。①

显然，刘光蕡不仅研习算学，注意实用之学，而且在崇实书院中开设新学，融实践课于教学活动之中，建立纺织公司，并准备设立皮毛公司。这种学习和教育的内容及见识，已经远远超越科举教育的范畴——四书五经了。基于同样的教育理念，并能够将这种教育理念贯彻到实际的教育活动之中的还有柏景伟。

柏景伟，长安人，累世喜施与。力主泾干、味经、关中各书院讲席。以外患日棘，人多空疏，思造士以济时艰，立求友斋，以经史、道学、政事、天文、地舆、掌故、算法分门肄习，士风丕变。尝谓远师前贤不如近法乡贤，重修明儒冯从吾祠，刊其关学，编序而行之。兼刻有用书籍多种，后当道扩为味经书院刊书处。又省垣设官运书局，实自景伟发起端。凡为桑梓计，如清理差徭、立节义祠、起崇化文会、建少墟书院，皆力任之。（光绪）十七年，陕抚鹿传霖、学正柯逢时以景伟经明行修入奏，下部议叙，年六十一卒。尝谓，（少年）挟盛气以凌人，亦足害事无他，更事未久，读书未深，客气多而主气少也。果能虚衷集益，黜其自是之见，折其自矜之心，则气以平而学养粹，气以充而才识宏，然后可以当天下之大任矣。著有《沣西草堂集》四卷，光绪二十五年，陕抚奏请入国史馆儒林传。景伟弟景倬，邑庠生。事亲及兄景伟唯谨，兄病，侍汤药，涤溺器百余日不倦。凡兄所为事，如堡寨、义仓、义学、节义祠、牛痘局，皆赞助于前，整顿于后。又创建宗祠、纂修家谱、族谱以示重本睦族之义。②

可见，柏景伟力矫空疏学风，融政治、天文、地理、算学于关中各书院的讲学活动之中，并收到了显著效果，例如“士风丕变”就是对其教

① 《续陕西通志稿》卷75“人物二”，第5页。
② 《续陕西通志稿》卷74“人物一”，第15页。

学效用的描述和肯定。其“师前贤不如法乡贤”，重视地方贤达榜样及表率作用的教育观点无疑更能激发地方儒生的奋勇当先精神。他对陕西地方社会教育的贡献远不止于此，例如，陕西省官运书局的设立，就肇端于柏景伟。再如，贺瑞麟，其学名甚高，受到历任地方官员的重视，均争相聘其主讲陕西书院，而他更喜欢自由讲学，培育地方人才。其讲学效果之远大，从其人物传的记载中可见一二。据记载：

> 贺瑞麟，三原人，从朝邑李元春游，遂弃举业。知县余赓飏请主本邑学古书院，立学约学要各六则。巡抚刘蓉、总督左宗棠历聘主讲关中、兰山各书院，皆固辞。晚辟清理精舍于清凉原，来学者益众。生平以倡复横渠礼教为己任。或延请讲学，不远千里会讲。学庸西铭行古乡饮酒礼，观者如堵墙，风俗一变。时人于妻丧服多略，瑞麟独依礼行，作妻答问以解众惑。①

另外，有些士绅因文名颇高，培养人才颇众，不仅在陕西讲学，而且因为其深远的影响，国内其他地方的儒生，甚至朝鲜、琉球等邻近邦国的学子也不远千里来求指授。例如，路德就是这样的知名学者：

> 路德，盩厔人，嘉庆乙巳进士。以目疾告归，主讲关中、宏道、象峰、范阳、对峰各书院。尝谓读书为作好人，非求富贵。拥皋比者二十余年，订立课程，因材施教，一时秦中及晋豫吴楚人士多从之游，掇甲科任要职者以数百计。入庠及再传弟子以数千计，列清班强半出其门下，而翰林院宿学、缁衣黄冠之徒持诗卷以求品题增声价者尤多。朝鲜、琉球亦皆贩鬻奉为主臬。②

一心向学、刻苦自励、尊师重儒的士绅对地方社会的学风具有重要的影响和启迪作用。例如，蒲城人王化泰与同州人白焕彩以70岁高龄奉李颙为师，邀请李颙居家讲学，这次讲学还吸引了大批的好学之士来会讲，这无疑对地方社会士子文化水准的提升具有直接的促进和推动作用。尤为

---

① 《续陕西通志稿》卷76“人物三”，第17页。

② 同上书，第20页。

可贵的是，其以70岁高龄如此谦虚好学的态度，无疑也对地方社会士子的好学及尊师隆礼的精神具有表率作用。另外，这则记载也充分说明，受关中大儒李颙启迪、影响、成长的士子已经不单单是一乡一县，而是整个陕西，甚至同时期整个中国社会的读书人。据记载：

王化泰，蒲城人。少好性命之学，既长，与同志诸人以学术相磨砺，尝赋龙中吟三章直抒心得，读者叹为见道之言。年七十访李颙于盩厔，质所学，又与同州白焕彩共肃车迎颙，尊以师礼，日夕往复无倦色。每自谓：日暮途远，虚掷此生！辄唏嘘不已，闻者悚然。焕彩，岁贡生。晚岁与化泰迎颙主其家，日集友生会讲，一时同志之士奉为宗盟。①

奖励与批评，宽松与严厉一直是教育者所采用或兼而为之的教育方法。有许多教育理论研究者认为，鼓励与表扬的教育效果优于严苛的批评。其实，对于采用什么样的教育方法，可以说仁者见仁，智者见智，相对于笔者的所见所闻，似乎激励与表扬更容易被受教育者所接受。例如，清朝陕西著名的知识人李因笃在教育后学者时，就采取了这样和颜悦色的规勉之法。据李因笃传记载：

李因笃，富平人。年十一为邑诸生，丁明季之乱，遂谢去。肆力古文辞，尤长于诗歌，尝游长安，仿少陵作秋兴诗八首，见者多击节。时往来秦晋间，过从悉知名士，昆山顾炎武其尤也。康熙是七年召集诸儒纂修明史，廷臣以因笃名上，十八年授翰林院检讨，未两月即乞终养，疏三十七上始允归。好汲引后学，问字者无虚刻，或有过，必婉词规勉，未尝以厉色加人。顾炎武尝集杜句题赠云：文章来国士，忠厚与乡人。盖实录也。②

再如王正心，他把误人子弟的教育活动上升到了等同于杀人的地步。其目的就是要促使更多的教育工作者尽心尽力地做好各级地方学校的教学

---

① 《陕西通志》卷63“人物九”，第26页。

② 同上书，第61页。

工作及人才培养工作，不要误人子弟。“王正心，雒南人，廪生。暇不释卷，后设帐教授二十余年。尝谓，误人子弟，罪浮于杀人。生徒济济，成就甚众。”①

总之，清代陕西的许多士绅都曾致力于地方社会的文化教育及人才培养，他们中的许多人不仅长期致力于书院教育，而且严定课程、约束圣徒，坚持古人“先品行后文艺”的人才培养方针及教育思想。在中国社会近代化的过程中，他们也非常注意吸收和借鉴西方科学技术的成果及影响。他们严于律己，身体力行，表率生徒，为陕西地方社会的教育教学发展提供了一定的范式，积累了丰富的教育教学经验。

十三　士绅与地方教育事务的相关捐助

儒家“乐群贵和”的心理定势使得士绅群体特别看重群体的利益和幸福，于是经世纬国、德济苍生的民生关怀及自觉使命感，逐渐成为儒家忧患意识的合力指向。在基层地方社会，这种忧患意识幻化为士绅造福地方社会、关注地方公共事务的具体行动。所以，在中国古代乡土社会中，士绅群体特别重视对自己所在家乡事务的关注。因为，除了读书求学，尤其是做官必须离开家乡外，绝大多数时间他们都是在自己的家乡度过的，尤其是在离开官场以后，他们大多数人都会返回家乡，在家乡安度晚年。所以，士绅群体天然地关注所在地方的一切公共事务。

如果说士绅内心强烈造福地方教育及公共事务的愿望是出于一种使命感和高度责任感的话。那么，封建王朝统治者的提倡及旌表则是推动士绅捐助地方教育及其他公共事务的外在动力。为了促进和加强地方教化，州县官皆提倡绅士慷慨捐输，例如，敦促士绅积极为本乡贫苦、无力读书的士子兴办义学。因为清朝统治者认为，礼教、法制教育皆离不开起码的文化水平。如果地方的百姓皆是目不识丁者，则教化、善法无从谈起，正常的社会秩序也难以维持。这种教化功用，正所谓“兴学为善俗之方，蒙养为圣功之治，此人才之本，治化之源也”②。但是，由于中央财力有限，不可能对地方教育，尤其是基层社会教育投入更多的财力，因此，地方社

① 《续陕西通志稿》卷88“人物十五”，第6页。

② 裕谦：《劝勉斋偶存稿》卷2《劝谕广设义学》。

会教育机构的创建、维修、日常办公经费、士子的考卷费、应试资斧等与学校教育及科考相关的经费，绝大部分来自于以地方社会士绅为主体的民间力量的捐助。

（一）捐助膏火

在乡土社会中，“富者出钱，贫者出力”[①] 的社会动员原则，既决定了士绅在组织资金中的号召力，又决定了士绅在捐资中的职责。[②] 因为，在古代社会生产力水平较低的农村社会，贫寒是大多数时期及广大农村的一种常态。所以诸多寒门学子若是得不到地方社会的帮助和学费的减免就无法实现读书求学梦，当然更谈不上什么科举入仕理想了。也正是因为贫穷是中国古代社会的普遍现象和事实，所以历史上流传着各种版本的励志苦读的故事。例如，头悬梁，锥刺股，凿壁借光，佣工换读，借书、抄书等。于是，捐助地方书院办学经费及向刻苦好学的儒生提供物质奖励，也是地方社会士绅乐善好施，关注地方社会教育及人才培养的重要内容。

在古代，书院办学经费大多来自地方社会的捐助，尤其是油灯费、书费等膏火费更是如此。在清朝陕西地方志人物传中，也有许多记载士绅捐助书院膏火银两的例子。例如：

> 李锡龄，三原人，嘉庆间举人。锡龄故富于赀而治家醇朴，尤好义举。凡其宗祠、置祭产、修家乘、设义学，靡不毅然为之。捐助宏道书院膏火二千五百金。[③]
>
> 刘昇之，三原人，诸生。捐宏道书院膏火银一千三百两。[④]
>
> 阎抡阁，府谷人。领丙午乡荐，乾隆丁未成进士。告归，施与不吝，乡党赖之，倡捐书院膏火，出资修文昌祠，其义举多类此。[⑤]
>
> 贾献策，泾阳人，贡生。乾隆十一年，捐瀛洲书院膏火银四百余两，并焚借券数千金。[⑥]

---

① 孔飞力：《中华帝国晚期的叛乱及其敌人》，中国社会科学出版社 1990 年版，第 90 页。

② 王先明：《近代绅士》，天津人民出版社 1997 年版，第 100 页。

③ 《续陕西通志稿》卷 76 “人物三”，第 14 页。

④ 《续陕西通志稿》卷 87 “人物十四”，第 9 页。

⑤ 《续陕西通志稿》卷 83 “人物十”，第 30 页。

⑥ 《续陕西通志稿》卷 86 “人物十三”，第 25 页。

> 姚大勋，泾阳人。好义举，设义塾课里中子弟读，并捐纸笔膏火。①
>
> 姚得，泾阳人，议叙道员。并出五千金生息为束脩膏奖费，故虽残破之区，而弦诵不辍，科甲继起。②

可见，士绅捐助地方学校膏火的效果非常明显。例如，在姚得的帮助及教育下，泾阳地方社会的学校在社会动荡后重新焕发了勃勃生机，科举中式者源源不断。另外，士绅有时候也将对地方学校的捐助直接捐给贫寒的学子个人。例如，朝邑人王三成就是这样。据记载，“王三成，朝邑人，业商。为人慷慨乐输，喜与文士交，遇里中贫而秀者，必劝令入学，助以膏火。后张氏子举于乡，人不张荣而为王荣”③。值得注意的是，在明清儒商渗透的社会大背景下，喜欢与文人交际，乐于救助贫寒学子的商人也渐渐增多了。例如，上文提到的王三成就是地方商人捐助贫寒学子的例子。在慷慨好施的社会氛围下，有些士绅也把对地方学校教育经费的捐助常态化、经常化了，即年年捐助，这一点尤为可贵。例如，“孟师孔，泾阳人，监生。设义塾，赠纸笔，膏火，施散痼疾药饵，每岁费至百余金，久而不衰”④。

“受人滴水之恩，当以涌泉相报”，这是中国古代社会诸多回报他人与社会的受益者心态的写照。尤其是对受益于地方士绅捐助的基层群体来说，万民伞、功德碑、建生祠等，就是淳朴乡民对捐助者感激心理的体现。例如，清涧贡生王允保为地方社会的笔峰书院曾捐助了膏火银300两，所以他在去世后被祀入乡贤祠。据方志记载，“王允保，清涧人，廪贡生。尝捐三百金为笔峰书院膏火，卒祀乡贤祠”⑤。这种事例的积极意义在于，一方面，表达了社会对正能量的赞许；另一方面，也激励了更多渴望立功立德的士绅致力于对地方社会的公共及慈善事务的捐助。

作为知识文化的享有者，士绅群体也往往通过不受修脯，革除学校陋规等方式帮助地方学校发展教育事业。例如，蒲城贡生原锡泽任勉县教谕

① 《续陕西通志稿》卷86“人物十三”，第25页。
② 同上书，第26页。
③ 《续陕西通志稿》卷88“人物十五”，第21页。
④ 《续陕西通志稿》卷86“人物十三”，第25页。
⑤ 《续陕西通志稿》卷92“人物十九”，第9页。

时候的事迹：

> 原锡泽，蒲城人，嘉庆辛酉拔贡。又慨捐千金以增书院膏火。后选勉县教谕，贽敬、棚规俱不受，训生徒如在家塾，朔望课讲必设饮馔，又捐俸修文庙。俸满，保升福建平和知县，以道远不赴。沔人设木主于书院而祀之。①

“授人以鱼不如授人以渔”，讲的是要教给其人治生及解决贫穷的方法。在对中国古代地方学校教育的捐助中，许多捐助者也借鉴了这样的方法。体现在对学校教育的捐助方面，则是他们有时候并不直接捐给学校膏火费，因为这只能解决眼前的问题。为了不使学校教育事业因经费的后继不足而受挫，地方士绅往往也通过捐助学田，或捐银发商生息的方式以解决学校资金不足的后顾之忧。例如，三原刘昇之对正谊书院的捐助就是如此。“正谊书院在泾阳鲁桥镇北清凉，是原三原贺征君瑞麟讲学地也。三原刘昇之捐银二千发商生息，以为常年之脩脯。”②

因为绅士是“儒学教义确定的纲常伦纪的卫道士，执行者和代理人”③，所以，捐助地方学校教育的士绅往往捐助的不仅仅是单一的某一项内容。他们有时候不仅为学校捐助兴建资金，而且额外捐助膏火，有时候不仅捐助学田，还捐助试资费。例如，朝邑举人刘绳武与米脂进士高维岳就是如此，他们不仅捐助了地方书院的膏火费，还捐助了士人考试应举的资斧费用。

> 刘绳武，朝邑人，乾隆乙亥举人。无子，捐田宅为家庙祀田，又设义塾，捐数千金为书院膏火及乡会试资斧。④
>
> 高维岳，米脂人，世居绥德城内，同治庚午举人，光绪丙子成进士。拳匪之乱，大吏迷信，维岳隐忧之，以为大乱将作，遂请假修墓归，不复出。回籍后，捐助绥米两书院膏火及乡会试宾兴费，重修绥

---

① 《续陕西通志稿》卷89“人物十六”，第19页。

② 《续修陕西通志稿》卷36。

③ 张仲礼：《中国绅士》，中国社会科学出版社1991年版。

④ 《续陕西通志稿》卷78“人物五”，第15页。

德志，创修高氏居绥德家乘，寻卒，年七十有八。①

值得注意的是，史料提到刘绳武无子。也许正是因为后继乏嗣，所以他对地方社会的捐助力度比较大。不仅仅把他的田地和房舍捐给了家庙，而且设立了义塾，并为地方书院捐助了膏火银，为参加乡试和会试的士子捐助了考试费用。这也说明，中国古代社会“不孝有三无后为大”的思想也影响了那些无子嗣士人对地方社会的捐助。那就是，因为他们没有子嗣继承家产，所以常将自己的财富捐献给地方社会，用做包括教育在内的公共事务的经费。

（二）捐助试资费

“士而成功者十之有一，贾而成功者十之有九。”② 从谋生和获利的角度看，这是说从商更易致富；从科举出仕的角度看，这说明科举中试非常之难。所以，贫寒的学子在应试之际，受到包括地方社会士绅、商人等民间力量的捐助就成为一种普遍现象。尤其是在交通落后，距离省城和京城较遥远的乡村社会则更是如此。

因为在生产力水平低下的古代社会里，对于贫寒的学子来说，若无地方社会包括士绅在内的民间力量的捐助，许多人甚至连赴京赶考的资费都无法凑齐。例如，清代陕西唯一的状元王杰，就是在朝邑人刘大受的资助下才得以赴京应考的。史料记载：

> 刘大受，朝邑人，以捐赈议叙八品职，加道衔。家本素封，尤好周恤，值岁暮，每夜出，怀白金若干，遇急者辄付之。韩城相国王文端公未遇时，将赴都，资斧无出，大受慨赠三百金，是科遂以第一人及第，卒为名臣。病革时焚券至一万三千余金，有田数百亩，岁饥，辄减租或竟免之，一方人交口颂德无异辞。③

所以，离开地方士绅等民间社会力量的捐助，有些贫寒的学子不仅无

---

① 《续陕西通志稿》卷83“人物十”，第15页。
② 《丰南志》第5册《百岁翁状》788条，第251页。
③ 《续陕西通志稿》卷88“人物十五”，第18页。

法入学，甚至也没有能力赶考，当然也不可能取得科举功名了。例如，朝邑人“张氏子举于乡”，就是得益于同邑人王三成的捐助。这充分说明，在中国古代地方社会，士绅对诸多公益事务的关注与捐输是十分重要和必要的。

检阅地方志，有许多士绅捐助清朝陕西地方士子资斧费及试卷费的记载。主要的代表人物有：

连溥济，澄城人，四川候补布政司经历。尝捐银二千四百两以备阖邑试卷。①

霍为楙，朝邑人，光绪间进士，分给乡会试卷资及笔墨费，陕省公车，故事有旗匾路费，年久多侵蚀，为楙函请大吏，汇款京师，俾实惠及人。②

□□望，字绍先，渭南人。子恒泰能继父志，光绪元年捐送阖邑县试卷资银二千两。③

高伟骞，蒲城人，同治癸酉举于乡。为人旷达，乐易不拘细故，大义所在，则力任弗辞。邑公车入京，素乏公项，伟骞首捐千金以为众倡。④

张楠，泾阳人，增生。又立义塾，捐卷价，施药舍棺，义举不可殚述。⑤

王松年，渭南人，进士。又于本籍置义学、义田教养族人，以千金发商生息，备邑人乡会试卷资费焉。⑥

谢正原，朝邑人。本邑创修试院，捐万余金，施京师寓宅为邑馆，费七八千金。倡捐卷价六百金，又捐三百金为西河书院院长脩脯。⑦

除了捐助士子的考试费用之外，面对地方社会中的不法之事及弊病，

① 《续陕西通志稿》卷89“人物十六”，第1页。
② 《续陕西通志稿》卷78“人物五”，第33页。
③ 《续陕西通志稿》卷87“人物十四”，第16页。
④ 《续陕西通志稿》卷80“人物七”，第24页。
⑤ 《续陕西通志稿》卷86“人物十三”，第22页。
⑥ 《续陕西通志稿》卷77“人物四”，第7页。
⑦ 《续陕西通志稿》卷88“人物十五”，第19页。

地方士绅总会想方设法去除，以期达到造福桑梓、一劳永逸的效果。例如，汉阴厅监生陈联陞在目睹府试时书吏索要卷费导致贫乏士子不能应考的现象后，他参照安徽的做法及经验，捐出田租33石，同时订立规定，通报全社会，这不仅使这种索要卷费的陋规被破除，减轻了应试者的负担，而且在这一政策推行后，每年参加府试的士子的人数逐渐增加。毫无疑问，这种促使更多人向学的良好风气来自于陈联陞的贡献与努力。据方志记载：

> 陈联陞，汉阴厅人，监生。自祖父以来席厚资，好施与。联陞素精医术，施诊赠药从不取值。邑文武生童应府厅考试，书吏索捐价，贫乏者至不能入试，联陞愤之，乃援安徽纳卷法，捐田租三十三石为试卷费，通禀立案，不准再索分文，应试者遂年有增加，可谓功在士林矣。①

同样，为减轻士子考试负担，除自己捐助外，革除陋规的还有汉阴厅庠生郭光泮。"郭光泮，汉阴厅人，郡庠生。义士高植子，高植尝愤学官印红为寒士累，有志捐免，未果而卒。泮秉家政，即请捐田租一百五十四石，通禀立案，永革印红规费，邑士赖之，各大吏均给匾额并及其父焉。"② 汉阴厅士绅为减轻应试士子负担，取消印红的捐输可谓前仆后继，除了郭光泮之外，还有龙天辉。据龙天辉传记，"龙天辉，汉阴厅人，监生。家素封而好俭朴与寒士等，遇义举及乡邻急难辄倾囊不少惜。邓氏之捐红印也，当道以费巨不敷故事阻挠，久不决，天辉即慨捐田租六十六石以益之，案乃定，其与人为善多类此"③。

总之，在贫穷的乡村社会，不仅寒士读书的膏火费等需要得到地方社会力量的捐助，面对距离遥远的省城和京城，前去应考的寒门学子同样需要得到地方社会中以士绅为主体的各种民间力量的支持。细究之，也正是有了诸多民间力量的捐助与支持，才造就了清朝陕西地区以官学为代表，以状元王杰为典型的文化及科考事业的繁盛与发展。

---

① 《续陕西通志稿》卷91"人物十八"，第4页。

② 同上。

③ 同上书，第5页。

（三）捐助学田

学田，是中国封建社会各类学校所属的田产，是学校教育的经济支柱，其租银悉充办学经费，包括师生教学、生活等各项支出。清代学田主要有拨置、捐置、买置三种增殖方式。[①] 其中，拨田是各级官府凭借政权的力量增置学田的一种途径；买田是书院的自发增殖；而捐田是清代学田来源中非常重要的一个途径，其特点就是田地均来自于个人的捐献。在各府州县的学田来源中，捐置的数额均占有一定的比重，甚至有的学田全部为捐赠所得。

所以，为延续和维持地方学校的长期发展，在直接捐助膏火银、试卷费之外，士绅也常捐助学田，通过学田的田租来满足学校教育所需要的经费。而且在地方社会士绅的影响和带动下，通过捐助学田等方式来支持地方教育及其他慈善事务的民间力量越来越大，尤其是在中央王朝统治力量和财政衰微的清朝末年。例如，在陕西地方志人物传中，收录了许多捐助地方教育学田的例子。比较典型的有：

> 张闰河，白河人，太学生。家素封，好施与。邑去省寫远，贫士应乡试多不能自达，闰河置负郭田数十亩为宾兴费，大吏郡守皆旌其门。[②]
>
> 王万全，石泉人。先是，生童应县府及学院试苦乏卷资，万全于同治间捐助杨柳坝水田一分，岁收租四十石，士林均沾其惠。[③]

可见，正是目睹了白河距离西安路途遥远，贫寒的学子往往因为盘费的短缺而不能到省城参加乡试的残酷现实，因此，家境富裕的太学生张闰河，在乡村捐置了学田几十亩作为乡里寒门学子的应试费用。他的义行还得到了地方官员的旌表。另外，石泉人王万全并没有科举功名，他也是在地方士绅的影响和表率下积极捐助学田的，以作为乡村社会儒生参加县学及府学考试的费用。

---

① 钱蓉：《清代学田来源试析》，《清史研究》1998 年第 4 期。

② 《续陕西通志稿》卷 91 “人物十八”，第 11 页。

③ 同上书，第 15 页。

在乐善好施社会风尚的影响下，在清王朝统治者及地方官员的提倡下，在儒家知识分子传统美德的熏陶下，居于乡村社会的士绅所关注及捐助的地方事务往往不是单独的一项或一种，而是有很多种。所以，很多时候我们很难分清他们捐助的到底是学校教育、慈善事务还是公共工程，因为对于这些地方事务，他们都有过捐助。例如，渭南人武宏模和兴平进士杨发枝就是如此：

武宏模，渭南人。性纯厚嗜学，凡先儒理学书，如横渠、泾野、少墟、二曲各集皆丹黄而默识之。薛思菴野录板久毁，为之重梓。悯乡间寒畯力不能读，创立养正义学二所，置田三顷供师生脩脯。他若修先祠、置祭田、立义仓、掩骸骨诸善行，皆乐为不倦。乡人为立德行碑。[①]

杨发枝，兴平人，道光中武进士。以商起家，性豪爽，喜推解，事关公益，数千百金不少吝，尝为其村老瓜嘴立义塾，捐宅一区，水田数十亩以教贫寒子弟，后改学堂。他如补城垣，建书院，修考院诸义举，均用贞珉大书特书焉。[②]

除了膏火、学田、试卷资费外，士绅还会把自己的房产等捐给地方学校。例如，“李佳品，盩厔人，庠生，捐房院以广学宫”[③]。再如上文所提到的刘绳武，因为没有子嗣，所以他不仅捐助了地方书院的兴建及士子应试费用，而且把自己的土地和房产都捐给了家庙。

总之，清朝时期的学田不仅来源呈现多样性，而且学田建置者的身份也具有广泛性的特点。不仅上至总督、巡抚、学政，下至知县、教谕、训导等各级官员捐置，而且各地的乡绅名宦、社会名流，包括退任官员、地主豪绅、举人、监生、贡生、生员，甚至商人、僧人、妇人等，无不踊跃急公，不辞劳瘁，置学田以兴学校。

---

① 《续陕西通志稿》卷87“人物十四”，第17页。
② 《续陕西通志稿》卷86“人物十三”，第13页。
③ 《续陕西通志稿》卷87“人物十四”，第13页。

十四　士绅与贡院、考院等的兴建

中国古代的文化教育机构系统庞大，除了中央和地方的官学、书院、地方社会的社学、义学、私塾等直接的教育机构外，还包括与学校教育相关的一些设施。例如，考院、贡院、文庙，以及从京师到省城专门为家乡士子应考而设的会馆，等等。所以，捐助这些教育机构及其相关工程也是士绅关注地方教育，重视人才培养的重要内容。

在清朝陕西，有许多关于士绅捐助地方社会贡院、考院和文庙的记载。只是由于资料分散，能够找到的相对较少。这些分散的记载主要集中在清朝陕西地方志人物传中。例如：

> 焦□栋，字秋圃，渭南人，荣栋弟。庚午筑县城，输金数千，又助修省会贡院，捐送卷资。①
>
> 晁陞，长安人，候选员外郎。又捐修学宫书院并董其事。②

可见，焦荣栋的弟弟不仅在修建渭南县城的时候捐助了数千金，而且在省城修贡院的时候也进行了捐助；候选员外郎晁陞不仅捐助了学宫银两，而且在兴建中负责实际修建工作。另外，在积极致力于地方学校修建良好风气及相关机构良好传统的促使下，父子、兄弟相继捐助地方教育机构兴建事宜也成为地方社会的一种常见现象。例如，石泉贡生朱元勋与他的父亲朱启庆、叔父朱启榜就是如此。朱元勋的父亲捐修过考院，而朱元勋与他的叔父朱启榜则花费大量资金修建了石泉文庙。对此，地方志中的朱元勋传对于他们的慷慨捐助进行了较为详细的记载："朱元勋，石泉人，由贡生议叙刑部河南司员外郎。父启庆急公好义，同治四年，捐修兴郡考院。元勋能继父志，与叔父启榜各出巨资修本邑文庙，捐重金为棚费。"③

另外，关注地方教育的士绅无论是对义塾、学校等的兴建费用、考试

---

① 《续陕西通志稿》卷87"人物十四"，第17页。

② 《续陕西通志稿》卷86"人物十三"，第4页。

③ 《续陕西通志稿》卷91"人物十八"，第15页。

费用还是对学校教育的相关机构，如文庙，都会积极捐助，正所谓“凡有兴建，莫不慷慨捐输”。例如，泾阳人姚濂就是如此。“姚濂，泾阳人。慷慨乐施，乡党有急，辄周恤之，设义塾，送卷金，助修文庙，前后捐银六千余两。”[①] 再如：

胡锡爵，三原人，与弟锡壤捐修文庙，费银四万七千余两。[②]

高希冉，朝邑人，议叙户部员外郎。道光十八年夏，本县修文庙，捐银三百两，捐修华原书院及两次赈济共银三百两。[③]

总之，关注地方文化教育的士绅不仅亲自到书院及义学等学校机构中任教，利用自己的文化知识启迪地方社会乡民，而且还积极致力于地方社会包括学校教育机构及相关文化机构的兴建。他们或出资，或捐田地房产，或实际负责这些机构的兴建，为清朝陕西地方文化教育的发展做出了重要贡献。

十五 士绅与刻书、藏书

刻书与藏书既具有积累文化的功效，也有传播文化的职能。因为人们的思想成果及通过实践而获得的经验，一旦形成著作，刊刻出来，收藏起来，就是一种文化积累。而一旦进入流通，传到读者手中就是文化的传播现象了。在中国古代社会，书院所刻之书，版本学上称作“书院本”，很讲究质量，数量亦蔚为可观。清代学术大师顾炎武曾谓：“宋元刻书皆在书院，山长主之，通儒订之，学者则互相易而传布之。故书院之刻有三善焉：山长无事则勤于校雠，一也；不惜费而工精，二也；不贮官而易印行，三也。”[④]。这第三善就是强调书院传播文化之功效的。[⑤] 事实上，像《梦溪笔谈》这样的科学巨著，就是靠了元代茶陵东山书院刻本才传至现今的。而清代书院所刻《正谊堂全书》《皇清经解》等大部头类书、丛

① 《续陕西通志稿》卷86“人物十三”，第25页。

② 《续陕西通志稿》卷87“人物十四”，第5页。

③ 《续陕西通志稿》卷88“人物十五”，第20页。

④ 顾炎武：《日知录》卷18。

⑤ 邓洪波：《中国书院传播文化的功效》，《湖南大学社会科学学报》1992年第1期。

书，更是今天我们得以研究、继承传统文化的宝贵资料。另外，书院藏书也是为了给学生提供学习的资料。

于是，士绅在地方社会文化方面的贡献除了常见的捐助书院膏火、试卷费、捐设义学等教育机构之外，作为知识文化资源的占有者，他们往往也积极致力于文献资料及书籍的整理与刊刻工作，常常将自己收藏的书籍或者购买的书籍捐送给地方学校机构，作为地方社会的人才培养之需。例如：

彭懋谦，石泉人，同治间进士。乞假养亲归，主讲关中、味经两书院，校刊经书、古文、唐诗及乡先达遗集十种，并在粤刊刻之，四书、易书、诗各经读本暨课蒙、医药等书板庋存关中书院尊经阁以惠士林。[①]

很明显，彭懋谦刻印包括医学在内的众多书籍主要是为了地方社会的人才培养。从记载可知，他的刻书活动属于私人刻本，不同于书院所刻的“书院本”，但其培养人才、文化传播的功能是一致的。这种私人刻书应该被称作家刻本。而家刻，又称私刻，私宅刻本，是私家出资或主持刻印的书本。它多以崇尚学问、收藏知识、传播文化、繁荣学术为目的，并不以营利为动机。[②] 自明代以后，私家刻书进入了昌盛时期。[③]

所以，清朝陕西还有许多主要以传承、保存文化为目的而刻书者。他们或几人联合，或独力经营，为保存中国古代文化典籍做出了重要贡献。例如：

谢正原，朝邑人，与弟兰佩、正常皆好义，重刻乡先贤韩苑洛五泉及李河滨集。[④]

刘昇之，三原人，诸生。刊刻朱子及儒先书多种。[⑤]

---

① 《续陕西通志稿》卷82“人物九”，第24页。
② 吴琦：《明清社会群体研究》，中国社会科学出版社2009年版，第287页。
③ 同上书，第290页。
④ 《续陕西通志稿》卷88“人物十五”，第19页。
⑤ 《续陕西通志稿》卷87“人物十四”，第9页。

刘质慧，三原人，优贡生，宪之子。与贤师友刊布先贤书数十种。①

李锡龄，三原人，嘉庆间举人。锡龄故富于赀而治家醇朴，尤好义举。生平博极群书，搜罗甚富，得乡贤辈遗书二十余种，尽梓之。又辑古今秘籍、海内罕见者三十余种为惜阴轩丛书，凡二百七十余卷，远近争购之。著有关中石刻新编等藏于家。②

相对于私人的刊刻，书院刻印的“书院本”优点更为明显，因为每一本书都经过了书院院长等人的仔细校对，可以说是众人合力的结果。因此，谬误和遗漏相对于士绅个人的私刻之书，从理论上说可能要少许多。所以，在清朝书院中担任过主讲的许多人都有刻书的经历，例如，贺瑞麟、刘光蕡等。

其中，贺瑞麟刻书，主要的是程朱著作。“世道人心，端由学术，世之非毁正学者，未见其书也；风气转移，必刻正学书，以程朱为宗。”③他所主持编辑并刊刻的大型丛书《西京清麓丛书》有 88 种 1458 卷，收录了四十余种程朱及其弟子的著述。除此而外，程颐、程颖、周敦颐、张载、朱熹弟子黄榦、陈淳的著作，也占了相当大的部分。同时，该丛书也包括了元朝的许衡，明朝的薛琅、胡居仁，清朝的陆陇其等人的著述。

同光时期的陕西书院，其学术思想、刻书活动及教育理念，是陕西教育史上由旧学向新学的过渡时期，也是陕西知识分子思想认识的转型期。④ 所以，体现在刻书问题上，就是无论是书院本还是私人刊印本，都注意了选本内容的变化和教育内容的变化。因为在购买或刊刻中，他们都注意了科学技术、医学、军事、机器制造等方面书籍的刊印。例如：

呼鸣清，清涧人，由同治癸酉拔贡官湖南知县，权慈利县事，判断如流，邑人钦其神明。性直，不善奔走，竟罣吏议。购书百数十种

① 《续陕西通志稿》卷 87 “人物十四”，第 9 页。

② 《续陕西通志稿》卷 76 “人物三”，第 14 页。

③ 郭琦、史念海、张岂之：《陕西通史 · 思想卷》，陕西师范大学出版社 1997 年版，第 327 页。

④ 杨远征、田丽娟：《清同治光绪时期陕西书院及其活动》，《宁夏社会科学》2005 年第 2 期。

以归，设塾授读，邑人向学者莫不诚心训诲，且出藏书以惠后学焉。①

李舒馨，咸阳人，光绪庚寅进士。以即用知县分山东，任福山县时，以救护日本轮船，活人数百保知府。资助同乡亲族，并为本县学堂捐购诸书不下数千金，好义若渴，尤为人所乐道焉。②

总之，对于知识人来说，最主要的任务和职责是传承文化知识，尤其是对地方社会贤达之士文化成果的整理、保存与传播。而刻书，赠送自己所藏之书就是士绅活动的其中一种。例如，清代陕西合阳举人康乃心就痛心于前人文化成果的湮没和荒废，所以尽心尽力地对其进行整理和保存。“康乃心，合阳人，康熙乙卯举于乡，庚辰春试不第，诸大臣欲荐之，固辞归里。尝慨前贤遗迹淹废，为树碑作传记无虚日，著有毛诗笺，莘野集，太乙子，韩城、平遥志若干卷。”③

十六　士绅与地方志修纂

明清时期，士绅阶层凭借其人对知识的占有以及与政治特权的结合，充当着掌握社会权威、文化规范的角色。他们掌控着基层社会政治、教化与文化解释权力，对于传统社会秩序的稳定和延续发挥了重要作用。而方志为“一方之全史”，是地方文化的重要载体，所以士绅阶层常常通过编纂方志，发挥其在基层文化建设事业中的功能，垄断社会的文化权力。对此，费正清指出：“士绅在每个乡里履行许多重要的社会职责……出版图书，特别是地方史籍或地方志。”④

地方志是地方文化的主要载体，是一个地区文化发展程度高低的重要标志之一。所以，重视文化控制的明清两朝政府都极为重视地方志的编修，三令五申地督促全国各地编修方志，从而使得全国各省、府、州、县的方志编修蔚然成风，形成了地方志编修的昌盛时期。另外，士绅阶层也希望通过编纂地方志，传纲常伦理，化一地风气，宣扬儒家的忠孝仁义，

① 《续陕西通志稿》卷83“人物十”，第20页。

② 《续陕西通志稿》卷84“人物十一”，第2页。

③ 《陕西通志》卷63“人物九”，第62页。

④ 费正清：《美国与中国》，世界知识出版社2006年版，第36页。

从而建构地方价值观念与道德评判体系。因为在科举制确立以后，儒学经典成为国家选拔官员的标准，儒学成为社会的规范。所以，士绅一般都通过科举考试获取相应的身份标识，因此成为儒家文化及正统最坚决的维护力量。例如，在明清两代编纂的方志中，占据最大篇幅的就是烈女、科第、名宦等，因为这些记载对于弘扬封建礼教具有重要的促进意义，所以，士绅希冀通过地方志编修来达到维护三纲五常封建道德规范的目的也就不言而喻了。此外，士绅还希图通过对地方历史的记述和解释，为地方发展提供历史经验和借鉴。①

一般来说，地方府、州、县志的编修是由地方官出面的，由他们组织一个方志局，聘请本地或外地有名望的学者负责方志的总编纂。除此之外，还要聘请大量的本地士绅参与，分任编写工作和分赴辖区各地进行采访。之所以要聘请大量的本地士绅参与地方志的编纂，是因为他们不但是本地文化人的代表，而且最为重要的是，他们熟悉本地的情况，便于展开调查，能够掌握比较可靠的素材。所以说，绝大多数地方志的实际编修工作，大多是由本地士绅负责的。明清时期士绅参与修志，主要有两种形式：一是多名士绅合力修志；二是个人独立修志。② 所以，许多地方志虽然是由地方官提倡修纂的，但实际的撰写和采访均是由地方士绅担任的。

所以，清朝陕西的许多地方志大都是地方官员和士绅联合的结果。从地方志人物传的记载来看，大多是士绅在受到地方官员的邀请后加入方志的编修过程的。例如：

> 刘尔榉，中部人。十岁能属文，博极群书，结庐西山之唐峪洞，会延守陈天植延尔榉与安塞贡生韩一识同修郡志，词理简严，论者称美。③
>
> 吉庚，韩城人，康熙甲午举人。邑令康行僴延合阳康乃心修志，庚采访商榷之力颇多。④
>
> 解含章，韩城人，博极群书，淹贯百氏，讲学龙门书院。县令某于政事之余为文酒之会，含章上下古今，清辩滔滔不绝，闻者咋舌，

---

① 桑荟：《明清时期江苏士绅与地方志编修》，《中国地方志》2010 年第 9 期。

② 同上。

③ 《陕西通志》卷 63 “人物九”，第 62 页。

④ 《陕西通志》卷 62 “人物八”，第 55 页。

会有诏纂修陕甘通志，沈观察寓丹檄含章与其事，张太守奎祥修郡志，延含章采访，商订义例。①

王宏撰，华阴人。副使汤斌造庐订交，贾中丞汉复聘修陕西通志，并命子婿受业。②

樊景颜，高陵人。家贫嗜读，雍正癸卯拔贡。屡困秋闱，遂绝意仕进。历任邑宰咸造庐请谒，县志自名儒吕楠创修后讫雍正时又九十余年。知县事熊某属景颜重修，乃乘塞储粮，博访旁搜，纂修成书，论者称之。③

王守恭，华阴诸生，同州知府饶应祺延请修同州府志。④

李楷，朝邑人，天启甲子举人。国初知宝应县，后归里，值制府饬修陕省通志，延至会城郊迎之，楷长揖上座，纵饮挥毫，当事咸瞩目，充工书画，旁及释典道藏，著河滨全书一百卷。⑤

以上几位士绅的人物传就明确记载，他们参与地方志的编修活动都受到了地方官员的邀请和聘用。例如，刘尔榉与同县安塞贡生是受到延安知府陈天植的邀请参与《延安府志》编修的；吉庚在时任韩城邑令康行僴修县志的时候主要负责采访，并担任顾问；韩城人解含章不仅参与了《陕甘通志》的编修，而且在太守张奎祥修郡志的时候也参与其中；王宏撰受到贾汉复的聘请参与了《陕西通志》的编修；樊景颜在时任熊姓知县的嘱托下重修了《高陵县志》；王守恭受同州知府饶应祺的聘请参与了《同州府志》的修撰。另外，从参与地方志编纂士绅的功名层次来看，既有高官显宦，也有陋居乡里的普通士人。⑥ 但是很显然，科举功名越高，知名度越大，受聘编修地方志的可能性就越大，而且受到的礼遇规格也更高。例如李楷，因为李楷是明末清初著名的文学家，其知名度之高，声誉之广，与李颙、李因笃等同，所以被誉为“关中三李”。也正是因为如此，当后来诏令纂修《陕西通志》时，地方官员亲自到城外迎接他。

---

① 《续陕西通志稿》卷79“人物六”，第27页。

② 《续陕西通志稿》卷80“人物七”，第8页。

③ 《续陕西通志稿》卷75“人物二”，第12页。

④ 《续陕西通志稿》卷80“人物七”，第14页。

⑤ 《陕西通志》卷63“人物九”，第58页。

⑥ 桑荟：《明清时期江苏士绅与地方志编修》，《中国地方志》2010年第9期。

对于地方士绅来说，编纂方志既是使命感的体现，又可以保存地方文献，所以士绅群体比较重视地方志的编修工作。在清朝陕西，除了以上所列举的有明确记载的士绅受到地方官员的聘请而参与方志修撰的事例外，还有许多士绅参与地方志修撰的记载。只不过，记载的比较粗略而已，例如：

李继峤，绥德人，乾隆二十一年举人。曾任咸安官教习，山西绛县知县。后归田，里党事议修州志，延继峤秉笔，逾年告成。①

彭龄，勉县人，由岁贡任盩厔训导。著有《沔阳县志》、《汉水考》、《十三经注解诗文集》。②

周良翰，蓝田人，进士。归后，居乡二十余年，日为诸生课文，多登进者。尝纂修邑志，邑人皆曰先生而不称名字。③

冯健，眉县人。雍正中，与修邑志，精心搜讨，后以恩贡任岷州司训。讲学不倦，先德行后文艺，人拟鹿洞遗规。④

董诏，安康人，积学笃行，克振家声，乾隆甲午登贤书。从游多知名士，进士谢玉珩，举人张鹏飞其最著也，与修《旬阳县志》。⑤

李联芳，平利人，同治辛未进士，尝纂修邑志。⑥

杨家坤，紫阳人，道光辛巳举人。授临潼教谕，以亲老告终养在籍。编辑县志，考核极富。⑦

高照煦，米脂人，同治癸酉举人。著有《米脂县志》，高氏家乘。⑧

官炳南，盩厔人。受学于长安柏景伟，光绪丙子登贤书，著有《盩厔县志稿》。⑨

① 《续陕西通志稿》卷83“人物十”，第12页。
② 《续陕西通志稿》卷82“人物九”，第12页。
③ 《续陕西通志稿》卷76“人物三”，第1页。
④ 《续陕西通志稿》卷81“人物八”，第15页。
⑤ 《续陕西通志稿》卷82“人物九”，第16页。
⑥ 同上书，第20页。
⑦ 同上书，第23页。
⑧ 《续陕西通志稿》卷83“人物十”，第14页。
⑨ 《续陕西通志稿》卷84“人物十一”，第15页。

刘汉客，宜川人，顺治甲午贡生，尝与修陕西通志。[①]

可见，以上士绅所参与的地方志编纂涉及了陕西的绝大多数府县。其中，既有陕南的《沔阳县志》，关中的《蓝田县志》，又有陕北的《米脂县志》，等等。当然，还有《陕西通志》。这说明，参与地方志编修也是士绅阶层传播乡村社会文化活动的主要内容。

"宗谱"与"族规"的修撰、缮写，乃是乡民日常生活中的一件大事。因为对于文化素养相对较低的乡民来说，这一工作的完成不得不借助于其他文化人之手。[②] 而在基层社会，乡民触手可及的文化人一般就是士绅。所以，在国家的重视和提倡下，作为享有文化话语权的士绅自然就成为各地方志编修的主力军。于是，在他们的努力下，方志编修也成为地方构建文化知识体系的主要传承形式，并且作为一种文化理念渗透到各行政区。但因为地方志一般部头较大，工作量大，并非个人能够完成，所以许多地方志的编修都是在地方官员的提倡及决定后，由他聘请地方社会的知名士绅参与实际采访和编修的。所以，清代地方志一般由地方官府、官书局主持编修、刊刻，而编修志书者一般为当地硕儒和学有专长的士绅。[③] 可以说，地方志的编修也是地方社会官绅合作的结果。清朝时期的诸多陕西士绅参与了地方志的编修工作，这也为保存地方文化、风土人情、社会经济、山川河流等的变迁提供了可信的史料。

总之，绅士在回乡之后，他们的门庭里不断培育出新的官员，所以绅士处于新官和旧官之间，旧官是他的过去，新官是他们的将来，在过去的光荣与将来光明的照耀下，绅士在乡土社会中自然成了显赫人物。[④] 这里所论及的就是绅士在基层社会里的教育功效及其职责。所以，作为知识文化的受益者，回到地方的士绅群体也积极致力于陕西地方文化教育事业的发展。他们不仅积极倡办义学、社学、书院等教学机构，而且为贡院、考院、文庙等的兴建捐助资金，并且为应考的士子捐助资斧，为贫寒的学子

① 《陕西通志》卷63"人物九"，第59页。

② 刘晓东：《明代的塾师与基层社会》，商务印书馆2010年版，第255页。

③ 江凌：《试论清代两湖地区书院刻书业的特点及其社会作用》，《湖北第二师范学院学报》2008年第6期。

④ 马怀麟：《绅士和绅士政治》，《贵州民意》1985年第4卷。

捐助膏火费，为学校捐学田、房舍等。除此之外，他们还积极投身到地方学校的教学活动中，以自己的知识和文化为陕西地方社会的人才培养和文化传播献计献策、贡献力量，收到了良好的教育效果。

第二章 清朝陕西地方公共工程兴建中的士绅

传统绅士阶层凭借其独特的功名身份和文化权威，成为地方社会集政治、经济、文化、伦理于一体的权势阶层。他们直接控制着地方社会生活的方方面面，具有“一体化”的高度整合功能。因而，在基层社会中的任何一种以绅士为领袖的社会控制形式，例如宗族、乡约、乡社、团练等，都是集政治、经济、文化、军事（乡勇、团勇）于一体的权力高度集中的社会组织。借助于这种社会控制形式，绅士实际上介入了封建权力运作体系，成为上层社会结构和基层社会结构不可或缺的中介。[①]

于是，明清士绅也把经理家乡的公共事务作为自己不可推卸的职责。[②]“每当邑有大事时，地方官员总会有意识地敦请地方士绅对地方事务进行商讨。”[③] 另外，百姓也乐意推举士绅作为地方公共事务的经理者。于是，“由士绅站出来，或者人们请他们出来处理家乡的公共事务，就成为士绅居于乡间的‘恒事’”[④]。于是，“士绅为诸如运河、堤堰、水坝、道路、桥梁、渡船之类的灌溉和交通设施进行筹款和主持修建”[⑤]。基于同样的原因，清代陕西士绅也在地方公共工程中发挥了重要作用，他们或独力兴修，或协助官府，或号召地方百姓为地方桥梁、道路、水利、堡寨等的兴修和运作捐助经费，参与修建，等等。

地方公共工程一般包括道路、桥梁等交通设施，城墙、堡垒等城防工

---

① 张研：《清代族田与基层社会结构》，中国人民大学出版社 1991 年版，第 266 页。

② 张仲礼：《中国绅士的收入》，上海社会科学出版社 2001 年版，第 42 页。

③ 吴琦：《明清地方力量与地方社会》，中国社会科学出版社 2009 年版，第 217 页。

④ 张仲礼：《中国绅士的收入》，上海社会科学出版社 2001 年版，第 42 页。

⑤ 费正清：《美国和中国》，世界知识出版社 2006 年版，第 36 页。

事，水坝、河堤等水利工程的兴建。这些公共工程大多是由士绅倡议并负责实际兴建的。全国各地方志中有无数记载表明，在这些公共工程的兴建中，士绅的作用非常突出。士绅之所以能起到这种独特作用，主要是因为："窃为治之道，必须官通民情，民知官意，上下相信，而后举办要政，如响斯应。……中国向来积弊，官绅隔则多蒙蔽，官绅通则启嫌疑，不惟官与民隔，绅亦与民隔。……所以官欲通民，必先使绅与绅通，而有以联之，官欲民信，必先使绅为民信而有以导之。"[①]所以，鉴于士绅在地方社会中所具有的广泛的号召力和深远的影响力，加上他们中的绝大多数财力也比较雄厚，所以，铺路筑桥以及地方社会的其他较大项目建设，往往也都由士绅牵头筹划。[②]

一　士绅与道路、桥梁的修建

桥梁、道路等与百姓的日常生活息息相关，尤其是在交通落后的乡村地区更是如此。因此，凿路修桥也是士绅参与地方公共事务的重要内容，他们或受官府委托，或独力修建，或带头倡捐。但无论是哪一种参与形式，都离不开士绅的参与和支持。例如，有些工程虽由官府发起，但实际修建者依然是地方士绅。所以，清朝陕西士绅也参与了众多地方社会桥梁、道路等的修建，他们不仅在经费的筹措方面，而且在实际兴建中发挥了重要的作用。

（一）士绅与地方桥梁的修建

由于士绅大多生活在乡村社会，他们所参与建造的桥梁也大多是为了方便地方社会乡民的出行。因此，他们所修之桥基本上是在他们生活以及影响所及的范围之内。因为绅权具有明显的地域性特点，所以绅士的领导地位也有一定的范围界限，尽管范围有大有小，但一个绅士如果离开了他所居住的社区，就不会对别人产生影响，从而也就无从拥有控制别人的权力。[③] 因此，士绅参与的地方公共工程也具有明显的地域色彩及特点，大

① 《隆平县设立公议局警务研究所廪请核示文并批》（续），《大公报》1907 年 7 月 21 日"公牍"，见王先明《中国近代社会文化史续论》，南开大学出版社 2001 年版。

② 马学强：《乡绅与明清上海社会》，《上海社会科学院学术季刊》1997 年第 1 期。

③ 胡庆钧：《论绅权》，《皇权与绅权》，天津人民出版社 1998 年版，第 118—129 页。

多修建的是其所聚居的乡村社会及其周围的道路与桥梁。

士绅为地方社会的桥梁修建捐助经费。

从已有的资料来看，清朝陕西士绅参与地方桥梁修建的情况通常是，他们或参与官方提倡的桥梁修建，其中，士绅主要负责捐助银两经费；或者官绅合建；或者由士绅个人负责修建资金的筹措及实际建造，即士绅独力修建。在桥梁修建中，石桥修建相对耗资较大，所以，关于士绅捐助资金以帮助地方完成桥梁修建的记载较多。从人物传的记载来看，捐资帮助地方桥梁修建的士绅主要有：

刘映菁，三原人。咸丰元年捐修崇仁桥，捐银二千两。①

刘映莀，三原人。修吴村桥捐银九百两，修崇仁桥捐银二千三百两，修灞桥捐银六百两。②

高希冉，朝邑人，议叙户部员外郎。道光十三年修灞桥，捐银四百八十两。③

孟孔脉，富平人，顺治乙酉举人。富邑阴家河病涉，捐资筑石桥以济行旅，又筑堡寨联守望，里党赖之。④

李瑛，三原人，道衔工部郎中乡贤廷佐曾孙，能守好义家风。咸丰元年修崇仁桥，捐银万两。⑤

封嵎，泾阳人，由贡生捐职中书。好义举，灞桥工程乐输不吝。⑥

张定乾，高陵人。性好施，遇善举力倡恐后，如捐建三原王店桥，本邑城垣、城隍庙诸大工，咸解囊资助焉。⑦

石上珍，澄城人，官兵马司正指挥，嘉庆癸酉捐千金建永庆桥。⑧

傅士美，咸宁人，商人。经商致富，乐善好施。如城南申店桥、

① 《续陕西通志稿》卷87“人物十四”，第8页。

② 同上书，第6页。

③ 《续陕西通志稿》卷88“人物十五”，第20页。

④ 《陕西通志》卷62“人物八”，第45页。

⑤ 《续陕西通志稿》卷87“人物十四”，第9页。

⑥ 《续陕西通志稿》卷86“人物十三”，第24页。

⑦ 同上书，第18页。

⑧ 《续陕西通志稿》卷89“人物十六”，第4页。

县署外通化楼、长安学魁星楼皆捐巨款以佐其成。①

刘钰，三原人，捐职游击。修灞桥，捐银四百两。②

赵廷健，富平人，进士。捐修本邑官裹桥，人尤称之。③

卢祖龄，咸宁人，杜曲南申店桥年久失修，祖龄捐巨款重修之。④

赵舒翘，长安人，同治间进士，捐廉俸为原籍沣水修桥以利行人。⑤

通过这些记载我们发现，清朝陕西士绅捐建地方桥梁有以下几个特点：

第一，捐资数额较大。有些士绅对地方桥梁修建的捐助力度非常大。例如，三原人李瑛是李廷佐的曾孙，在咸丰年间修建崇仁桥的时候就捐助了 1 万两银子，刘映菁捐助了 2000 两，刘映莀也捐助了 2300 两。

第二，由于工程浩大，参与桥梁捐修的士绅人数比较多。例如，上文提及的三人均捐助过崇仁桥的修建。另外，捐修灞桥的士绅也比较多。例如，封嵋、刘映莀、高希冉、刘钰等都参与了灞桥的捐修。

第三，家族参与桥梁捐助的特征比较明显。例如，刘映莀、刘映莲、刘映菁三兄弟，以及刘荣绪及其弟刘宪之等，再如李瑛及其曾祖李廷佐，等等。这说明，士绅热衷地方公共事务的善举也对家族关注地方事务起到了积极的推动和表率作用。

第四，乐善好施的地方士绅所捐修的桥梁有时候不是一座，而是几座。例如，刘映莀，他除了在吴村桥修建中捐银 900 两外，还为灞桥的修建捐银 600 两。再如，“刘映莲，三原人。与兄映莀，修名林桥亦捐巨款。同邑刘荣绪捐修灞桥银三百两，与弟宪之修文峰桥，恤楼底水灾，共捐银三百余两。咸丰元年修崇仁桥，捐银八百六十两。宪之又重修名林桥及河堤，共捐银七百余两，捐修灞桥，本县与省城赈济，团练皆输巨

① 《续陕西通志稿》卷 86 “人物十三”，第 8 页。

② 《续陕西通志稿》卷 87 “人物十四”，第 4 页。

③ 《续陕西通志稿》卷 77 “人物四”，第 17 页。

④ 《续陕西通志稿》卷 86 “人物十三”，第 8 页。

⑤ 《续陕西通志稿》卷 74 “人物一”，第 19 页。

款。"[①] 可见，三原人刘荣绪及其胞弟刘宪之总共参与了四座桥梁的捐助，他们捐助的桥梁包括灞桥、文峰桥、崇仁桥、名林桥。

第五，从捐修桥梁的原因来看，除了传统的乐善好施，造福地方百姓之外，有些士绅的捐助有为家人祈福的意义。例如，"刘世甫，宁陕厅人。捐金修沣峪铁索桥为母延寿。"[②] 可见，刘世甫捐修沣峪铁桥就是希望通过善行为自己的母亲延寿增福。因为在乐善好施思想与孝义养亲思想浓厚的中国古代社会里，人们相信积德行善之举能够为自己以及家人带来回报，因此这种行善之举有时候也被称做"种德"。所以，乐善好施的善人在中国古代社会里有如汗牛充栋，数不胜数。所以，尽力孝养父母的士绅有时候也企图通过自己的善举为父母赢得德报。

第六，士绅不仅为地方桥梁的修建捐助经费，而且也捐助实物。例如，"吕世齐，乾州人，增生。意气慷慨，有古人风，其友某累借数百金不取偿。子笙，岁贡生。乾隆初修咸阳桥，笙施豆五百石，县令表其门"[③]。可见，在乾隆年间咸阳修桥时，贡生吕笙为修桥工程捐助的是500石豆子，他的捐助还受到了县令的旌表。这也说明，捐助地方公共事务不一定都必须是金钱，工程修建所需要的实物都是可以捐助的，这也充分体现了慈善量力而行的本意及原则。

关于士绅独力修建陕西地方桥梁的情况。

由于桥梁工程浩大，造价不菲，很多时候是由地方社会联合捐修的。因此，作为地方社会的中坚力量，士绅常常带头为桥梁兴建捐助经费，并负责桥梁修建的监督工作。所以，由士绅独力修建的相对较少。但是，地方社会一些造价较低的桥梁，尤其是简易的木桥，由士绅独立完成的相对较多。

清朝陕西地方志中有关士绅独力兴建地方桥梁的史料并不多见，主要有以下几条：

> 张我训，长安人，尝建丰水桥，行者称便。[④]

---

① 《续陕西通志稿》卷87"人物十四"，第6页。

② 《续陕西通志稿》卷86"人物十三"，第2页。

③ 《续陕西通志稿》卷90"人物十七"，第2页。

④ 《陕西通志》卷62"人物八"，第39页。

李邦英，澄城人，都司衔，于冯原镇北沟修桥。①

高建瓴，城固人，道光辛巳举人，于汉水滨之通济度创设桥梁，士民称颂不置。②

王运来，石泉人。好善乐施，邑有险阻道路辄捐资修葺，于城东二里建石桥，城西珍珠河口建木桥以济行人，遇饥寒者常施衣食，邑人赖焉。③

汪能璋，汉阴厅人。生平见义勇为，独力建桥梁、道路多至数处。如谭家坝河为东西孔道，能璋捐田租一十八石为置桥渡。自道光丁酉至同治丙寅，历次建修兆麟、麟趾、玉成、利济等桥。子秉约有父风，光绪十三年造多福桥，旋即重修中河福星桥及鸡公梁栈路。④

薛胜，神木生员。城西兔毛川每岁冬春独力建木桥数处，民不病涉，行之数十年不怠。胜没，弟腾继之，并因开修水道东郊，立让畔碑。⑤

可见，士绅独力修建桥梁的并不多。关于其所建桥的类型，除了石泉人王运来在县城东修建的是石桥外，其他人独力修建的或者不是石桥，或者是比较小的石桥。例如，张我训所修的丰水桥，澄城人李邦英建于冯原镇北沟的桥，城固举人高建瓴于汉水上修建的桥，都没有说明桥的材质、规模。但基本上可以确定的是，士绅在地方社会独力兴建的桥梁应该是工程量相对较小的桥梁，比如可能木桥居多。因为木桥造价低廉，方便，所以许多士绅及其家人长期为地方社会搭建木桥以便行旅。例如，神木生员薛胜每年春天都在城西的兔毛川为乡民搭建数座木桥供人通行，这种善行他坚持了数十年，在他去世之后，他的胞弟薛腾延续了他的善举。可见，士绅乐善好施的榜样作用和影响是非常深远的。所以，士绅家族成员积德行善、延续先辈好德之举的记载也不胜枚举。

此外，素有忧患意识的士绅不仅捐助地方公共工程的兴建或复建，很多人还为工程的维护做了充分的安排。例如，澄城人连江在兴建了石桥、

① 《续陕西通志稿》卷89“人物十六”，第3页。
② 《续陕西通志稿》卷82“人物九”，第4页。
③ 《续陕西通志稿》卷91“人物十八”，第15页。
④ 同上书，第5页。
⑤ 《续陕西通志稿》卷92“人物十九”，第12页。

坡道后，还捐地30多亩作为龙王庙及石桥的维护经费。“连江，澄城人，光禄寺署正。道光二十一年，捐金巨万，独力重修文庙、书院，宏阔壮丽。咸丰七年，又于茨沟创建石桥，修坡道十余里。并建龙王庙，施地三十亩以供香火及桥坡岁修费，计银二千七百两有奇。”[①] 士绅的这种忧患意识所体现的民本意识和情怀，标识着士人渗透社会生活的程度，也是他们对自身社会责任的一种认识和自省。[②] 这种意识促使他们在地方社会事务中永远要比普通乡民思考得多，思考得更长远。

绅士所承担的基层管理职能或乡村控制职能大都属于现代政府的行政范围，如司法纠纷的排解、税收的征收、公共工程的兴修、社会保障的参与、民众的教化、学校的创办等，这些现代社会里的公共领域，在明清时期，其职责主要由士绅来承担。[③] 于是，承担了这些地方社会职责的士绅必须拥有强烈的使命感和高度的责任感。如果说强烈的使命感源于儒家的忧患意识的话，那么高度的责任感就在于，承载着地方百姓厚望的士绅，必须将他们所承担的各项工作做好。具体到地方桥梁的兴建上，士绅不仅要监督桥梁的完工，还要考虑桥梁的安全及持久耐用等问题。所以，士绅参与桥梁兴建，绝非捐助和完成两项职责那么简单。例如，澄城人李文彦与其所主持修建的永庆桥一起经历了地震和水患的考验。“李文彦，澄城人。嘉庆癸酉，村众议于阴泉西石坡崖下建修石桥，工巨费繁，四方募化。文彦倾田宅、立券贷钱，独力督工，桥垂成，值地震，文彦惧其圮，忧之，一夜须发尽白。后大河溢，文彦偃卧桥上，誓以身殉，水满壑谷而桥竟无恙，丙子落成，名曰永庆。”[④] 可见，作为这次石桥修建的督工者，李文彦背负了太多的责任和压力。这种压力既有乡民对他的信任和厚望，也有工程浩大的奔波与劳顿；既有来自地震、水患等自然灾害的考验，也有来自儒家忧患意识和责任意识的自我期许。所以，经历了一场地震的他一夜之间须发全白，当再次面临水患的考验时，他发誓与桥共命运。

总之，外有乐善好施社会思潮的激励，内有儒家传统品质的自我期许，居于乡村社会的士绅在乡民的推举下，担任了地方公共工程，诸如道路、桥梁等的修建工作，他们在桥梁兴修中不仅付出了金钱，而且付出了

---

① 《续陕西通志稿》卷89“人物十六”，第4页。

② 雷绍业、成海鹰：《中国古代儒家的忧患意识探析》，《吉首大学学报》2000年第4期。

③ 李严成：《晚清政府职能萎缩与绅士阶层自治》，《湖北大学学报》2005年第1期。

④ 《续陕西通志稿》卷89“人物十六”，第3页。

心血。可以说，融入地方工程中的不仅仅是物质，还有责任、道义等。因此，许多并不富裕的士绅“鬻产”以助地方工程的修建。这种捐助地方公共工程及慈善的行为，无疑对于我们当今普通百姓参与社会捐助具有借鉴意义。例如，汉阴厅监生张德福不仅独力兴建了三处堡寨供本乡贫民栖身，而且独力兴修了几座桥。探其家境，用当今的描述来说，也仅为中产，所以，当其独力兴建桥和道路，资金匮乏时，他常用的办法就是变卖家产。据记载：“张德福，汉阴厅监生。好施与，父彩任泾阳训导，值关辅大饥，德福千里负粮，常得不乏。父殁析产，有瘠田一区，兄弟七人均不愿受，卒归德福，事乃解。咸同间充本铺绅董，排难解纷，扶危济困，惟力是图，劳费不计。又因逆匪之警，独力创修三砦以处本境之贫民，即今之永福、赐福、宜福三砦也。至兴郡试院之号座，狼坝河之石桥、小龙王沟之桥二道、花粟扒之桥一道，皆等德福独力捐建。家仅中资，至鬻产以继之。”①

可见，独力修建了地方社会三处堡寨、一座考院、四座桥梁的他并不富裕，而是在资金不足时变卖了家产。这种捐助地方公共工程的态度值得我们许多人思考，尤其值得觉得捐助与己无关的人深思并借鉴。在清朝陕西诸多地方，他们捐修的桥梁便利了百姓的出行，士绅为地方社会的发展提供了交通方面的支持。

（二）士绅与地方社会道路的修建

农村乡镇是中国封建社会的基础，是民众的主要聚集地。在这里，有许多社会活动，诸如伦理、法律、公益、建设等都需要人去倡导和组织。从主观条件上讲，能够担当这些职责的主要是队伍庞大的生监群体。② 这是王跃生先生关于生监群体对地方社会所起作用的评价。但我们知道，无论采取哪个学者的概念，生监无疑都属于士绅群体的主要构成部分，只不过在张仲礼先生的分类中，他们属于下层绅士而已。下层士绅与上层士绅相比，他们中的许多人恰好居住在乡村社会。这可以再次说明，乡村社会的许多事务都离不开地方士绅的参与。

关于士绅的社会职责，余英时先生在研究了东西方学者对知识分子的

---

① 《续陕西通志稿》卷91“人物十八”，第3页。

② 王跃生：《清代生监的社会功能初探》，《社会科学辑刊》1988年第4期。

定义后认为，近代俄国知识分子阶层的五项特征与中国古代知识分子的情况相符合。这五项特征是：其一，切实关怀一切有关公共利益之事；其二，对于国家和一切公共利益之事，知识分子都视其为他们的责任；其三，倾向于把政治、社会问题视为道德问题；其四，有一种义务感，要不惜一切代价追求终极的逻辑结论；其五，深信事物不合理，须努力加以改正。① 持类似观点的还有黄仁宇，他说："我们的帝国是由几百万个农村聚合而成的社会，数以千万计的农民不能读书识字，全赖乎士绅的领导，村长、里长的督促。"② 因此，作为地方社会公共工程的一部分，道路修筑也是士绅的职责之一，乡民必须在士绅的监督和领导之下，才能完成这些崎岖道路的铺筑和平整工作。

在交通落后的乡村社会，道路交通的滞后限制了百姓的出行，尤其是在地形复杂的山区。因此，要加强与外界的联系，便利百姓出行，就必须凿山开路。另外，一些乡村的泥土道路在雨雪天气里，因为泥泞难行而阻碍了地方百姓的出行。这些地方事务大多是由士绅负责并召集村民从事的。从地方志人物传的记载来看，清朝陕西士绅参与地方社会道路兴建的情况及特点主要有：

第一，凿山开路，方便乡人出行。

由于中国的老百姓大多生活在乡村，道路交通落后，所以出行非常不方便。而陕西虽然素有八百里秦川之美誉，但是交通道路不便的山区依然很多，尤其是在陕北黄土高原和陕南秦巴山区更是如此。所以，除了出行的交通工具落后之外，位于山间的崎岖、险要的道路也是阻碍他们与外界交流的主要因素。于是，居住于乡村社会的地方士绅使肩负起凿山开路，修筑险要道路的职责。在清朝陕西，凿山开路的地方士绅主要有：

> 汪能璋，汉阴厅人。独力建桥梁、道路多至数处。如谭家坝河为东西孔道，能璋捐田租一十八石为置桥渡。修响洞子险路数十里。子秉约有父风，光绪十三年造多福桥，旋即重修中河福星桥及鸡公梁栈路。十九年改修安康金鸡梁路数十里，皆工巨资费，他人莫能

① 余英时：《士与中国文化》，上海人民出版社 1987 年版，第 3 页。

② 黄仁宇：《万历十五年》，中华书局 1982 年版，第 230 页。

任者。①

魏建昌，华州人，太学生。西灌峪路危险，道光二十七年，建昌捐万金凿山开路百余里，行人便之，峪民称颂不衰。②

陈安国，沔县人，生员。曾任井陉道、九江道，致仕归，修黄金峡险道三百里，建连云栈圯坏桥梁数十处，土人立碑纪其事。③

吴登科，镇安人，武生。性好善，常施寒衣，捐修古道岭路二十余里。岁荒赈饥，施钱至数千缗。④

从记载可知，几位士绅为了方便乡人出行，均是在崎岖的山间开凿了道路，方便了地方百姓的出行。其中，有些人开凿的山路里程还比较长。例如，沔县人陈安国致仕归里后为地方社会修建道路300里，华州太学生魏建昌在道光年间捐资开凿了道路100余里。因为方便了地方百姓的出行，所以他们慷慨的修路行为也得到了地方社会百姓的赞扬和称颂。

第二，将土路铺成石路，便于地方百姓出行。

土路在雨雪天会变得泥泞不堪，难于行走。所以，将土路铺成石路更方便人们的出行。于是，地方士绅也常出资助修或独立在土路上铺成石块。这样不但使得道路美观，而且乡人出行也不受雨雪天所导致的泥泞之苦。这样的陕西士绅主要有：

陈锡，咸宁人，布政司理问职衔。省城东关道路不平，捐银数千以石铺砌。⑤

刘光武，汉阴厅人。乐善不倦，舍茶施衣，贷谷让息，岁以为常，远近称善士，历任厅卒皆旌奖之。尝修鹰窝岩沿溪石路，有碑纪其事。⑥

晁陞，长安人，候选员外郎。省城南北关路坎坷难行，陞独力捐修，铺石数百丈以便往来。⑦

---

① 《续陕西通志稿》卷91“人物十八”，第5页。

② 《续陕西通志稿》卷89“人物十六”，第10页。

③ 《陕西通志》卷57“人物三”，第63页。

④ 《续陕西通志稿》卷88“人物十五”，第2页。

⑤ 《续陕西通志稿》卷86“人物十三”，第7页。

⑥ 《续陕西通志稿》卷91“人物十八”，第4页。

⑦ 《续陕西通志稿》卷86“人物十三”，第4页。

可见，将土路铺成石路也是地方社会公共工程的一部分。这些铺路工程的资金来源，或由士绅捐助，例如，“唐祖友，定远厅人。道光十三年捐修厅北陈家滩险路四十余里，商旅称便”[①]。或由士绅独力捐资铺就，例如陕西省城西安南关路和北关路，就是由晁陞一个人独力捐助的。除此之外，独修道路的还有卢祖龄。“卢祖龄，咸宁人，西门外通济渠畔车路为周、户入省通冲，倾危多年，行人病之，祖龄捐资独修，率为坦途。”[②]除了捐助资金外，在实际的兴建过程中，负责监修的往往也是地方士绅。例如，“王朝栋，紫阳监生。尝命子，贡生王际盛督修任河要路一百六十余里，三载工竣，心力俱瘁”[③]。

第三，当个人利益与地方工程发生交集或冲突时，士绅往往会舍弃个人利益，成就地方工程。例如，“樊德鄰，南郑人。父珍乐善好施，尝舍地基作官路以便行人。德鄰登乾隆壬午乡榜，借补某县训导，子起凤亦由选拔官广文，人以为积善之报云”[④]。从资料可以看出，虽然记载并没有说地方道路的修建需要占用樊德鄰家的宅基地，但是“舍地基做官路”的记载，等于间接地告诉了我们这样一个事实，那就是官路需要穿越樊德鄰家的房舍。于是，在个人利益受损的情况下，他慷慨出让了自己的地基，成就了官路的修筑。这种舍小家为大家的精神正是中国古代士绅高尚品德的体现。

第四，与时俱进，参与铁路修建。例如，清朝末年在兴办铁路时，户县进士崔志道“先认招集五千股”，在他的带动下，地方百姓“远近乐从”[⑤]。这条记载，除了说明士绅在地方工程资金捐助时具有较强的号召力和影响力之外，还说明，士绅参与的道路建设不仅仅是地方社会的山路开凿、把土路铺成石路等，他们还与时俱进，参与了近代中国的铁路修建，为中国近代的铁路事业做出了重大贡献。

第五，路与桥的交织。路与桥作为人们出行的主要交通设施，在地方社会中的关系非常密切，所以，热衷于地方公共工程的士绅有时候捐助或参与修建的交通设施既有道路，也有桥梁，而且父子几代人都沿袭了这种

① 《续陕西通志稿》卷90“人物十七”，第17页。
② 《续陕西通志稿》卷86“人物十三”，第8页。
③ 《续陕西通志稿》卷91“人物十八”，第13页。
④ 《续陕西通志稿》卷90“人物十七”，第17页。
⑤ 《续陕西通志稿》卷75。

善举。因此，很多时候我们很难分清楚他们参与修建的到底是道路居多还是桥梁居多。例如：

杜濬，盩厔人。辛庄民人于苇园渠建石桥，濬又资助多金。[①]

张存福，本籍咸宁，贸迁于紫阳之汉王城。好善乐施，生平捐修道路，桥梁，寺观，并施棺木，衣粮，共费数千金。又修铁纬滩，造铁索数十丈。[②]

连江，澄城人，光禄寺署正。于茨沟创建石桥，修坡道十余里。并建龙王庙，施地三十亩以供香火及桥坡岁修费，计银二千七百两有奇。[③]

因为士绅将地方社会所有公共工程的兴修都视为他们应尽的职责，所以，地方社会凡有兴建，他们必然积极参与其中，以佐其成。因此，路与桥的捐助行为往往交织其间，难以区分。

（三）士绅参与造船及津渡

因为陕南地方有汉江流经，所以汉中、安康等地临近汉江的人们，出行的交通工具离不开船只以及相应的渡口。而贫穷的乡民由于根本无力建造像样的船只，所以出行只能或涉水，或乘坐小船。但是由于乘坐小船出行既不便利也不安全，所以，热衷于地方公共工程兴建的士绅也会在这些地区将其他地区的道路桥梁修建转换成建造船只和渡口。例如：

董凤彩，安康人。家非素封，乐施不倦。雍正三年，因西渡舟小，遇风辄覆。立愿捐资以韧木造巨舟，三年一易，历四十年，行之如故。[④]

可见，家境并不富裕的董凤彩，正是因为目睹了乡民乘坐小舟出行经常被风浪打翻的遭遇，所以他下定决心捐资用韧性较好的木头建造大的船

---

① 《续陕西通志稿》卷87“人物十四”，第13页。

② 《续陕西通志稿》卷91“人物十八”，第14页。

③ 同上。

④ 同上书，第5页。

只供乡民出行。为了保障船只的安全性，他还严格执行三年一换的自我监督制度，这种义行他坚持了四十年。这种持久的捐助行为无疑便利了安康地方社会百姓的出行，保障了地方社会乡人的出行安全。推算下来，40年中他至少应该修建了13艘大船。

此外，以船只作为交通工具的河流必须有相应的渡口才能使船只安全驶离和平稳靠岸。所以，地方社会的士绅也积极捐修这些流域的渡口以供船只安全出行。例如：

> 汪能璋，汉阴厅人。生平见义勇为，光绪丁丑又捐田租十石为龙土沟作义渡费。①
>
> 欧约礼，汉阴厅人。尝倡修茶镇道路，捐助西河桥渡口，公建考院魁星楼，捐资独丰。②
>
> 刘光武，汉阴厅人。乐善不倦，舍茶施衣，贷榖让息，岁以为常，远近称善士，历任厅卒皆旌奖之。又因涧池铺河道宽深，无舟渡济，乃捐田租三十六石以作船费及舟子工食，即今刘家义渡也。③

通过这些资料我们可以发现，与士绅在书院兴建起来后，捐金发商生息、捐学田以供膏火等类似，具有忧患意识和责任感的士绅，也经常为渡口及船只的正常、长期运行做考虑。正是因为如此，汉阴厅人刘光武捐了36石田租用于船工的生活费及渡口的维护费用。

二　士绅与城垣及堡寨的兴建

在清代，士为齐民之首。士绅更是士中的领袖，因为士绅在地方上人数不多，且学富五车，是最具圣贤教养之人，所以，他们是政府的重要依靠力量。④ 这种依靠体现在地方社会事务的方方面面。地方社会的城池及堡寨作为地方公共工程的一部分，其修建与维护也离不开士绅群体的参与。

---

① 《续陕西通志稿》卷91“人物十八”，第5页。

② 同上书，第4页。

③ 同上。

④ 吴吉远：《清代地方政府的司法职能研究》，中国社会科学出版社1998年版，第332页。

（一）士绅与地方城池的兴建

城市是人类文明发展到一定阶段的产物，历经从产生到发展的漫长过程。而城池是国家权力和文化的象征，于是封建统治者为保证国家权力发生效用，大力修建城池作为推行、深化封建统治，输出华夏文明的坚强后盾。所以，历代封建王朝除了推行农耕、郡县制之外，还积极修筑城池、屯军边地，积极推行“德化天下”政策。[①] 城池平时可保证国家权力发生效用，最大可能地行使国家职权；战时可凭险击退来犯之敌，收到安境保民之功。正是因为城池的这一功效，所以历代封建王朝都不遗余力地修筑城池。由于城池具有这些特殊的意义，封建国家往往把城池修建得很大。大者如国都，往往占地面积达几十平方公里，小者如州县之城，也有一二平方公里。修建城池所消耗的人力、物力、财力甚多，无疑是一项开支浩大的建筑工程，非一人一时能完成的，必须依靠多方力量的参与。[②] 这些力量自然包括地方士绅、官员、商人之力。

因此，作为国家行使权力、职能的地方，城池的修建自然也属于国家行为。所以城池的修建模式基本上是由国家政府主导、组织，民间社会响应。具体地讲，就是国家政府在城池的营建及缮葺过程中扮演着领导者、指挥者、组织者的角色，民间社会则承担筑城的实际工作。因为其工程浩大，所以需要上至官府、下至乡绅民众的通力协作，并明确各自的任务和职责，各司其职，方能有条不紊地进行，最终完成修建任务。[③] 即城池修建也延续了诸多地方公共工程的模式：官督民建、官府出资、士绅捐献、民间献力。

明清时期，府、州、县城池的修建和城门位置等的设计，一般都是由官方决定的，并且在决策过程中贯彻的是与官方统治理念相符的建筑思想。在大多数情况下，因为认识到城池在地方社会治理与防御中的作用，所以在城池的修建过程中，士绅与地方官员是通力合作的。即地方官员出面决定修建，地方士绅参与资金的筹措与具体的兴建工作。但是，如果城池的修建影响了地方士绅的利益或者犯了他们的忌讳，他们可能会站在与

---

① 吴用强：《古代广西的城池研究》，《桂林师范高等专科学校学报》2008 年第 2 期。

② 同上。

③ 同上。

官方意见相左的立场上，提出自己的意见和要求。例如，在江西，因为受地方风水文化观念的影响，以儒生为代表的地方绅士以“挹文风”为由，纷纷干预地方官府关于城门位置的设定，一致要求在府学或县学前必须开一城门。而吉安府城的绅士坚持按照他们的意见改建城南门，甚至运用政治影响力，与地方官员发生侧面冲突。由此，官方以礼制为基础的筑城思想与地方社会偏信风水的文化观念存在明显差距，他们之间的争执，在某种程度上是社会文化权力与国家政治权力之间的争夺。[①] 这里虽然说的是官绅之间在修建城池上的矛盾，但反映的正是地方公共工程的修建必须通过官绅合作的途径来实现的现实。因为若得不到地方士绅的支持，城池等公共工程的兴建则比较困难。

不过，从已有史料来看，清朝陕西士绅在地方社会城池等的修建过程中与地方官员是通力合作的，几乎没有看到士绅阻挠或破坏地方城池兴建的记载。此外，绝大多数记载表明，士绅为地方社会的城池修建不仅捐助了大量资金，而且在工程上倾注了大量的心血和劳动。清朝陕西士绅捐修地方城池及堡寨的典型代表主要有：

> 刘映莀，三原人。子庆云，咸丰三年修县城捐银三百两，同治元年本堡防守，捐银三千二百两，本县城防，又同叔父映菁共捐一万二千两。[②]
>
> 胡锡爵，三原人，修东关城垣，捐银一万三千余两。重修社稷、先农坛、县城及赈饥恤贫、捐备童试卷资又不下数万金。[③]
>
> 李懋功，三原人，议叙知府。同治五年，奉本生父树敏及嗣母曾氏命重修北关城垣，捐银四万余两，城防捐银二万三千余两。[④]
>
> 高希冉，朝邑人，议叙户部员外郎。捐修府城银二千两，又生员王联治捐修府城银一千两。[⑤]
>
> 张谧，三原人，任汉中教授。本县城圮，首捐千金缮葺之。同邑

---

① 魏幼红：《官绅之间：试论明清时期江西府县城的“城门事件”——以吉安府城南门改建为中心》，《江汉论坛》2006 年第 6 期。

② 《续陕西通志稿》卷 87“人物十四”，第 6 页。

③ 同上书，第 5 页。

④ 同上书，第 9 页。

⑤ 《续陕西通志稿》卷 88“人物十五”，第 20 页。

李润，中书科中书，捐数千金补修治城。①

张元龙，眉县人，乾隆丁巳进士。既告归，创宗祠、修堡寨，于族党多义举。②

赵玉堂，麟游人。康熙十年，邑令杨镳捐俸修城，玉堂与弟璠各出重资，邑治以完。③

作为地方社会公共工程中的大型工程，城池的修建往往需要耗费大量的资金，所以地方士绅捐助的数额也比较大。例如，三原县在修东关城墙时仅胡锡爵一人就捐银13000两，除此之外，县里重修社稷、农坛和县城等工程时他捐款也多达数万金；另外，除了参与地方官府的倡议捐助城池修建外，有些士绅往往也奉父母之命捐修地方城墙等。例如，三原人李懋功就是奉其父母之命重修了三原北关城墙，这次修建耗费其银两4万余两；因为城池修建耗资巨大，所以捐助的士绅人数也较多。例如，朝邑户部员外郎高希冉与生员王联治都捐助了地方府城的修建事宜。

作为地方社会具有深远影响力和号召力的代表人物，士绅在城池资金筹措中的倡捐作用也不容忽视。例如，三原县城倾圮后，时任汉中府教授的张谧，带头捐助1000金作为修葺资金。在他的号召下，同籍士人李润也捐助了数千金。因为修建城池工程浩大，所以大多数城池是由地方官员决定修建的，而为了显示修建的决心，地方官员往往捐俸修城，但他们的捐助只是一种态度，仅起鼓励作用，更多的资金还需要由以地方士绅为代表的民间力量的支持。所以，若无士绅等民间力量的捐助，包括城墙等在内的地方大型工程，可能很难如期完成。例如，麟游县城的修建，正是因为有地方士绅赵玉堂、赵璠兄弟俩的“各出重资”，所以县令杨镳号召的城池修建才“邑治以完”④。

在清朝陕西，祖孙几代热衷于地方城墙修建等公益事业的这类事迹也非常之多，这种良好的传统无疑与家庭教育有着十分密切的关系。此外，这种现象的盛行也与国家对热衷于地方公益，捐献数额巨大士绅的奖励有着密切关系。所以，儒家仁义思想的熏陶、社会对士绅的赞誉、士人优良

---

① 《续陕西通志稿》卷87“人物十四”，第4页。

② 《续陕西通志稿》卷81“人物八”，第15页。

③ 同上。

④ 同上。

传统的自我激励、封建国家对热衷于公益事务士绅的奖叙和旌表等诸多因素，促成了中国古代社会，尤其是地方社会乐善好施、邻里互助、热衷公益事业等民间力量的稳固与壮大，并蔚然成风。所以，地方社会的人们乐于捐献、乐于贡献、乐于捐助，唯恐不及。例如，“孙扬祖，同官人。道光十四年以县城土筑多崩塌，乃捐资用砖包围，添建东西炮台，共银十四万两有奇。事闻，赠道员。子思贵，建修文庙捐麦各三千石为书院膏火，巡抚旌其门。思贵子继述，拔贡生。品端学优，主讲颍阳书院，不受脩脯，捐月课膏火，后积蓄渐多，诸生肄业者成就甚众。”①

总之，作为中国古代最为有效的聚落与建筑防御方式，② 城池的修建往往是夯土建墙以外围构筑高厚墙体为主要设防特征。在明清时期，也有以石块和青砖等作为材料的修建，所以耗资不菲。从已有资料来看，清朝陕西士绅在城池的修建中，往往是以捐资及工程修建中的实际负责者的方式参与其中的。如果说，儒家思想中对地方社会的深切关怀和积极参与传统是士绅参与地方城池、堡寨等公共工程兴建的内在因素的话，那么，官府对乐善好施，尤其对地方公益及公共事务贡献较大的士绅所进行的旌表和奖叙则是促使地方社会士绅积极参与地方事务、乐善好施的外在动力。因为，许多人物传记表明，乐善好施，致力于地方公共事务的突出者会得到来自官府，甚至是皇帝的旌表及赏赐。例如，“封圻，宁羌州人，庠生。生平乐善好施，培修文庙，建修钟楼、城隍庙，历任州牧旌其门”③。

（二）士绅与地方堡寨的修筑

城池的修建至少是在州县及以上地方，而堡寨是传统中国社会是一种常见的乡村聚落形态，一般是指用土、石、木等材料围起来的具有军事防御功能的村寨。如两汉与魏晋南北朝的坞堡，宋元时期的山水寨，明清遍布各地的屯堡、军堡、民堡等。④

可见，堡寨是古代乡村社会中人们为避战乱而修筑的防御工事，是当

---

① 《续陕西通志稿》卷 87 “人物十四”，第 27 页。

② 王绚、黄为隽、侯鑫：《陕西地区的传统堡寨聚落》，《西北工业大学学报》2005 年第 3 期。

③ 《续陕西通志稿》卷 90 “人物十七”，第 24 页。

④ 邓庆平：《华北乡村的堡寨与明清边镇的社会变迁——以河北蔚县为中心的考察》，《清史研究》2009 年第 3 期。

时社会动乱的产物和见证。所以，堡寨更多的功能是为了防止地方社会在战争或社会动荡时受到侵扰，具有保护乡民生命及财产安全的特点及功用。在明清时期，陕西地区的商贾官僚、地主富室也常常通过营建堡寨的方式护卫自家宅院。这种对特定人群家族性居住区域的封闭式设防，既不同于简单的院落组合，又多与通常意义上的村落堡寨甚至单姓村堡有所区别，是较特殊的豪宅堡寨聚落。①

历史上的陕西是农民起义的活跃之区，所以，堡寨也是最为常见的施乱与防御的据点。因此可以说，陕西堡寨的兴建及数量之多与陕西地方社会在明清之际动荡频仍、战争绵延不绝有着密切关系。例如，明清两代影响陕西地区民间堡寨聚落建设的农民起义，主要有明末李自成农民起义，清白莲教起义、太平天国起义、李蓝起义、西捻军起义等，留存至今的许多堡寨亦多属当时所修。如捻军起义时，"对于以圩寨城堡为据点和对于村堡城寨的争夺与攻击正是地方民众起义斗争的特点之一"②。此外，从不停歇的土匪活动也一直是扰乱地方秩序的因素，特别是在省域交界、边远山区，政府管理松懈，或每遇饥荒，各种土匪活动猖獗，那里的堡寨除了土匪的营地外，大多为人民防御匪患而建。

已有的史料和研究成果反映出战争年代修建的"堡"、"寨"数量很多且颇具说服力。如《澄城府志》载，民国时期，该县县域共修村寨城堡47座，今查，漏记的堡寨有14座，所以总数应该是61座；再如《眉县志》载，今县境内堡寨名称尚存者有24寨、42堡；《岐山县志》载，清朝时期岐山四乡共有大小48堡；《麟游县志》载，经不完全调查，其境内堡寨分布共计69处；《千阳县志》载，仅同治年间就修建了堡寨41座，所以有千阳"四十一堡"之说。另外，《元史·兵志》记载，其时盩厔有72寨36屯，这些寨、屯都具有军事性质；《陇县志》记载，清末陇州有堡寨200余处，现今县境内存50余处；《洋县志》也记载，县境内自宋迄清先后修筑寨44处；清康熙《汉阴县志》载，其境堡寨有13处，嘉庆《汉阴厅志》载堡寨增至87处，民国时期增为189处；自宋代至民国初年，韩城民间共建成各类古寨堡近300座。另外，明清之时经济发展较快，更容易形成村村建寨修堡的高潮。例如，榆林明长城沿线现存39

① 王绚、侯鑫：《陕西传统堡寨聚落类型研究》，《人文地理》2006年第6期。

② 江地：《捻军史论丛》，人民出版社1981年版。

堡；《神木县志》载，县境明代堡寨可稽者，有9堡19寨，等等。[①]

可见，因为陕西地区社会动荡频繁，所以各地修建的堡寨非常多。相对于城池等由地方官员决定并主持修建，士绅参与其中的官方性质，堡寨分布在最基层的乡村社会，所以其民间特征更为明显。例如，社会的不平静使得在外奔波的商人们，时刻记挂着家乡的亲眷与财富，所以为确保安全，往往极其重视自家庄园宅院堡寨的修建。因此，众多官绅富户积极出钱出资于乡里的堡寨建设，成为许多普通堡寨及村落的主要兴建力量。[②]

清朝时期，陕西地方社会的堡寨修建尤以清朝中后期修建得最多。在此期间，为保护地方社会的百姓，士绅等民间社会自发修建了许多堡寨。例如上文提到的，在此期间，仅千阳就修建堡寨41座。这些堡寨基本上都是地方社会的民间力量为求自保而自发修建的。因为在社会剧烈动荡，人们的切身利益受到直接威胁，而国家又无力行使保护职责的时候，地方士绅俨然成为地方自保的关键角色。而且，他们往往也把这一利益攸关的问题放在了首位。[③] 所以，地方士绅参与了陕西地方许多堡寨的修建事宜，其中，资金来源主要靠地方士绅捐助。因为“绅士与地主往往密不可分，虽然不是所有的地主都是绅士，不过绅士大都是地主。因为标准的绅士就是学而优则仕，仕毕则退居乡里”[④]。所以，回到家乡的士绅往往积极参与地方社会公共事务的捐助。例如，同治年间，为保护乡人免受起义军的冲击，三原贡生刘质慧就为地方城防的堡寨修筑捐银数万两。“刘质慧，三原人，优贡生，宪之子。自同治初防城守堡及邑中历次公款，捐银至数万两。”[⑤] 此外，还有三原人李瑛也是如此，“李瑛，三原人。城防捐银八千六百两，立永远局，捐银三千两。总督左宗棠旌其门曰：行道有福，事闻，议叙嗣子郎中”[⑥]。再如刘映菁，他在三原地方的堡寨修筑中捐银高达3万两。“刘映菁，三原人。性孝友，慷慨好施，尤明大义，修堡城捐银五千两。同治元年，本县设同德局，捐银三千两，城防捐钱千缗，并捐西阳陵、前云阳各团银六七百两。本堡办城防，捐银三万两，代

---

① 王绚、黄为隽、侯鑫：《陕西地区的传统堡寨聚落》，《西北工业大学学报》2005年第3期。

② 同上。

③ 赵世瑜：《社会动荡与地方士绅》，《清史研究》1999年第2期。

④ 余子明：《从乡村到都市：晚清绅士群体的城市化》，《史学月刊》2002年第8期。

⑤ 《续陕西通志稿》卷87“人物十四”，第9页。

⑥ 同上。

完逋赋，并修渠堰，共捐银二千两。乱后，散给阖县牛种，捐银二万四千两，事闻，特诏嘉奖，命巡抚赏给义恤乡邻匾额，又刊行正学书数种，后祀孝义祠。”[①]“李墭，宝鸡人。同治间出钱千缗，粟三十石倡筑堡墙，村人赖以保全。光绪三年大饥，又出粟百石施粥，乡人义之。”[②]

可见，在社会动荡时期，由地方士绅出来维护一方安全（当然包括并主要是维护他们自身的安全）的现象并非个别。[③] 所以，由地方士绅出面捐修堡寨以保护乡民及自身安全，就成为陕西等地方社会堡寨修筑的主要原因及修建方式。这种社会动荡时期自发修建堡寨、保护地方社会安危的行为，往往也会受到地方官的嘉奖。例如，李瑛为城防和同德局共捐银9000两，受到了时任陕甘总督左宗棠的旌表，在上达圣听后，其子被议叙为郎中。另外，捐资将近6万两的刘映菁，不但受到圣上的特诏嘉奖，而且获得了“义恤乡邻”匾额。所以，在官府及乡人的期望下，地方士绅群体会以更积极的态度修筑堡寨，保护乡人，有些人甚至捐出自己办寿诞的钱为乡人捐修堡寨或城防。例如，泾阳人马育才就是这样的。“马育才，泾阳人，经商起家。年八十，乡人庆祝不受。其子再请，曰：吾非吝财，惧虚掷耳，时本堡城楼倾圮，遂出六百金修之。孙来西，增生，举孝廉方正不就，承父志，慨助昭忠祠百一十金，并能绳其祖武云。”[④] 另外，地方社会的乡民也会对修筑堡寨的士绅自发赠送匾额。例如，“张福盛，富平人。又缮修所居堡寨，邑令里人俱赠匾额”[⑤]。

总之，在事关既有秩序维系的关键时刻，士绅们积极主动地承担了捐纳与捐输者的职责。[⑥] 由于晚清中央王朝权威的衰落、政府传统职能的萎缩，导致了基层社会的失控，于是出现了在绅士领导下的，与其说是基层社会的自治，还不如说是“自救”的时代。[⑦] 清朝后期，由于中央集权的弱化，各级官府行政权威锐减，所以绅士们几乎控制了地方事务的主要方面。关切地方利弊的大事，权非操诸绅士，其事断不可举。诚如郑观应所言：“治河之事尤贵得人，然而责之河官不如责之疆臣，责之疆臣不如责

---

① 《续陕西通志稿》卷87“人物十四”，第8页。
② 《续陕西通志稿》卷90“人物十七”，第12页。
③ 赵世瑜：《社会动荡与地方士绅》，《清史研究》1999年第2期。
④ 《续陕西通志稿》卷86“人物十三”，第25页。
⑤ 《续陕西通志稿》卷87“人物十四”，第23页。
⑥ 雷冬文：《近代士绅在民众起义中的角色扮演》，《安徽史学》2003年第3期。
⑦ 李严成：《晚清政府职能萎缩与绅士阶层自治》，《湖北大学学报》2005年第1期。

之乡绅。盖生长聚族于斯，则痛痒相关，不敢自贻伊戚也。”① 所以，修筑堡寨、保护乡人也成为士绅在地方社会里重要职责的一部分，即使他们身在异地他乡，也会捐助自己家乡的堡寨修筑。例如，城固教谕吴乙东拓修泾阳安吴堡的事迹。“吴乙东，泾阳人，贡生，任城固教谕。拓修本籍安吴堡，凡邑中清徭赈恤、城防保甲诸事，皆襄赞之。”② 再如，“白廷彦，清涧人，由廪贡生任临潼训导。旋里后和睦乡党，雅好施予，时方办城防，修书院，廷彦首捐千金以为之倡。”③

三　士绅与庙宇及祠堂的兴修

庙宇建筑是信仰的物化外延，是信仰存在的表征。所以，除了统治阶级在个别时期的禁止和压制外，作为思想统治的手段和工具，寺庙建设和诸多善男信女的存在，无不诠释了它在中国古代乃至当今社会民众信仰中的力量和地位。庙宇的供奉名目繁多，从佛祖如来、观音菩萨等佛教鼻祖到为地方社会做过重大贡献的官员及士绅所设立的乡贤祠、生祠；从为儒学的创始人孔子所建的孔庙到地方乡村的土地庙、龙王庙，等等。可以说，庙宇遍布中国的每个区域，在每个时代都大量存在着。这是中国传统文化信仰中不可或缺的重要内容。

清朝陕西也是如此，各地庙宇众多，这些庙宇倾注了陕西地方社会人们的信仰和精神寄托。但是，晚清各种社会动荡在涤荡和冲击地方社会民众城堡、生命财产安全的同时，也摧毁了许多地方的庙宇。庙宇被焚毁，不仅使得官方常规性的祭祀活动无处进行，而且也使国家正统意识形态受到威胁。更为重要的是，社会各阶层的信仰情感失去了表达的场所，影响了民众因日常生产生活所需的各类祈祷活动的进行。所以，地方官员与各种民间社会力量在社会形势允许的情况下，往往会重修庙宇。

出于对在社会动荡中殉难绅民的敬重，地方社会的官员及民众纷纷为殉难的绅民修建专祠。例如渭南，“多公祠，在东关路南，同治五年邑绅道衔将恒泰、詹事府主簿赵元中筹款修建。附祀殉节前江西巡抚、径阳张

① 《郑观应集》（上），上海人民出版社 1982 年版，第 751 页。

② 《续陕西通志稿》卷 86 “人物十三”，第 27 页。

③ 《续陕西通志稿》卷 92 “人物十九”，第 10 页。

文毅公莆，祀阖邑绅民百余人"①。在兴建中，地方士绅积极参与其中，例如，"赵元中，渭南人。由廪生议叙詹事府主簿，归里，捐修邑城文庙、桥梁及多公忠烈各祠，搜访死事"②。另外，蒲城"忠义祠，在县治南，光绪十年令张荣升建，祀多忠勇公，以同治时殉难各绅民附"。③有的建各类忠义祠，如三原的恩德祠，兴平的义烈祠，盩厔的节义祠、英烈祠，蒲城的忠憨祠，三水的忠义祠、昭忠祠即为此类，这些祠宇的承建者身份不一，既有地方官员，又有地方士绅和民众。祠庙的修建一般由祠主生前身份、地位、贡献大小以及当时区域社会的主要矛盾决定。但无论哪种祠堂的兴建，士绅的作用都不容忽视。例如，"傅正志，太学生，生平尚义轻财。出资重修忠孝、节义二祠及书院斋房。种种义举所费不下数千金而无德色，人尤以为难"④。

除此之外，还有文庙和城隍庙的修建与恢复工作，因为二者在一定程度上是国家的象征，它们的存在意味着国家的在场。所以，作为地方社会的代表人物，士绅在庙宇修建或重建中，或捐资，或建议兴修，或实际负责工程修建。例如：

> 段维，岐山人，光绪癸卯进士。尝请修召公庙、李烈女慕，联名奏请李二曲从祀文庙，复先贤张横渠祀。⑤
>
> 王全义，户县人，贡生。道光十八年，城隍庙卤簿窳败，全义捐资四百余金易以新者。邑令重其人，请监修明道书院，葺斋舍，增膏火，寒士赖之。⑥
>
> 李润，三原人，中书科中书，创建北关文昌宫，大吏给匾，旌其门。岁歉，赈饥，并捐数千金补修治城。⑦
>
> 黄腾汉，南郑人，副贡。尚义疏财，或以缓急告，无不应者。东关文昌宫毁，独力营建，费四百余金。⑧

---

① （清）彦书麟修《光绪新续渭南县志》卷4《祠祀志》，光绪十八年刻本。
② 《续陕西通志稿》卷87"人物十四"，第18页。
③ （清）李体仁修《光绪蒲城县新志》卷5《祠祀》，光绪三十一年刻本。
④ 《续陕西通志稿》卷86"人物十三"，第6页。
⑤ 《续陕西通志稿》卷84"人物十一"，第26页。
⑥ 《续陕西通志稿》卷86"人物十三"，第20页。
⑦ 《续陕西通志稿》卷87"人物十四"，第4页。
⑧ 《续陕西通志稿》卷90"人物十七"，第17页。

王体义，咸阳人，监生。尝捐修文庙，立社学，歉岁，赒恤乡里，人咸称颂之。[①]

陈锡，咸宁人，布政司理问职衔。负郭南文昌阁倾坍，捐资重修。[②]

另外，作为地方社会乡民的代表，士绅在地方官府没有兴建重要庙宇前会提出自己的主张，建议兴修。例如，岐山段维上书建议兴修召公庙，请求李二曲重祀文庙、恢复张载祠；另外，作为知识文化的享有者，除了文庙，士绅还对修建文昌宫格外关注。例如，三原人李润、咸宁人陈锡、南郑人黄腾汉都捐资兴建了文昌宫。其中，南郑东关的文昌宫则是贡生黄腾汉独资兴建的。

像城隍庙等也大多属于官绅合建。例如，渭南的城隍庙，同治三年、光绪十一年分别由邑令重修，文昌宫在光绪十一年由邑令重修；同州府的文庙则在同治八年、九年分别由邑绅和知府重修，府城隆庙也在同治八年由乡老重修；岐山、凤翔等地都相继在同治年间重修了文庙。在官方重修的庙宇中，有功于地方教化的区域社会涌现出来的先贤节烈，也是祀典必须包含的部分。例如，同治八年，同州邑绅重修了忠义孝悌祠、节义祠，同治十年渭南邑令重修了忠义孝悌祠、节孝祠等。许多地方祠堂的修建都得到了士绅的捐助。例如，“柏森，泾阳人。勤俭致富，一介不妄费，义举则千金不吝。出银七百两助修邑令涂公祠，造渡船，施麦种，筑桥修路，建仓设塾，有益乡里者悉为之，保奖四品衔”[③]。

地方士绅和民众还重修了一些事关生老病死、衣食住行等神的庙宇。这些多由地方士绅或民众自发重修，如泾阳的火神庙。这些庙宇恢复的时间较晚，例如，咸宁的药王洞是光绪年间得以修复的；长安的药王洞亦是光绪年间由里人负责重修的；同州的九龙庙是光绪七年由居民重修的；渭南的土地祠是光绪元年重修的。因为这些庙宇神的地位低于正祀系统中的国家神，所以在重修时间和重修者身份上都有一定的变化，这也体现了国

① 《续陕西通志稿》卷86“人物十三”，第12页。

② 同上书，第7页。

③ 同上书，第27页。

家祠祀系统的等级性特征。①

最后，地方士绅还主持修建了一些家庙及宗祠。因为在传统乡土社会里，矗立在村落中的祠堂无论是在仪式象征还是实际运作方面，对于宗族而言，都具有重要的地位和意义。② 正如有学者在对湖南衡山县村落祠堂进行考察后指出："任何社会权力，总是要通过一定的社会活动来体现，而社会活动则是主体行动与时间和地点的统一。"所以，作为血缘关系的地方组织单位，"族权的实现也需要活动的空间，祠堂就是这种族权得以实现的重要空间。这种空间首先是物理性的，是人们从事权力行为的活动场所。因为，无论是作为祭祖和族学的场地，还是作为执行家法和族人会集的场所，都体现了族权的真实存在，没有这种物理性空间，公共行为和公共决策都要受到影响和制约。另一方面，祠堂又是族权的精神空间，因而它是一种权威的载体，是族权象征性的建筑物，是族人根底所在。正是由于祠堂具有这种精神上的象征作用，族权才变得具体而有质感"③。

所以，许多士绅参与了家庙和宗祠的修建。例如，"高希冉，朝邑人，议叙户部员外郎。道光二十七年，独修家庙，邑人为请建坊"④。有些士绅还为地方庙宇捐香火费，例如"高其志，商南人，举人。归里后乐善好施，恤乡党、训宗族、捐田供各庙香火，迄今后裔衣衿繁衍，能以忠厚世其家"⑤。"陈绶，洛南人，同治癸酉拔贡。尤笃于宗族，先后改建家祠、置祭田、修家谱，拟劝族浅说十条。"⑥ "李元春，朝邑人，举人。尤好义举，居乡善俗，多古人风。以支族繁衍，并立一祠使相亲睦，有族侄析居数十年，侄没，恤其子女终身，有负债鬻妻者，呼其门下出资偿之，使夫妻如初。"⑦

在中国古代交通、通讯较为落后，各地区相对封闭的情况下，家族是

---

① 僧海霞：《晚清陕甘回民起义与关中地区汉人信仰的变迁——以寺庙宫观的新建、重建和废弃为中心》，《北方民族大学学报》2009 年第 4 期。

② 杨国安：《 空间与秩序：明清以来鄂东南地区的村落、祠堂与家族社会》，《中国社会历史评论》2008 年第 9 卷。

③ 参见于建嵘《岳村政治：转型期中国乡村政治结构的变迁》，商务印书馆 2004 年版，第 78—79 页。

④ 《续陕西通志稿》卷 88 "人物十五"，第 20 页。

⑤ 《续陕西通志稿》卷 77 "人物四"，第 26 页。

⑥ 同上书，第 24 页。

⑦ 《续陕西通志稿》卷 78 "人物五"，第 18 页。

宗族组织构成并发挥作用、实现家族式管理的前提和基础。只有当某一共同祖先所繁衍的家庭和村落集中定居和分布在特定的乡村范围之内，即血缘和地缘的紧密结合，才能使得该地方社区的社会、经济、文化等活动具有宗法特色。所以，在国家正式权力难以直接渗透进基层社会时，作为重要民间组织的宗族就能在基层社会管理中发挥重要作用。因此，家族血缘的地域化是构成功能性宗族团体的重要条件。① 所以，凝聚了维护宗族利益与体现士绅价值的家庙也成为地方社会中血缘家族的基本单位，士绅群体因而也积极参与了许多家庙和宗祠的修建工作。

四 士绅与陕西会馆的兴建

会馆作为一种民间性的社会组织，最初存在于封建行政体系视野之外，但因为明清时期，儒士商人化和商人儒士化的儒商渗透现象而造就的庞大的士绅队伍，在不同程度上干预了会馆的建设和发展，从而使会馆自发地演化为一种官方机构之外的补充机构，这种机构既为官方所不能为，又颇能补官方统治的不足。② 另外，会馆的基本特征还在于它的同乡籍性和基层社会的自我管理组织。其主要功能就在于为同乡籍的流移者提供服务，实施管理。③

明清时期的会馆是多种形态并存的，加入兴办会馆行列的主要有官绅、商人以及其他移民，其存在范围从京师至于穷乡僻壤。④ 因为会馆的功能囊括了从社会生产到文化教育，从生老病死到婚丧嫁娶，从风俗习惯到社会时尚等诸多领域。可以说，凡是地方社会的一切公共事务，无不是士绅所关注的领域。所以，官绅阶层一般也把致力于会馆的建设作为自己的荣耀之举，视为惠泽乡里的最好方式。⑤ 于是，作为士绅文化与庶民文化交融的基地，明清时期的不少会馆都有本籍士绅的捐助，士绅们积极投身到地方会馆的建设之中。⑥ 从会馆的功能来看，京师最初出现的会馆属

---

① 杨国安：《空间与秩序：明清以来鄂东南地区的村落、祠堂与家族社会》，《中国社会历史评论》2008 年第 9 卷。

② 王日根：《乡土之链——明清会馆与社会变迁》，天津人民出版社 1996 年版，第 258 页。

③ 同上书，第 4 页。

④ 同上书，第 3 页。

⑤ 同上书，第 218 页。

⑥ 同上书，第 302 页。

于科举制度的直接产物，是科举出仕的同籍人的聚乐场所。[①] 后来，随着会馆建设数量的增多，捐建者身份的多样化，渐渐地，设在省城的州县会馆，其功能除了服务于科举之外，一般也为接待同乡同族人服务。这说明，随着社会经济的发展，不仅捐建会馆者的身份逐渐多样化，会馆的功能也逐渐由单一的服务于士子应举功能而向多元化用途发展。因为这类主要服务于科举的会馆虽然大多由官绅出资兴建，但也有少数是由商人独资兴建的。[②] 所以，遍布全国的会馆不仅数量急剧增多，功能也渐趋多元化。

作为地方社会士子应举的重要休憩之所，会馆不仅能够为他们提供便利，而且还能让他们在省城和京师感受到家乡士绅的关怀。所以，清朝陕西士绅及地方民间力量自发地在省城及京师以及全国其他地方修建了许多陕西会馆。这些会馆功能多样，捐建者成员广泛。在此，我们主要以人物传的记载为主，探讨以科举应试为主要功能的陕西会馆的兴建情况及其特点。

（一）士绅积极捐助会馆建设所需要的资金

因为会馆兼备了士绅建功立业与联系乡谊的双重功用，所以远在异地他乡的士绅常常与捐助地方社会的其他公共工程一样，积极为陕西会馆的建立捐助建设及修葺经费。只不过，会馆的建设几乎全是地方士绅的民间自发行为，无需得到地方官员的批准。有许多资料表明，士绅为陕西地方会馆的建立捐助了大量资金。例如，“高廷桢，合阳人，附贡生。性俭约而好义，笃于友谊，一挥至数千金，生平以未得科甲引为憾事，捐助京师本邑会馆银千两以惠士子”[③]。另外，有些士绅虽然身处他乡，但故乡之思永不遗忘，所以遥寄经费救助乡里及地方事务就成为此类士绅理所当然的责任。例如，为陕西省城会馆捐资的李瑛，“李瑛，渭南人。省垣建修乡试新馆，亦助百余金。”[④] 另外，有些功名较低的士绅因为感慨于自己没有获得较高功名，所以也积极捐助地方应试会馆。例如，合阳贡生高廷桢。有些则是地方士绅联合修建的。例如，三原人余从仁与李廷佐合作修

① 王日根：《乡土之链——明清会馆与社会变迁》，天津人民出版社1996年版，第185页。

② 同上书，第82页。

③ 《续陕西通志稿》卷84“人物十一”，第3页。

④ 《续陕西通志稿》卷87“人物十四”，第18页。

建了三原会馆。“余从仁，三原人。性好施予，有善人之称，尝与李廷佐创修省城乡试会馆，道光十八年以孝义旌。”① 有些则是家族中的士绅联合修建的。例如，白河人周锦利与他的侄子周文炳修建了白河会馆，而且规模较大。“周锦利，白河人。弟周宝书，由廪贡署千阳训导，因士子乡试无所栖止，与侄文炳创修白河会馆于省垣枣茨巷，有屋二十余间，什物悉备，亦捐千余缗，士林便之。”② 再如，岐山举人武达观与他的儿子武萧，父子两人先后在京师为地方社会捐建会馆。“武达观，岐山人，举人。初，凤郡人入都会试，僦屋而居，达观创修会馆，公车便之。其子武萧，国学生，又于京师凤翔会馆东购别院，名曰‘新馆’，凡会试宦京者皆得栖止焉，父作子述，有足嘉者。”③ 有些士绅因为捐修的会馆规模较大，所以耗资不菲。例如，贺士英修建的渭南会馆，有房屋一百四五十间，花费35000金。“贺士英，渭南人。创修省城渭南会馆，计屋百四五十间，置备器具，共费三万五千金。补葺京师会馆，捐银若干以惠士子。”④

（二）士绅倡议或独力修建陕西地方会馆

这种主要服务于科举的会馆，虽然大多由官绅出资兴建，但也有少数为商人独资兴建，或为官商合资兴建。因为他们都把科举作为挤入统治阶层的有效途径，或为了相互援引，彼此奥援，扩大地方势力或家族势力，或者为了自己青史留名，显示出较为浓厚的政治性。⑤ 所以，作为一种民间行为，士绅往往也独自负担会馆所需要的建设经费。例如，“吴蔚文，泾阳人，庠生。设塾赡族，创建本邑乡会试馆于省城”⑥。

从已有记载来看，士绅在省城等地方社会修建的会馆居多。此外，有些乐善好施的士绅不仅在省城捐修会馆，而且也在京师为本籍士子捐建会馆。例如，“亢能敬，泾阳人，监生。乾隆十五年在京都捐建泾阳会馆，又于省城捐修试馆以寓士子”⑦。作为社会的良心和地方社会利益的代言

---

① 《续陕西通志稿》卷87“人物十四”，第4页。

② 《续陕西通志稿》卷91“人物十八”，第11页。

③ 《续陕西通志稿》卷81“人物八”，第11页。

④ 《续陕西通志稿》卷87“人物十四”，第16页。

⑤ 王日根：《明清时代会馆的演进》，《历史研究》1994年第4期。

⑥ 《续陕西通志稿》卷86“人物十三”，第24页。

⑦ 同上。

人，士绅也积极倡议地方会馆的建立。例如，汉中会馆的倡修者是城固进士刘天宠。“刘天宠，城固人，乾隆乙未进士。少贫，就乡塾舌耕以养亲，能得其欢心，待姊妹及宗族均有恩。官京师日，倡修汉中会馆，同乡公车至止如归。”① 再如，京师渭南会馆重修的倡修者是渭南进士王松年。“王松年，渭南人，光泽知县王瑶次子，进士，官至刑科给事中。京师故有渭南会馆，创于前明，松年倡议重修，并创新馆。”② 另外，渭南省城乡试会馆的倡修者是候选同知焦振甲。“焦荣栋，渭南人，举乡饮正宾。嗣子振甲，湖北候补同知，以千八百金倡建会城乡试新馆，捐田一百五十亩作义塾经费，可谓能继父志矣。”③ 再如，京中榆林会馆的捐建者是举人叶兰。“叶兰，榆林人，乾隆庚辰举人。里居时，以沙蔽城，捐千金开河刷沙，又置本族义田，郡城义学，都中榆林会馆，他义举多类是。”④

可见，无论是修建于省城，服务于乡试士子的会馆，还是建于京城，便捷于会试举子的京城会馆，倡修者和捐资者大多均为本籍士绅。另外，这些士绅的籍贯和所修会馆的名称及服务对象具有特别明显的地域性特征。因为籍贯和地域观念是中国人大脑中根深蒂固的，它产生于人口的流动之中。所以，会馆的籍贯及地域色彩非常明显。例如，上文所提及的凤翔会馆、泾阳会馆、渭南会馆、榆林会馆等不仅是本地域士人捐建的，而且服务对象也是本籍科举士子。

（三）士绅为会馆修建捐施房舍

作为乡试、会试士子的栖身之所，会馆必需的载体就是房舍。这些会馆所需的房舍，大多由士绅或独力，或联合修建。但是，也有些是由地方士绅捐出个人的房产作为本籍会馆用房的。例如，位于京师的三原新馆就是由三原士绅李懋功捐出自己的房舍建立的。据记载，“李懋功，三原人，议叙知府。又捐京师潘家河沿住房二所共四十余间为本邑新馆”⑤。可见，士绅有时会直接将自己的房产捐给本籍会馆。

① 《续陕西通志稿》卷 82“人物九”，第 3 页。
② 《续陕西通志稿》卷 77“人物四”，第 7 页。
③ 《续陕西通志稿》卷 87“人物十四”，第 16 页。
④ 《续陕西通志稿》卷 83“人物十”，第 24 页。
⑤ 《续陕西通志稿》卷 87“人物十四”，第 9 页。

（四）士绅与会馆的管理及维护

作为科举制度的直接产物，会馆最初就是科举出仕同籍人的俱乐场所，所以其管理权自然由同乡中在京居官地位高、有声望的人掌握。[①] 后来，随着会馆服务于科举功能的加强，会馆的管理体制也不断有所变更。先推行了馆长制，或称值年制，每个会馆设馆长或值年一人，总管会馆的簿籍银两和处理会馆的重大事务。有些会馆还设置干事、庶务、会计等职，协助馆长管理会馆。但是，无论哪一种管理形式，其由本籍士绅来充当管理的特点不会改变。例如，朝邑进士霍为楙，他曾经营本籍会馆十余年。"霍为楙，朝邑人，光绪间进士。经理都门省馆及邑馆十余年，节宴会、裁优剧，并倡捐筹款，购拓馆舍崇祀先哲。"[②] 可见，霍为楙管理会馆的时间不仅长达十余年，而且对会馆的各种弊端也进行了有效的革除，并且扩大了会馆的面积和功能。

总之，作为主要服务于科举士子的各种会馆，其兴建、运行等与庙宇、堡寨、城防等工程有所不同。因为会馆没有官方力量的参与及影响，基本上全部是由本籍的士绅及官员捐建的，因而其民间自发兴建的特征非常显著。因为无论是倡议兴建会馆还是实际的建设，会馆的修建均离不开同籍士绅的参与；从资金来源方面讲，无论是士绅合力还是独自负担，其建设费用均来自以士绅为主体的民间力量的捐助。也正是因为会馆是以士绅为主体兴建的，所以其管理也大多由本籍士大夫担任。因此，会馆的地域性特征非常突出，这也充分体现了中国人思想中根深蒂固的乡土观念、同籍观念和地域观念。可以说，士绅是地方会馆建立、管理、维护的主要力量。

五　士绅与地方水利工程

水是人类生产和生活的重要资源，没有水人类就无法生存，更谈不上从事其他社会活动了。但水资源在全国各地的分布是非常不平衡的，所以其自然存在状态并不能完全符合人们的需要，因此水利和水害都是存在

① 王日根：《乡土之链——明清会馆与社会变迁》，天津人民出版社1996年版，第185页。

② 《续陕西通志稿》卷78"人物五"，第33页。

的。于是，人们需要通过修建水利工程来兴利除害。[①] 因为中国自古以农业立国，所以对水资源的开发和利用尤为重视。在数千年的岁月中，中国人修建了数以万计的水利工程。因为任何时代的统治者及地方社会都特别注重水利工程的兴建，这是保障农业生产得以正常发展的关键。

清代作为中国最后的一个封建王朝，继承了历代重视水利及水利立法的传统。例如，康熙皇帝即位以后，“三藩”战争还在进行，就开始筹划系统的治河事宜。他任用治河专家靳辅治河，把水利工作摆到了非常重要的地位。正如他所说：“朕听政以来，以三藩、河务及漕运为三大事。”此后，重视水利的理念不断得到强化。清朝统治者也非常重视农业生产。农田水利的兴建，对于农业生产的恢复和发展起着至关重要的作用，被称为农业的“命脉”。所以雍正说：“地方水利，关系民生，最为紧要。”康熙更是指出：“水利一兴，田苗不忧旱涝，岁必有秋，其利无穷。”[②] 可以说，清代统治者极为推崇水利建设。

正是在统治者的重视下，清朝陕西的农田水利灌溉事业取得了很大的发展。例如，明清时期的关中水利工程，仅以井灌而言，灌区就达到了130万余亩。另据清人毕沅记载，这一时期西安等州有灌渠1171条，灌田达64万亩之多。再加上小流域的水利设施，泉灌和涝池的灌田面积，保守估计也应该在200万亩以上。[③] 根据士绅在地方社会事务中的作用及职责，我们可以推定，这些水利工程的修建均离不开士绅的参与及管理。

关于这一时期的水利建设情况，有学者认为：“明清时期的水利组织以民间化的形式产生和存在，随官府控制力的变化而在官方与民间力量之间有着此消彼长的动态过程。”[④] 也就是说，伴随着社会之治乱变化，水利管理亦有一个大致相应的兴废变迁过程。但作为地方社会的中坚力量，士绅阶层对水资源进行直接管理的角色没有发生太大的变化。他们从堰渠开凿、筹集资金、工程组织、规章制定到水利事务管理与监督等方面均实际负责。只是在诸如颁定规章、协调不同水利组织的矛盾、惩治违规者等必要场合，才借助于官方权威。所以，官方对控制水利的士绅阶层保持着

① 王双怀：《中国古代的水利设施及其特征》，《陕西师范大学学报》2010年第2期。

② 《清实录》卷35《圣祖圣训》。

③ 卢勇、王思明：《明清时期关中地区小型水利述论》，《南京农业大学学报》2006年第4期。

④ 吴媛媛：《明清时期徽州民间水利组织与地域社会》，《安徽大学学报》2013年第2期。

一种形式上的领导权，起的更多的是一种督促、倡导的作用。因此，明清时期陕西关中水利设施的管理实行的是一种“官督民办”的方式，这比前朝历代单纯的政府管理、计划经济有了很大的改进。所谓“官督”，是指当时关中的河道堤渠诸务都归西安府管辖，进行多层次垂直管理，另在府衙设有水利分府，负其专责。这些都与前代没有太大的差别，可能只是更为细致一些。因此，官方所做的切合实际的工作，实际上主要就是解决民间水利纠纷或处理有关案件，从而起到维护秩序和稳定局面的作用。所谓“民办”，则是指自明朝中叶始，关中各渠大多以灌溉水使用权的管理和分配为中心，“形成了具有地域特点、内部认同感、特定行为规范和共同利益的乡村水利灌溉共同体”①。

所以在清代，陕西地方社会的水利修建主要有三种组织形式：官修；官督民修；民修。② 但是各自所占比重却有很大的不同。例如，有学者对具体修建过程有详细记载的汉中府的52次水利修建活动予以统计分析，结果表明，在其52次修建过程中，官修18次，占34.6%；官督民修11次，占21.1%；民修14次，占26.9%；不能确定的有9次，占17.4%。其中，官督民修，看似官方参与水利维修过程，其实只不过是地方官的允诺批准而已，因为具体的修建过程仍由地方精英主持。例如，洋县溢水堰，同治年间，“知县李承玖督同首事、田户修筑如故”③；光绪二十一年，“知县李嘉绩督同堰首廪生宋培、张敬铭、杨凤藻，附生白榆茂等，用石灰、桐油修筑完固”④。显然，在具体的操作过程中仍是以士绅为主体的民间力量占主导地位。因此，如果将官督民修和民修两种方式合计而言，则民间共参与25次，所占比重达到48%。除去不能确定的9次外，可以说，民间力量修建是汉中地区最为常见的堰渠水利修建的形式，民间比官方更广泛地参与了堰渠水利的修建事宜，所以官方在堰渠水利修建中处于次要的地位。从纵向看，似乎更能说明问题。例如，就整个清代而言，民间的参与越来越居主导地位，官方势力逐渐减弱。⑤

---

① 萧正洪：《传统农民与环境理性》，《陕西师范大学学报》（社会科学版）2000年第4期。

② 钞晓鸿：《水资源环境与社会变迁——以清代汉中府为例》，黄山书社2004年版。

③ 徐梦莘：《三朝北盟会编》卷4《水利志》，上海古籍出版社1987年版。

④ 《续陕西通志稿》卷60“水利四”。

⑤ 佳宏伟：《水资源环境变迁与乡村社会控制——以清代汉中府的堰渠水利为中心》，《史学月刊》2005年第4期。

在清朝，水利组织民间化趋势的另一个集中体现就是，政府依靠地方精英阶层对水资源实行间接化管理。例如，关于水资源的管理涉及堰渠开凿与修浚资金的来源、工程组织、渠规制定、渠务管理与监督等一系列问题。① 因此，地方社会的许多水利工程都是由地方官府和士绅联合兴建的，即官绅合作或者官督绅办的模式。例如：

柏震蕃，长安人，庠生。戊戌，淫雨，沣水涨溢，震蕃度地形，募捐款，引水入渭，民田涸复。发起并募集疏浚河流的资金，又佐理地方官治泥河，露宿河干，筑培修浚，沿河数十村使得安业。②

水有利也有害。所以除了修建水利工程灌溉农田外，地方社会还需要修建防洪工程。由于中国古代的水害主要来自山洪和海潮，为了防止水患，确保人们的生命财产安全和农作物稳产高产，陕西地方曾修建了不少防洪设施。例如，为了避免沣水暴涨成为水患，长安庠生柏震蕃查勘地形，筹集款项，把沣水引入渭河使得被淹没的农田重新复耕。此外，他还协助了地方官员治理河患的修堤工作，从而保障了沿河几十个村庄的安全。

作为乡居的地方社会中坚力量，士绅肩负着地方社会各项公共事务的经理职责。“邑有兴建，非公正士绅不能筹办。”③ 特别是在水利设施或桥梁、津渡的工程建设上，大都是由地方绅士主持操办的。即使是跨区县的较大型工程，虽然是由地方官出面帮助协调的，“但是在执行中总是绅士承担主要职责”④。所以，具有远见卓识的士绅常常受地方官的委托，参与地方水利、河堤等工程的兴建。例如：

袁钱，长安人，光绪丙子科举人，大吏稔其才，委修本籍苍龙、灵沼二河。筹划精详，董劝得法，阅五月而功成，沿河村堡称颂

① 佳宏伟：《水资源环境变迁与乡村社会控制——以清代汉中府的堰渠水利为中心》，《史学月刊》2005 年第 4 期。

② 《续陕西通志稿》卷 84 “人物十一”，第 10 页。

③ 《光绪朝东华录》，第 629 页。

④ 张仲礼：《中国绅士》，上海社会科学院出版社 1991 年版，第 55 页。

不衰。[①]

蒙兰生，洋县人，贡生。性谨正直，乡里推服，汉中知府严如熤饬修杨填堰，兰生偕生员陈鸿制、高鸿业、袁儒农、罗光文等朝夕工次，历两载，修堰门石洞五处，土堤数百丈，需银一万有奇。[②]

正是因为长安举人袁钱的才学受到了地方官的赏识，所以他受命修建长安苍龙、灵沼两河的水利工程，并圆满完成了任务；同样，汉中府的杨填堰、堰门石洞等工程均是在知府严如熤的委托下，由洋县贡生蒙兰生、生员高鸿业、陈鸿制等人历经两年修建而成的。这些造福地方的水利工程的修建，得到了地方百姓和官府的赞许。

消除旱灾对人类生产和生活的威胁，最有效的办法莫过于兴修水利，改善自然环境，增强抗旱的能力。所以长期以来，人们一直认为，“治水是中央政权及其世袭官僚制之所以成立的关键所在”[③]。其实，如果从基层社会来看，很大一部分水利乃至各种公益事业倒是在士绅等实力派的领导下，由乡族共同自行组织完成的，并不需要国家的干预。[④] 这就是上文所述的明清时期，尤其是清朝后期水利工程修建的民间化趋势加强的原因所在。导致这种状况出现的原因就在于地方官府缺乏必要的财政支配权与充足的财力。因为地方社会许多水利工程的资金来源都是由以地方士绅为代表的民间社会捐助的。因此，水利工程民间化趋势的具体表征就是虽由地方官府倡议，但实际上却是地方社会的民间力量修筑了许多地方水利工程。例如，

叶兰，榆林人，乾隆庚辰举人。里居时，以沙蔽城，捐千金开河刷沙。[⑤]

张士魁，长安人。急公好义，道光间创修沣水、灵沼两河堤。沿河民田不受水冲，得以安业数十年者，士魁之力也。[⑥]

---

① 《续陕西通志稿》卷86“人物十三”，第4页。

② 《续陕西通志稿》卷90“人物十七”，第21页。

③ 马克斯·韦伯：《儒教与道教》，江苏人民出版社1995年版，第27页。

④ 郝秉健：《试论绅权》，《清史研究》1997年第2期。

⑤ 《续陕西通志稿》卷83“人物十”，第24页。

⑥ 《续陕西通志稿》卷86“人物十三”，第4页。

张溶，武功人，官凤翔教授。子大朴，以增生官四川县丞。家居时，倡议疏盩厔二曲渠，灌田百顷，至今赖之。①

高如玉，葭州人。州南谭家坪地滨河，最称沃衍，合身适当洼下，不能行地，乃捐金集众凿石引流以资灌溉。②

梁景先，三原人，进士。又兴水利、倡义举，论功加四品衔。③

于荣祖，泾阳人，光禄寺署正衔。居近白渠，谙习水利，值修浚必资助为乡里倡。④

可见，榆林举人叶兰为地方社会倡议，修浚了河堤，解决了黄沙弥漫的窘状；而长安沣水、灵沼沿岸农田得以旱涝不忧的原因，就是得益于张士魁的创修之功。再如，武功增生张溶则是盩厔二曲渠疏浚的倡修者。另外，高如玉带领地方乡民开渠疏导了葭州谭家坪的水利工程；泾阳人于荣祖因为熟悉水利，所以常常为水利工程捐资并提议兴修。此外，熟悉地方社会状况的士绅还在兴建水利工程时，特别善于利用独特的自然条件。例如，富平人纪廷枢在榆林所实施的引雪水灌田法。“纪廷枢，富平人，由行伍积功，历官榆林守备。屯守达尔兔，引雪山水溉田，在任十八年，虏不敢犯，边陲军民为立生祠，名其桥曰纪公桥。”⑤ 可以说，这些地方社会的小型水利工程修建、管理的民间化特征非常明显。

关于水利工程的管理及维护。清朝时期的每条引灌渠道上皆设立渠长（水老）以具体主持操办河渠公务，下设斗长若干名，协助渠长工作。渠长和斗长皆由民选，按年轮换，属于一种差役，一般是各村每年限时公举有德之乡民一人为渠长，专司水利。⑥ 因为士绅在乡里社会的威望，所以很多水利职务如渠长等往往也由士绅担任。另外，由于水资源环境变化，晚清时期泉水、堰水冲突不断，而其矛盾的最终解决大多也离不开乡绅、乡约、堰长、首事等精英阶层的参与。因此，具有社会责任感和社会良知的士绅不但积极参与地方水利工程的修建，而且常常负责水利工程的维

---

① 《续陕西通志稿》卷90“人物十七”，第4页。

② 《陕西通志》卷62“人物八”，第64页。

③ 《续陕西通志稿》卷76“人物三”，第15页。

④ 《续陕西通志稿》卷86“人物十三”，第27页。

⑤ 《续陕西通志稿》卷77“人物四”，第13页。

⑥ 卢勇、王思明：《明清时期关中地区小型水利述论》，《南京农业大学学报》2006年第4期。

护，尤其是水利纠纷及矛盾的解决。例如，“蒋蕴生，渭南人，太学生，好义举。瑞马观之水向灌本观田，后为强宦所据，蕴生率里人鸣于官，乃复其旧。”① 可见，作为地方社会的代表人物，正是在太学生蒋蕴生的参与和努力之下，被强权势力霸占的瑞马观水利工程的管理权，才重新恢复到地方社会乡民手中。

总之，作为农业社会生产屏障的水利工程，不仅仅是中央王朝和地方官员关注的重要公共工程，更是关注家乡福祉的士绅积极参与的重要内容。在清朝时期水利工程兴建民间化趋势加强的大背景下，士绅不仅仅与地方官府合作，以官督民修的形式参与陕西地方社会的水利工程兴建，而且或独资，或士绅联合，或积极倡议，为陕西地方社会水利工程的修建做出了重要贡献。另外，在水利工程的管理方面，因为他们大多数人德高望重，所以往往也会被委以渠长等职务，负责水利工程的管理、维护及纠纷的解决事宜。

① 《续陕西通志稿》卷77“人物四”，第6页。

第三章　清朝陕西地方慈善事务中的士绅

在经济落后、生产力水平低下的中国古代社会里，广大乡民不仅维持其生存所必需的粮食、衣服等用品十分匮乏，而且靠天吃饭的农耕谋生方式使得广大乡民往往在干旱、水患、虫灾、社会动荡的影响下更难以为生，从而导致他们流离失所，甚至暴尸荒野。因此，官方或民间的慈善救济活动一直是统治阶级巩固统治、稳定社会所必须解决的重要问题，也是重视民生的政府官员和地方士绅所积极参与的重要社会事务之一。

在明清时期，由于中国气候已经普遍进入干旱、寒冷时期，加上诸多人为因素，如大规模的乱垦滥伐活动的影响，使得生态环境遭到严重破坏，自然灾害十分频繁。为抵御各种自然灾害，明清中央政府和地方官员十分重视抗灾减灾工作，不但积极采取诸多措施来防灾、备灾，而且在临灾赈济、灾后补救等方面实施了一套行之有效的办法。例如，在慈善救济方面，除了官办的预备仓和常平仓外，官督民办的社仓和义仓也逐步建立起来，并在灾荒救助中真正发挥了未雨绸缪的作用。① 而这些社仓和义仓，无论是其建立还是日常的管理，均离不开地方士绅阶层的参与。

灾害社会学认为，在整个救灾活动中，政府组织的救灾处于主导地位。② 然而，大量事实表明，非官方的民间救济一直存在于中国古代的救灾活动中。③ 就民间救灾的方式来看，主要有无偿赈济、借贷、助官赈济、助葬等。在中古时期，这些民间救灾的主要力量是地方大族和宗教机构，而在明清时期，则主要是地方士绅阶层。④ 因为中国传统的慈善事业

① 姚兆余：《明清时期甘肃抗灾、减灾措施及其启示》，《开发研究》2000 年第 4 期。

② 王子平：《灾害社会学》，湖南人民出版社 1996 年版，第 296 页。

③ 毛阳光：《中古时期民间救灾综论》，《山西大学学报》2006 年第 2 期。

④ 同上。

在元代虽然曾一度衰微，但进入明清之后再度活跃起来，所以在中国古代社会后期，随着社会经济的恢复和发展，不仅出现了一些新的官办慈善机构，而且自明末起，民间的慈善活动也渐趋活跃起来。此时的民间社会，各种善书大量刊行，善风遍吹，人心趋善，各地善会、善堂林立，各界嘉行义举绵绵不断。由官绅创立的各种义庄、义田、会馆等公益设施也不断建立形成，纷纷开展对本族或本籍弱势群体的慈善救济活动。① 可以说，明清时期是中国传统慈善事业中民间慈善组织最为活跃的一个历史阶段。②

一　清朝陕西灾荒概述

中国灾害之多，举世罕见。有清一代，共历 296 年，灾害总计达 1121 次，平均每三个月一次。③ 据统计，仅在 1861—1895 年的 35 年中，全国各地（今新疆、西藏和内蒙古自治区不计）共有 17278 个县发生一种或数种灾害，年均达 493 县次，按当时全国省区县级行政区划（包括县、散州、散厅等）的总数约 1606 个计算，即每年约有 31% 的国土笼罩在各种自然灾害的阴霾之下。④ 与前代相比，清朝时期的灾害具有发生频率高、持续时间长，灾害地区分布广、成灾面积大，特大灾害迭至、交相并发等特征。⑤

这一时期的陕西，在自然环境破坏及人为因素，诸如战争动荡等的影响下，灾害的发生次数也非常多。有学者统计，仅 1861—1895 年间，陕西灾荒总数就多达 781 次。⑥ 这些灾荒主要有水灾、旱灾、雹灾、雪灾、蝗虫等天灾以及各种战乱等人祸。

通过地方志人物传中所记载的士绅慈善活动，我们大概可以看到清朝陕西各种灾荒的种类。例如雹灾的发生及民间救助情况：

---

① 周秋光、曾桂林：《中国慈善简史》，人民出版社 2006 年版，第 140 页。

② 同上书，第 178 页。

③ 邓云特：《中国救荒史》，三联书店 1958 年版。

④ 夏明方：《从清末灾害群发期看中国早期现代化的历史条件——灾荒与洋务运动研究之一》，《清史研究》1998 年第 1 期。

⑤ 叶依能：《清代荒政述论》，《中国农史》1998 年第 4 期。

⑥ 夏明方：《从清末灾害群发期看中国早期现代化的历史条件——灾荒与洋务运动研究之一》，《清史研究》1998 年第 1 期。

王治顺，乡饮耆宾。乾隆己亥雹灾，治顺出粟赈饥，活人以万计。嘉庆丙辰岁歉，又捐粟百余石赈济，乡人德之。①

可见，康乾盛世之际的陕西也是灾荒不断。例如，在乾隆己亥年也发生了雹灾，士绅王治顺曾参与了这次雹灾的救济工作，他散粟救济乡民达万人之众。

（一）蝗虫及捕杀情况

清朝时期，陕西的蝗虫也经常发生，蝗虫泛滥，会使粮食被吃光，甚至颗粒无收，因此地方士绅也积极捕杀蝗虫，并对地方社会的百姓进行救助。例如，眉县举人王育秀在蝗虫蔓延之际，主张借助民间力量，发动民众的集体智慧和力量捕杀，并且亲自督促，最终灭掉了蝗虫。“王育秀，眉县人，举人。官紫阳日，值蝗灾蔓延，县令将雇夫捕之，育秀请悬重赏使民自为力，并亲身督捕，往来阡陌间，蝗灾遂灭。”② 另外，康熙年间也发生过很多次蝗灾。例如，“张京瓒，韩城人，康熙丙午举人。康熙辛未蝗灾，捐谷数百石以给亲族，不足，更鬻产济之”③。值得注意的是，为救助地方社会灾荒，鬻产以赈的陕西士绅也有许多，下文将会对此作专门论述。因为，这种对慈善公益的态度和真诚，值得我们当今社会借鉴。道光年间陕西也发生过蝗灾，在蝗灾发生后，商南国学生曹正江、曹正光兄弟曾为这次捕蝗捐助了银两。“曹正江、曹正光，商南人，国学生。后值蝗灾，又捐银三百两为捕蝗费，邑令旌其门。”④ 总之，在这些蝗灾发生后，士绅都会积极捕蝗并救助饥民。例如，“杜濬，盩厔人。岁旱，蝗成灾，所居临川堡民千余家强半断炊，濬出粟千余石赈之”⑤。

（二）水灾及救助

在灾害频发的清朝，水灾、山洪的发生也屡见史书。例如，道光十五

① 《续陕西通志稿》卷88“人物十五”，第1页。
② 《续陕西通志稿》卷84“人物十一”，第7页。
③ 《陕西通志》卷62“人物八”，第56页。
④ 《续陕西通志稿》卷88“人物十五”，第7页。
⑤ 《续陕西通志稿》卷87“人物十四”，第13页。

年洋县就发生过一场水灾。灾害发生后，地方士绅进行了积极的救助。例如，“李兴隆，洋县人。少孤贫，贩豕东北二山，以信义获利，改营商业，积资累万。道光十五年邑南水灾，男女流离，兴隆恻然，遍给熟食，按户散钱，俾结草舍，费钱五百余缗。”① 可见，这次水灾发生后，地方商人李兴隆对在水灾中流离失所的灾民进行了救济，不仅给予食物，而且按户给钱让其建造房屋。另外，道光二十九年，楼底也发生了水灾，这次水灾见于三原人刘映莨的传记，“刘映莨，三原人。道光二十七年赈济，二十九年楼底水灾共捐银八百余两”②。

（三）旱灾及救助

相对于蝗虫、雹灾、水灾等其他自然灾害，在水利灌溉系统不发达的古代社会里，靠天吃饭的农业社会最常见的自然灾害就是旱灾。所以，清朝陕西地方志人物传中也记载了许多旱灾以及士绅对旱灾救助的史料。例如，康熙年间政治稳定、经济发展，是又一个新的皇朝鼎盛时期，但是各种自然灾害也层出不穷。关于旱灾，清朝时期的许多人物传记载了康熙年间的旱灾。例如，“李佳品，盩厔人，庠生。顺治十四年，康熙十三年两值旱灾，前后发杂粮千石济之。”③ 从以上的传记中我们得知，康熙壬申年，陕西关中大旱；顺治十四年和康熙十三年陕西也发生过两次旱灾。

另外，清朝后期光绪年间的旱灾也比较频繁。例如：

> 张闰河，白河人，太学生。家素封，好施与，丙辰大旱，越境购粮平粜施粥，多方赈恤。④
>
> 周锦利，白河人。光绪三年旱灾，捐钱千缗助赈。⑤

这说明，在光绪丙辰年和光绪三年，白河发生过比较严重的旱灾。因为白河籍太学生张闰河与地方人士周锦利都对这两次旱灾进行过救助。此外，还有许多散见于人物传中的旱灾记载。例如，“刘璞，旬阳人，性豁

---

① 《续陕西通志稿》卷90“人物十七”，第22页。

② 《续陕西通志稿》卷87“人物十四”，第6页。

③ 同上书，第13页。

④ 《续陕西通志稿》卷91“人物十八”，第11页。

⑤ 同上。

达，喜施，凡邑中义举，必出重资为倡。值旱灾，散赈千余金”[①]。

总之，清朝陕西灾害的发生频率也是非常高的，这与当时整个中国的灾害发生状况一致。这些灾害，既有天灾，也有人祸，可以说，这些灾害不仅加剧了地方社会人民的贫困化，而且考验了中央政府和地方官员的救灾能力，更突出了士绅在地方社会救济中的作用和地位。

二　士绅参与慈善救助的内容

在生产力水平低下的中国古代社会里，广大贫苦农民几乎没有抗御自然灾害的能力，每遇较大灾荒，都有大批农民破产，或流落他乡，或转死沟壑，或揭竿而起。例如，“陈明月，乾州人。光绪三年奇荒，家无升斗粟，母饿甚，明月割臂肉食之，母闻之痛哭不止，数日卒，明月亦死”[②]。可见，在地方社会遇到灾荒之时，若无地方官府及士绅的捐助和救济，贫乏者的生活是非常悲惨的。另外，灾后因田土荒芜，农耕废弃，不仅影响农民生计和国家赋税收入，而且会危及社会安定和国家政权的巩固。因此，清代统治者高度重视荒政工作，十分关心地方灾害情况，要求官吏定期奏报雨、雪、冰、霜、雹等自然气候情况和庄稼丰歉情况，一有灾伤，蠲免之诏委颁，赈济之法频施。

正是因为灾荒会产生如此严重的社会后果，甚或危及统治，所以清朝统治者十分重视对灾荒的防范及救助事宜。例如，地方有灾，康熙即诏所司议蠲赈；而雍正凡自外省来京之员，必面加详询各地丰歉情况，“盖欲周知民隐也”；乾隆对赈灾的关心程度，更胜乃父乃祖，多次强调“为督抚者第一应戒讳灾之念”。与此同时，一批荒政专著，如《筹济篇》《康济录》《荒政辑要》《赈济录》等，数次付梓，广为流传。另外，一些救荒手册，如《宦海指南》也多次印发，统治者一再要求地方官要认真办理救灾事宜，于是形成一种地方官吏必须以荒政为己任的社会风尚，这些措施和法令均有力地促进了清代救灾事务的发展。

于是，在外有统治者的提倡和重视，内有中国古代知识分子关注民间疾苦、渴望建功立业动力的促使下，面对频繁爆发的各种灾荒，陕西士绅

---

① 《续陕西通志稿》卷82“人物九”，第21页。

② 《续陕西通志稿》卷90“人物十七”，第3页。

积极捐助，他们或捐银两、粮食救助灾荒，或免费诊治、施药饵以防止瘟疫传播，或施棺木以助暴尸荒野者，或助婚娶以成人之美，或置义田、建社仓以备荒年，或代完逋赋以纾民困，或建育婴堂、养济院以抚养老幼，或代赎婢女以使家人团聚，甚或助人娶妾以延续后嗣，等等。可以说，清朝陕西士绅救助地方社会慈善的内容非常广博，极大地丰富了中国古代慈善救助的内容。

（一）捐助赈银

"有钱出钱，有力出力"的中国古代社会地方事务治理原则，决定了地方慈善以及其他公共事务中以士绅为代表的民间力量参与活动的方式。那就是以士绅为代表的民间社会力量要在灾荒等地方事务中捐助金钱和实物。因为灾荒发生以后，地方社会的赈济不仅需要粮食来挽救饥民的生命，而且为防止贫寒者被饿毙，更需要银两等去采购更多的粮食、衣物等作为后援。所以，在灾荒救助中，为灾荒救助捐助赈银就是士绅参与地方慈善救济的主要内容之一。

根据地方志人物传的记载，我们可以发现许多为清朝时期陕西社会的灾荒捐助赈银的士绅事迹的相关记载。例如：

> 于荣祖，泾阳人，光禄寺署正衔。光绪三年捐赈银六千八百余两，议叙四品封典。①
>
> 吴乙东，泾阳人，贡生，任城固教谕。光绪丁丑戊寅大荒，捐赈银六千八百九十八两。②
>
> 姚振国，长安人，光绪六年成进士。庚子裁缺回籍，值大饥，振国倡办义捐，并独捐巨资以赈乡里，多所存活。③

从已有记载来看，士绅捐助的赈银多寡不一，既有捐赈银高达25600两的，例如，"姚得，泾阳人，议叙道员。光绪丁丑、戊寅大饥，又捐赈银二万五千六百两"④。也有捐钱百缗的，例如，"钱宝善，大荔人，州同

---

① 《续陕西通志稿》卷86"人物十三"，第27页。

② 同上。

③ 《续陕西通志稿》卷84"人物十一"，第9页。

④ 《续陕西通志稿》卷86"人物十三"，第26页。

衔。道光丁未饥，捐麦百石，钱百缗以赈”[①]。既有单纯捐赈银的，也有赈银、赈粮都捐助的。例如，“张景星，永寿人，监生。敬重斯文，厚待乡里。岁饥，出粟及钱数百缗助赈。”[②]“陈作哲，咸宁人，岁贡生。光绪丁丑岁大饥，作哲捐款助赈，又筹巨款赈恤饥民。事平，复筹储豌豆三百余石以备荒年，可谓好义矣。”[③]“刘庆祥，三原人，诸生，议叙知府。光绪丁丑捐赈籽种银二千三百两。同治时，张积善捐银六千八百两，乙亥捐义仓麦五百石。”[④]

从士绅捐赈银的目的来看，既有解决当下饥饿贫民衣食之需的，例如“原锡泽，蒲城人，嘉庆辛酉拔贡。岁饥，捐三千金以食饿者”[⑤]。又有为饥荒过后农业生产而捐助籽种的，例如，“郭景震，三原人。子瑨，副榜，光绪丁戌大饥，赈恤籽种，共捐银二千数百两”[⑥]。由于士绅居住于乡间以及中国古代社会中浓厚的地域性特点，士绅捐赈银的受惠范围等大多限于本村、本堡及居住地的周边乡村。例如，“柏森，泾阳人。勤俭致富，一介不妄费，义举则千金不吝。光绪三年，捐赈银千九百金周恤附近七村。十七、八两年复捐赈银一千余两”[⑦]。再如，“刘钰，三原人，捐职游击。道光十八年饥，捐银赈恤，二十一年，捐银四千两助本邑赈济”[⑧]。从他们两人的记载来看，捐助的范围基本上都是以其所居住的地方为主，向周围稍稍扩大。有些士绅还在灾荒发生后，独资捐助赈济乡邻。例如，长安进士姚振国在光绪庚子年饥荒之时就是如此。[⑨]另外，有些并不富裕的士绅为了捐助地方社会灾荒所需要的银两，不惜称贷以赈。例如，朝邑副榜霍勤炜，“霍勤炜，朝邑人，光绪戊子副榜，庚子，两宫西狩陕西，大饥，捐助军饷千金，本邑赈务五百金，悉出称贷”[⑩]。

总之，地方士绅大都在清朝陕西地方社会的灾荒和慈善事务中进行过

---

① 《续陕西通志稿》卷95“人物二十二”，第8页。
② 《续陕西通志稿》卷90“人物十七”，第4页。
③ 《续陕西通志稿》卷86“人物十三”，第10页。
④ 《续陕西通志稿》卷87“人物十四”，第10页。
⑤ 《续陕西通志稿》卷89“人物十六”，第19页。
⑥ 《续陕西通志稿》卷87“人物十四”，第8页。
⑦ 《续陕西通志稿》卷86“人物十三”，第27页。
⑧ 《续陕西通志稿》卷87“人物十四”，第4页。
⑨ 《续陕西通志稿》卷84“人物十一”，第9页。
⑩ 同上书，第21页。

积极捐助。有些人捐助的数额还非常大，甚至高达数万两；有些人还不惜借贷以赈，也有人独力负担地方社会赈灾所需的银两。这些事例充分说明，生长于乡村，居住于乡村的士绅，非常积极地参与地方社会的慈善事务。

（二）捐助赈粮

纵观古今中外的任何一次灾荒，无一例外都需要得到来自社会各方的救助。因为灾荒救助是安抚与减少流民、稳定社会与统治秩序、恢复与发展生产的先决条件。所以，赈荒不仅是一种慈善行为，还具有强烈的政治及社会意义。[①] 然而，对于身处灾荒地区的人们来说，最迫切的需求莫过于解决灾荒之后的饥饿问题。所以，赈粮筹措和发放是灾区灾荒救助的第一要务。

赈粮是中国救荒史上最持久的一项重要内容。它通过给散、赈贷、赈粜等形式，将中央及地方政府筹集而得的粮食，或无偿，或有偿地施诸遇荒缺粮的饥民，以期收到抗御自然灾害、稳定社会秩序，并在保存生产力主体的基础上恢复和发展社会经济的效用。[②] 毋庸置疑，当社会遭到自然或人为灾害的侵袭而出现饥荒时，由政府运用经济或行政手段组织粮食并主持对饥民的赈救工作，对解决受灾军民的果腹之难是有很大作用的。[③] 但是，在中央政府财力紧张或官赈不足的情况下，官府往往会劝捐。即在官粮不足赈赡时，政府转而求助民间富足有力之家，奖劝其出粮助赈，即民间赈济灾荒。

所以，民间慈善活动或者民间救助是整个清代社会救助体系中一个重要的、不可或缺的组成部分。它虽然延续了中国以往的慈善传统，但在某种意义上，它又是在清朝政府社会救助无力的情况下发展起来的，尤其是民间慈善机构的建立更是如此。需要注意的是，士绅参与的民间慈善救济在弥补清朝政府社会救助能力不足的同时，也分享了治理社会的权力，成为组织和维持清代公共生活的一支重要力量。这与清朝政府社会救助所具有的注重理性和普遍主义不同，具有情感性和特殊主义的特点，即注重救

---

① 顾颖：《明代的赈粮初识》，《中国社会经济史研究》1993 年第 4 期。

② 同上。

③ 同上。

助的血缘性、地缘性和友情性，表现在选择救助对象的优先顺序上，就是由亲至疏、由近及远。[①] 民间社会救助的这种特点，典型地体现了慈善所具有的志愿性和效用性。就其主体而言，清代民间慈善活动可以分为个人救助、宗族救助和民间慈善机构救助三类，它们在其救助的动机、范围、条件等方面各有不同。

从可见到的陕西地方志人物传中士绅参与赈粮捐助的情况看，绝大多数士绅是通过无偿散给的形式对社会百姓进行粮食救助的，赈贷的记载几乎没有。清朝陕西地方社会赈粮捐助比较典型的士绅主要有：

晁陞，长安人，候选员外郎。乾隆壬子、癸丑岁大祲，捐米数百石助赈。[②]

刘昇之，三原人，诸生。丁丑大荒，倡捐麦谷各五百石，明年散籽种，又捐麦一百石，银一千二百两。[③]

罗渭家，华州人，贡生。嘉庆某年饥，出粟三十石赈贫，乡里称叹。[④]

李懋功，三原人，议叙知府。光绪乙亥捐义仓麦五百石，丁丑饥，捐麦五百石，籽种银一千二百两。[⑤]

李永清，澄城人，监生，乾隆戊辰饥，出粟五百石赈济，好读书。[⑥]

曹新建，澄城人。嘉庆丙寅饥，斗麦二两，新建尽出麦三十余石、谷二十余石以周贫乏，里人谋刻石志德，力止之。[⑦]

李大策，中部人。乾隆二十年荒歉，施粟五百余石，人皆义之。又张凤鸾，慷慨好施，广修桥梁，乾隆十七年大荒，施谷二百余石。[⑧]

---

① 彭定光、彭军、胡丽明：《论清代民间慈善活动的三种类型》，《中南林业科技大学学报》2010年第4期。

② 《续陕西通志稿》卷86“人物十三”，第4页。

③ 《续陕西通志稿》卷87“人物十四”，第9页。

④ 《续陕西通志稿》卷89“人物十六”，第8页。

⑤ 《续陕西通志稿》卷87“人物十四”，第9页。

⑥ 《续陕西通志稿》卷89“人物十六”，第1页。

⑦ 同上书，第2页。

⑧ 《续陕西通志稿》卷92“人物十九”，第6页。

马竖勋，蓝田人。扶危持颠，有长者风，康熙辛未岁荒，散粟三百余石，邑令旌其门。①

郭维城，长安人，闭门读书。光绪丁丑岁大饥，捐粟百余石助赈。②

曹三德，怀远人，邑庠生。光绪三年大饥，三德捐谷百四十石，米六十石助赈，其他义行枚不胜举。③

从这些记载来看，地方士绅捐助赈粮，解决乡民粮食需求的灾荒救济涵盖了康熙、乾隆、道光、嘉庆以及光绪等清朝各个时期；士绅捐助赈粮的数量多寡不一，既有捐助500石的，也有几十石的，这也正体现了民间救济中量力而行的自愿救助及捐输原则。

个人救助是清代人自愿进行的形式多样、境遇性强的救助形式，它包括济贫、解困和相助，具体表现为给钱、给物、出力，普遍发生在亲戚、朋友、邻里、主佃、贫富、陌生人之间。④ 正是因为如此，清朝陕西士绅的粮食捐助除了灾荒之年的众多捐助外，也有对贫寒者的捐助。例如，“刘曰锐，咸阳监生。康熙辛丑关辅饥，曰锐出千金散赈，全活无算。雍正癸丑，复出粟六百石赈之。每农时必捐籽种以助耕耨；凡闾里婚嫁、疾病丧葬及旅人之流寓咸者，曰锐随时周给，未有德色。”⑤ “于监，礼泉人。喜周恤贫乏，乾隆三十六年春，施荞麦四十五石，米五十四石。四十二年，散麦种百一十四石以济贫民。”⑥ “李之伟，宝鸡人。里中不能举火及婚丧无力者慨然助之，乾隆己丑、庚寅岁饥，道殣相望，之伟出粟麦三百余石以赈族党。”⑦ 可见，以上几人不仅分别捐助了康熙辛丑、雍正癸丑、乾隆四十二年己丑、庚寅等年份的饥荒，而且也常常救助乡里贫乏无依者。从捐助的内容来看，既有生活必需品，如粮食、荞麦等，还有生产物资，例如麦种等。

---

① 《续陕西通志稿》卷86“人物十三”，第22页。

② 同上书，第5页。

③ 《续陕西通志稿》卷83“人物十”，第33页。

④ 彭定光、彭军、胡丽明：《论清代民间慈善活动的三种类型》，《中南林业科技大学学报》2010年第4期。

⑤ 《陕西通志》卷62“人物八”，第40页。

⑥ 《续陕西通志稿》卷87“人物十四”，第24页。

⑦ 《续陕西通志稿》卷90“人物十七”，第12页。

另外，有些士绅不仅捐助粮食，而且捐施药饵、棺木、埋葬暴尸荒野者，等等。例如，“叶逢春，咸宁人，附贡生，居家以孝友闻。乾隆间屡遭大祲，捐粟数百石助赈。时疫大作，施药施棺，并立义塾以教贫寒子弟”①。“高士鹏，城固人，以同治癸酉拔贡任知县，分四川。光绪丁丑大饥，汉中尤甚，士鹏捐粟七百余石，掩骼二百余，乡里称之。”②

有些士绅无偿捐助灾荒之年乡民所需粮食的好善乐施行为，还带动了子孙后代的积极捐助。这种对乐善好施行为的弘扬，也促进了地方社会其他人士对灾荒之际粮食的捐助和无偿散给。例如：

张连荐，澄城人。好善乐施，康熙辛丑饥，出麦谷千余石救荒，不计偿，并代输贫民社仓粮八十石，乡里德之。又姚际会，贡生。康熙甲午岁大饥，输麦米六百五十余石，子姚文载，监生，乾隆乙巳岁荒，输麦米三百二十余石，孙姚元凤、姚元鹤乾隆己亥岁饥，输麦米二百三十余石，先后助赈逾千石，亦可谓好施矣！又韦琬，疏财好义，亦于康熙辛丑岁与弟璞计口赈贫，凡六阅月，阖村百余家赖以保全。③

胡砺金，三原人，砺金子堉，庠生。光绪乙亥同砺锋捐义仓麦五百石，丁丑赈济，堉又捐麦五百石，籽种银一千三百余两，砺锋捐赈及籽种共银三千六百余两。④

张福盛，富平人。光绪甲午岁歉，捐千金赈邻里，并出麦六十石散给贫民籽种。弟福元屡捐豆谷助赈，又施房屋一所设学校，价值千金，人称难兄难弟。⑤

可见，父子、兄弟等先后捐助地方灾荒所需的粮食也成为清朝陕西士绅灾荒救助中的一道亮丽风景，它说明了慈善救助的传统美德在清朝陕西士绅身上得到了进一步的发扬与传承。另外，还有一些多次捐助赈粮的士绅。例如：

---

① 《续陕西通志稿》卷86“人物十三”，第6页。
② 《续陕西通志稿》卷82“人物九”，第6页。
③ 《续陕西通志稿》卷89“人物十六”，第1页。
④ 《续陕西通志稿》卷87“人物十四”，第10页。
⑤ 同上书，第23页。

杨玉，洛川人。好义乐施，乾隆十三年饥，施粟百石，乾隆十七年施粟二百余石，乾隆二十四年罄所储施粟数百石，银三百两，村人德之。①

赵德麟，乾隆四十三年、五十七年饥，施麦三百石。嘉庆二十一年又施麦二百石，里人立碑颂之。②

可见，洛川人杨玉分别在乾隆十三年、十七年、二十四年对地方社会饥荒进行了粮食捐助，共施赈粮400多石、银300两；赵德麟也分别在乾隆四十三年、五十七年、嘉庆二十一年的饥荒中捐助赈粮共500石。

“民以食为天”。灾荒之年的民众更需要粮食来解决饥饿，所以当地方官府的救济不及时或不足时，以地方士绅为代表的民间力量的粮食捐助就成为解决饥饿，防止更多灾民饿毙的有效手段。清朝诸多陕西士绅人物传的相关记载表明，他们对清朝陕西的地方灾荒进行了各种形式、多寡不一的粮食捐助。而且地方士绅赈饥所捐的粮食品种也反映了陕西各地农作物种类的不同，具有明显的地域特色。例如，汉中地区士绅捐助的就是稻米，这也与汉中盛产稻米的实情相一致。据记载：“胡炽昌，沔县人，武生。同治三年兵燹后岁大饥，人相食，炽昌出稻三百余石以赈，仍备厚粥，俾领赈者先饱之。”③

（三）煮粥赈饥的士绅

粥厂是中国古代灾荒救济中最直接的一种方式。因为在灾荒年，往往有许多流离失所的饥民四处觅食。因为远离家园，所以即便是给予粮食，饥民可能也无法蒸煮，况且在粮食有限的情况下，也很难做到按户口或人头均衡分配，于是设立粥厂，煮粥直接给饥民食用就成为一种行之有效的救助方式。

关于粥厂的设立，除了官办的之外，地方社会士绅等民间力量自发设立的粥厂作为官设粥厂的补充，具有救济及时、救助时间灵活等诸多优

① 《续陕西通志稿》卷92“人物十九”，第3页。

② 《续陕西通志稿》卷89“人物十六”，第25页。

③ 《续陕西通志稿》卷90“人物十七”，第26页。

点。所以，在清朝中后期的灾荒救助中，以士绅为主体的民间力量自发设立的粥厂更是作为官方粥厂的补充而在灾荒救济中大量存在。在清朝陕西地方志人物传中，有许多自发煮粥救济灾民，或襄助官方粥厂的士绅。例如：

焦□栋，字秋圃，渭南人，荣栋弟。捐助京师圆通观粥厂、敦仁堂药棺局月费，并施棉衣。①

李绍闻，咸阳人，贡生。生平积而能散，舍粥施衣诸义举皆倾囊助之。②

李经邦，洛川人，生员。康熙六十年大饥，煮饭施粥，并赈粟百余石，乡村赖以举火者甚众。③

王喜，咸阳人，庠生。常资助戚党婚丧，嘉庆十一年岁歉，捐米百余石煮粥以赈。④

王长年，渭南人，进士。岁大饥，捐俸施粥，全活甚众。⑤

李壏，宝鸡人。光绪三年大饥，又出粟百石施粥，乡人义之。⑥

刘柱，澄城人。道光间两次出粟赈济，并设粥厂于刘家洼，一方赖以全活。⑦

杜習哲，华州人。嘉庆庚辰岁荒，在高塘镇施粥，存活千余口。⑧

张兆熊，洋县人，崇祯丙子举人。岁荒，捐资赈粥，全活甚众。⑨

除了纯粹由地方士绅自发的煮粥救助饥民之外，有些士绅还参与了地方官府所设立的粥厂事务。例如，西乡人王熙和周三甲。“王熙，西乡

① 《续陕西通志稿》卷87“人物十四”，第17页。
② 《续陕西通志稿》卷86“人物十三”，第12页。
③ 《续陕西通志稿》卷92“人物十九”，第3页。
④ 《续陕西通志稿》卷86“人物十三”，第12页。
⑤ 《续陕西通志稿》卷77“人物四”，第3页。
⑥ 《续陕西通志稿》卷90“人物十七”，第12页。
⑦ 《续陕西通志稿》卷89“人物十六”，第4页。
⑧ 同上书，第10页。
⑨ 《陕西通志》卷57“人物三”，第61页。

人。性高洁，不事生产。兵燹后，遗穀数百石慨周贫乏。岁大饥，司粥厂，劝捐筹赈，躬亲管理，全活甚众。”① “周三甲，泾阳人，武举。值岁饥，奉旨饬发各县赈米，开办粥厂。临县皆自十一月初十日为始，泾邑以三甲主其事。”② 其中，周三甲利用自己的威望和管理粥厂的便利，在本籍开始施粥的时间明显早于其他县，充分体现了士绅关注家乡的地域特点和关注民瘼的民本思想。另外，有些积储充裕的士绅自设粥厂救助的时间也比较长。例如，咸宁人卢祖龄在光绪年间设立的粥厂从冬天一直持续到第二年的春天。“卢祖龄，咸宁人，祖龄故丰于资而性好施予，光绪元年秋歉收，近村多饿者，祖龄于杜曲街为粥以食之，用粟至百石，次年春始止。”③ 有些乐善好施的家族，更将每年冬天的施粥散给当做家风和常态长期实行。例如，朝邑贡生张翔如家族，从其祖父开始，每年冬天施粥三月救助饥民。“张翔如，朝邑人，由贡生任秦州训导。自其祖父以来，每岁冬施皮衣五十领，米粥三月，翔如尤加多焉。”④ 有些士绅施粥救助的饥民多达千余人，例如，“潘廷麟，咸阳人。戊辰岁歉，捐银一千二百两设厂施粥，食粥男女至千余人”⑤。

粥厂的设置，避免了更多饥民的饿毙，关于其救饥优点，我们从沔县武生胡炽昌的救助中可见一二。“胡炽昌，沔县人，武生。同治三年兵燹后岁大饥，人相食，炽昌出稻三百余石以赈，仍备厚粥，俾领赈者先饱之。”⑥ 显然，在领赈粮之前先让饥民填报肚子是胡炽昌施粥的最主要原因，这也充分体现了民间社会施粥的及时性特点和优点。

为了及时救济饥民，有些士绅甚至越境采购粮食。例如，白河太学生张闰河，“张闰河，白河人，太学生。家素封，好施与，丙辰大旱，越境购粮平粜施粥，多方赈恤。”⑦ 在施粥过程中，为了防止冒滥、使真正需要救助的饥民能吃到粥，地方士绅还采用了许多行之有效的方法。例如，周自西采用的给钱让饥民购粥办法。“周自西，白河人。光绪三年饥，民蚁聚，与同志设粥厂，虑人多争挤，另筹一法，各捐钱百串，照册每名给

① 《续陕西通志稿》卷90“人物十七”，第23页。

② 《续陕西通志稿》卷86“人物十三”，第26页。

③ 同上书，第8页。

④ 《续陕西通志稿》卷88“人物十五”，第17页。

⑤ 《续陕西通志稿》卷86“人物十三”，第11页。

⑥ 《续陕西通志稿》卷90“人物十七”，第26页。

⑦ 《续陕西通志稿》卷91“人物十八”，第11页。

钱十文，又各捐米十石，散粥时每碗收钱二文，计数杜弊，无遗滥亦无践踏，用心曲尽如此。”①

地方士绅的煮粥、施粥慈善行为收到了良好的效果，很多饥民因为得到了及时救助而避免了饥饿乃至人相食的悲剧。例如，安定庠生南源澄的救助事例就充分说明了这一点。“南源澄，安定庠生。岁丁巳，邻境流民数十来县，安定米价亦昂，流民乞食无所得，饥将死，源澄施粥一月，悉获生全。”②

（四）士绅与地方义田

义田源于北宋时期范仲淹所设立的义庄。作为一种联宗睦族的手段和助贫济困的慈善模式，义田发展到明清时期，已受到全国广大地区不同阶级和阶层人士的广泛关注。热心和支持义田事业的人大大增加，建义庄，置义田，蔚然成风，义田的规模和数量之大，分布地区之广，对人们的社会生活影响之深，超过以往任何一个时期。义田叫法不一，具有明显的宗族色彩和地域特征，也叫宗族义田、族田、公田、义庄田，是中国传统社会中一种特殊的宗族集体土地所有制形式，是封建宗法制度发展到一定阶段的产物。它既是地方宗族组织敬宗收族的一种手段，也是历史上民间慈善事业的一个重要组成部分。

义田在其发展至清代时已渐臻成熟，其发挥作用的领域较族田要宽广得多。不仅具有赡养族人、敬宗祭祖、代完差役、助学教育等功能，还有宗族及地方社会的赈济功能。可以说，作为族田重要组成部分或重要体现形式的义田，无疑对于巩固和强化这种宗族制度和组织，顺应当时社会发展的需要，都起着重要的作用。并且，从一定意义上说，这种作用较之祠堂、族谱的作用更大。因此，如果说祠堂、谱牒为虚，讲求的是精神和形式的话，那么义田则为实，更能帮助族众解决一些生活上的实际问题。对此，清人张永铨的一段话可以作为注解：“祠堂者，敬宗者也；义田者，收族者也。祖宗之神依于主，主则依于祠堂，无祠堂则无以安亡者；子侄之生依于食，食则给于田，无义田则无以保生者。故祠堂与义田并重而不

---

① 《续陕西通志稿》卷91“人物十八”，第11页。

② 同上书，第18页。

可偏废者也。”[①] 因此，建义庄、置义田，不仅被许多家族写进族规，令子孙世代遵守，还被一些士大夫视作劝世良言，广为宣讲。

在有些情况下，义田可能表现为族田或族田的一部分，在另外的情况下，义田又超出家族界限，扩大到乡族或行业集团中，发挥其赈贫的功能，故义田能有效地维持社会的稳固，延长封建政权的统治。[②] 正是因为义田具有诸多包括巩固统治在内的重要作用，所以清朝统治者也特别重视义田的倡设。例如，雍正帝积极阐扬康熙帝的《圣谕十六条》，鼓励宗族“立家庙以荐蒸尝，设家塾以课子弟，置义庄以赡贫乏，修族谱以联疏远”。就是要用宗法的经济基础——义田财产作为维系族众的工具。而乾隆帝南巡到苏州时曾亲自去范仲淹祠堂察看，赐其园曰“高义”，并亲书匾额，又赏赐范氏后裔以貂币。[③] 清政府还规定：“义田如逢歉收，一概停捐，义田应完钱粮，州县官垫捐。”[④] 可见，在清朝，义田得到了政府的大力支持。

义田在社会救济方面，尤其是饥荒之年的救饥优势非常明显。因为每遇灾荒，封建政府的赈恤政策往往并不能及时到达社会基层，加上各级腐败官僚分子逐层蚕食鲸吞，迨至乡村社会早已化为乌有，所以义田的赈济功能尤显重要。因为不仅其管理和收支一般都赖地方有威望和有势力者，而且它还动用了亲族之谊的力量。[⑤] 义田的来源主要是个人捐置、族众合置、遗产充公、定例续置、结余及利息续置及特殊置产等。[⑥] 其中最主要的来源是个人捐置。而捐献者主要是官僚、绅士或者商人平民。

地方绅士在族田置办方面也占有很大的比例，所以绅士或者绅衿阶层就成为族田的主要置办者。同时，他们不仅是族田的建立者，更是族田的管理者。[⑦] 例如，陕西地方志人物传记载了许多地方士绅捐助、设置义田

① （清）陈宏谋：《选举族正族约檄》卷66《先祠记》，贺长龄辑：《皇朝经世文编》，上海广百宋斋刊本，光绪十五年，第8页。

② 王日根：《论清代义田的发展与成熟》，《清史研究》1992年第2期。

③ （清）王先谦：《东华录》乾隆朝卷33。

④ 《度支省例》卷6。

⑤ 王日根：《义田及其在封建社会中后期之社会功能浅析》，《社会学研究》1992年第6期。

⑥ 常建华：《中国文化通志·宗族志》，上海人民出版社1998年版，第333页。

⑦ 张占力：《明清时期绅士阶层在宗族保障中的作用探析》，《山东省农业管理干部学院学报》2010年第1期。

的事例。例如，韩城贡生师贞充父子就模仿范氏义庄的做法，设立了义田。“师贞充，韩城人，贡生。尝教其子师彦公曰：范文正作秀才即以天下为己任，汝曹须绳祖武，断不可少此襟怀！彦公常遵遗训，戊戌又饥，即出粟五百石赈之，并建宗祠，捐地若干亩以恤里党。立法数十条以励寒士，仿义田法而较周详焉。”[①] 此外，清朝陕西士绅建设义田比较典型的代表人物还有：

雷致福，长安人，咸丰间举人。光绪三年大祲，并出资置义田，掩骸骨[②]

叶兰，榆林人，乾隆庚辰举人。里居时，又置本族义田，郡城义学。[③]

杨钟麟，咸宁人，举人。又为祖坟置义田，族人颂德。[④]

王松年，渭南人，进士。又于本籍置义学、义田教养族人。[⑤]

刘尧裔，渭南人，例贡生。自奉淡泊，多善举，捐置义田四百亩为族人设私塾及婚嫁费，又输邑正学书院膏火田三十亩，以疾卒于官。[⑥]

□□望，字绍先，渭南人，置义田百亩。[⑦]

康宏勋，泾阳人，监生，为族人捐二千金置义田。[⑧]

武廷珍，平利人，道光庚戌进士。遇贫乏者施与无所吝，又置义田取租百余石以赡族人。[⑨]

可见，义田赈济的对象基本上都是灾荒之年的宗族成员，其宗亲血缘特征非常明显。另外，从记载来看，义田不仅具有备荒之功能，还有济贫职责。例如，上述义田更多的是救助族中贫乏者。由于义田救助具有稳定

---

① 《续陕西通志稿》卷89“人物十六”，第6页。
② 《续陕西通志稿》卷74“人物一”，第17页。
③ 《续陕西通志稿》卷83“人物十”，第24页。
④ 《续陕西通志稿》卷74“人物一”，第24页。
⑤ 《续陕西通志稿》卷77“人物四”，第7页。
⑥ 同上书，第6页。
⑦ 《续陕西通志稿》卷87“人物十四”，第16页。
⑧ 《续陕西通志稿》卷86“人物十三”，第24页。
⑨ 《续陕西通志稿》卷82“人物九”，第19页。

社会秩序的作用，倡设义田效果突出者还会受到来自最高统治者的旌奖。例如，“李文敏，西乡人，进士。解组归，创修宗祠，置义田、义庄，各订规条，御赐‘友恤风存’四字以旌之，至今族人犹食其惠”①。

除了新设义田外，重视民生的士绅还积极恢复荒芜的义田。例如，“蒋蕴生，渭南人，太学生，好义举。望竿岭有前明史光禄义田五十亩，兵火后数十年不输租，蕴生曰，不可坐视淹没也。治之，岁入学租五百石”②。除了为救助族人贫乏和饥荒之外，地方社会的士绅群体还为守节的妇女设置义田作为赡养之费。例如，“扶风贫女魏氏，字武功张管。未嫁而管夭，女年十五，徒行二十里奔丧，誓事舅姑，终身不返母家。武功士人义之，醵钱二百余缗，并置义田若干亩为养赡资，事载柳华馆文集。”③ 很显然，从生存的角度来讲，士绅为魏姓妇女设立的义田满足了该妇女的衣食之需，从而促使她守节理想的实现。

（五）士绅与地方社会的疾病救助

“食五谷生百病”。这是民间社会对人生在世不可避免地可能身患疾病的诠释。另外，中国古代疾疫多发，古代文献中“疫”、“大疫”、“病作”、“时疫大行”等记载不时出现。每次大规模的疾疫爆发都对社会造成深重的痛苦和难以估量的损失。因此，身患疾病或遭受瘟疫之苦的民众就需要得到医生的救治。相对于那些纯粹的职业医生，我们一般习惯上把由儒而医，亦儒亦医的行医者称为儒医。在地方社会里，任何时代都有免费诊治、施药饵的儒医。

“习儒术者通黄素、明诊疗，而施于疾病，谓之儒医。”④ 所以，儒医与一般医生的区别，不仅是行医者曾习儒，先为儒生，更主要的是他们以儒家思想指导行医生涯，以医术为济世救民，实现儒生理想的手段。⑤ 所以，儒医认为行医活动，不只是个人谋生的手段，更主要的是救人济世。⑥ 因此，对儒家仁的内涵的理解以及建立在此基础上的仁爱实践，成

---

① 《续陕西通志稿》卷82“人物九”，第10页。

② 《续陕西通志稿》卷77“人物四”，第6页。

③ 《续陕西通志稿》卷87“人物十四”，第4页。

④ 徐松：《宋会要辑稿·崇儒》，中华书局1957年版，第2217页。

⑤ 贺圣迪：《论儒医的形成与特征》，《上饶师专学报》1999年第5期。

⑥ 贺圣迪：《论儒医的形成与特征》，《上饶师专学报》1999年第5期。

为古代儒医从事医疗实践的重要理论和道德基础。① 因为，以“恻隐之心”为原点的仁爱是儒医医德思想的根本依据；“以推己及人”为方法的仁爱是儒医医德思想的实践路径。儒医秉持这些理念和方法，在行医实践中形成优良的医德传统。②

儒医最大的特点就是重义轻利。在中医史上，重义轻利的儒医比比皆是。如元代儒医周贞，“为义若嗜欲，至于视利，轻之如粪土”。若病家询其药金几多，他则发怒道“吾愈人疾，未掌觑其利”，并将诊金退还给病人。③ 概言之，儒医是以儒家义利观为思想基础的，其利益动机是以义为利，以孝为利，以积善为利，最终达到义利双收的目的，从而形成了千古流芳、医德高洁的儒医风范。④ 以此为旨归，清朝陕西也有许多诊治地方社会疾患的儒医，例如，“贺珍，泾阳人，监生。研精医术，存心济世，遇贫者助以药饵”⑤。“李绍勣，咸阳人，监生。素习岐黄，常施药饵以活人。”⑥ “张铭新，长安人，性淳朴，尤精外科，施药施诊，全活甚众。”⑦ “叶逢春，咸宁人，附贡生。时疫大作，施药施棺，工医术，尤精针灸，患者踵至，虽严寒盛暑不辞劳，乡人皆称之曰‘佛’。”⑧ 可见，以上几人属于非常典型的儒医，因为他们不仅具有监生、贡生等相应的科举功名，而且精通医术，并且常常免费为地方百姓的贫乏者施药，还对地方社会瘟疫流行的防治进行积极诊治。

儒医除了以自己的医术免费诊治、救助地方社会的疾患之外，其他士绅群体也常在瘟疫流行之际出资购买药品发放给地方乡民。例如，清涧贡生王允保、清涧举人王汝翼、泾阳乡饮耆宾张从礼，等等。

> 王允保，清涧人，廪贡生。咸丰五年瘟疫流行，允保不惜重资广施药饵，活人甚多，卒祀乡贤祠。⑨

---

① 朱亚杰、张艳青：《论儒医医德思想的构建》，《医学与社会》2014 年第 3 期。
② 同上。
③ 戴良：《九灵山房集》卷 1。
④ 邱鸿钟：《儒医义利观及其实践状况》，《中国医学伦理学》1996 年第 4 期。
⑤ 《续陕西通志稿》卷 86“人物十三”，第 23 页。
⑥ 同上书，第 12 页。
⑦ 同上书，第 5 页。
⑧ 同上书，第 6 页。
⑨ 《续陕西通志稿》卷 92“人物十九”，第 9 页。

王汝翼，清涧人，嘉庆癸酉举人。值大疫，施药活人无算，乡里感其德，后祀乡贤祠。[①] 张从礼，泾阳人，乡饮耆宾。设义学，施药饵，义行甚多。[②]

总之，从这些地方志人物传来看，清朝陕西不乏以儒家仁爱思想为指导，以重义轻利原则为行医指南，免费诊治地方社会疾患的儒医。他们的这种行医方式及免费诊治行为，可以视为中国古代医疗慈善的主要内容，这与其他慈善救济一道，丰富了中国古代社会慈善的内容。

（六）士绅代完地方逋赋

中华民族有着深厚的扶危济困、救助危难的慈善传统。“仁者爱人”的恻隐之心，已融入我们民族的血液，成为中华民族文化的基因。正如明儒高攀龙所说：“世间第一好事，莫如救难怜贫。人若不遭天祸，舍施能费几文？故济人不在大费已财，但以方便存心。残羹剩饭，亦可救人之饥；敝衣败絮，亦可救人之寒。酒筵省得一二品，馈赠省得一二器，少置衣服一二套，省去长物一二件，切切为贫人算计，存些赢余以济人急难，去无用可成大用，积小惠可成大德，以为善中一大功课也。”[③] 虽然我们不能说这一意识完全出于儒家思想的熏陶，但它与儒学，特别是儒家的“仁爱”主张，无疑是密切相关的。[④]

因此，受儒家仁爱思想及佛教、道教等积德行善思想的影响，以“推己及人”为践行慈善事业准则的中国古代士绅，积极地通过各种途径来实现对地方社会乡民的慈善救济目的。所以，他们的慈善救济活动除了捐助赈银、粮食、粥厂、施棺木、施药饵等常见的形式外，为减轻民困，他们还常常帮助地方贫民缴纳拖欠的赋税，即“代完逋赋”。

尽管中国古代的税收征收到明清时期已经大为减轻，从“一条鞭法”的合并征收到“摊丁入亩”的实施，不仅简化了征收程序，而且废除了人头税，大大减轻了农民的负担。但是由于生产力水平低下、土地流失等原因及自然灾害等的影响，贫穷的农民往往很难完成封建国家所额定的赋

① 《续陕西通志稿》卷92“人物十九”，第9页。

② 《续陕西通志稿》卷86“人物十三”，第23页。

③ 《高忠宪公家训》。

④ 胡发贵：《试论儒家的慈善思想》，《南京工业大学学报》2009年第3期。

税，于是就形成了“逋赋”。所以，代替乡民完成逋赋缴纳也是中国古代士绅，当然也是陕西地方士绅慈善救济的一项重要内容，这些资料散见于清朝陕西地方志的人物传中。

从士绅代完逋赋的背景来看，既有对贫穷者平常年份逋赋的完缴，也有对灾荒年饥民逋赋的缴纳。例如，富平庠生刘必通在光绪丁丑饥荒年，代完里民差徭银100两，而泾阳人焦复澈是在道光八年旱灾时，代里民完成300金的赋税：“刘必通，富平人，庠生。光绪丁丑大饥，代供合里差徭银一百两。”① “焦复澈，泾阳人。道光八年大旱，又输资三百金代里人完课，乡党称之，诏旌其闾。”② 还有三原人唐悦来是在道光丙午年旱灾时代缴乡里逋赋约1500金的。“唐悦来，三原人。道光丙午旱荒，代完西阳合里贫民逋赋约千五百余金，贫民感之。”③ 而以下几位士绅应该是代缴了贫民平常年份无法完成的逋赋。“刘映菁，三原人，代完逋赋，并修渠堰，共捐银二千两。”④ “姜涟，咸阳人，屡为同里息讼，代偿贫家逋赋。”⑤ “崔炯，三原人，国学生。乾隆十一年，里民积欠地丁银千有余两，代为完纳，有给券者，毁之，邑令旌其门。”⑥ 可见，贫民无论是平常年份还是灾荒之年，无法完成赋税而形成逋赋的现象非常普遍。因此，为避免“被追呼”的窘迫之状，就需要得到地方社会民间力量的救济和代缴。

从士绅代完逋赋的额度来看，既有100两的，如上文所提到的刘必通，又有数额多达3000金的，例如，蒲城举人张士范。“张士范，蒲城人，举人，两次代完本里粮三千余金，乡人立碑志之。”⑦ 从这些记载来看，代完逋赋对贫民来说是非常必要的。例如，“李长猤，泾阳诸生。邻人有逋赋者将鬻妻，长猤代偿之”⑧。可见，如果不是生员李长猤代为缴纳，他邻居的妻子可能会因为完成逋赋而被卖掉。所以，士绅代完逋赋的意义非常重大，例如，可以避免被地方官府追呼。“刘永保，三原人，积

---

① 《续陕西通志稿》卷87“人物十四”，第23页。
② 《续陕西通志稿》卷86“人物十三”，第24页。
③ 《续陕西通志稿》卷87“人物十四”，第5页。
④ 同上书，第8页。
⑤ 《续陕西通志稿》卷86“人物十三”，第12页。
⑥ 《续陕西通志稿》卷87“人物十四”，第2页。
⑦ 《续陕西通志稿》卷89“人物十六”，第22页。
⑧ 《陕西通志》卷62“人物八”，第42页。

而能散。又代完逋赋千余金，贫民得免追呼。”①

所以，士绅代完逋赋的重大意义在于，不仅可以帮助地方社会的农民完成赋税，以避免被官府追呼，甚至避免出现鬻妻以完的悲剧；而且对于官府来说，士绅的代为缴纳可以使他们早日完成上级规定的赋税任务。因此，作为慈善救济而帮助里民代缴逋赋的士绅受到了来自民间和官府双方的赞许、感恩和旌奖。因为许多记载表明，代缴里民逋赋的士绅受到了地方官员的旌奖。例如：

> 孟师孔，泾阳人，监生。乾隆三十四年，代输里民逋赋，县令旌之。②
>
> 张登甲，三原人，太学生。岁歉，为族党代完逋赋，邑令表其门。③

可以说，地方官和民间社会的旌奖和赞许又促使了更多的人从事这项特殊的慈善事业。另外，敢为人先、重视民瘼的地方士绅有胆量、资格、能力、机会在灾荒之年建议地方官员蠲免或缓征赋税。例如，“刘在霄，朝邑人，附生。三河涨没民田，据情上陈，分别蠲缓、庶政毕举，民怀其德，称为‘万家生佛’”④。“万家生佛”的赞誉正是对士绅造福地方社会，解救民困的最好诠释。因为逋赋的缴纳和饥饿所导致的贫乏者可能不仅会鬻妻鬻子，而且可能会使全家走上绝路。例如，“王选，乾州人。六世同居，族人困徭役，选出百余金充公营运供支，合族赖之。乾隆十三年饥，邻人康姓家十余口三日不举火，欲阖家自尽，选馈以薪米并劝慰之，遂得全活”⑤。可见，若无王选的资助和代完逋赋，以康姓邻居为代表的贫穷乡邻被饿毙，或全家自尽的现象在中国古代基层社会绝非个别。

（七）士绅与婚丧救助

儒家不仅倡导“仁者爱人”的生命关怀，还宣扬一种充满爱怜与悲

① 《续陕西通志稿》卷87“人物十四”，第10页。
② 《续陕西通志稿》卷86“人物十三”，第25页。
③ 《续陕西通志稿》卷87“人物十四”，第8页。
④ 《续陕西通志稿》卷84“人物十一”，第22页。
⑤ 《续陕西通志稿》卷90“人物十七”，第1页。

悯情感的“恻隐之心”和“无伤”之意。此外，儒家思想里还有一项关于仁爱与温情的主张，那就是呼吁要格外关注社会上特别困难的一些老弱病残的群体，即“四穷民”，用今天的话来说就是“弱势群体”。[①]

1. 对于族党的丧葬救助

对于平民百姓来说，丧葬是人生中的一件大事。但在古代，身无立锥之地的贫民甚多，暴尸山谷、无以入葬的事情时有发生，尤其是在灾荒之年，这种现象更为突出。虽然明清时期的官府基于遵从儒家礼仪，巩固统治的目的出发，重视漏泽园的建设，广行善事，但由于贫户人众，官府之力总有不及。所以，施棺助葬也成为民间慈善的另一项重要内容。在这种思想的影响下，地方官府创立了一系列以丧葬为主要活动的善堂善会。细究这些善堂善会，经理其事者，往往大多是地方士绅。

丧葬善会善堂创设的理论渊源，应直接源于《礼记・月令》中有关掩骼埋胔之说。[②] 入清后，陈宏谋撰《掩骼会事宜册》，王士俊撰《埋胔掩骼》，对其做了进一步的阐发，使得妇孺皆晓，童叟咸知。在诸多善堂善会的影响和带动下，地方社会士绅及其他民间力量掩埋暴尸、助葬的善举也在各地普遍存在。

在宗族、乡约、乡社系统中，绅士阶层处于绝对的控制主体地位。而宗族系统的族长更突出了绅士阶层的地位。[③] 而士绅在宗族中的主导和主体地位，主要来自于其人对宗族里党事务的关注和治理，这些内容不仅包括祭祀、教育、赈济、税收等，还包括对族人中贫乏者生老病死的救济。宗族救助是某一宗族对本族内成员所给予的救助。在清代人看来，全族人都出自同一祖先，本来就是一体的，即使“一族之人，有贤有不肖，当体祖宗均爱之心，曲加扶持保护，不使一人至于失所。……若专己自私，不相顾恤，有伤一体之谊，是为得罪祖宗，不孝孰大焉！”[④] 因此，士绅在地方社会的丧葬救助中，表现出非常明确的宗族色彩。

在清朝陕西地方志人物传中，有许多士绅救助宗族里党丧葬事务的史料记载。例如：

---

① 胡发贵：《试论儒家的慈善思想》，《南京工业大学学报》2009 年第 3 期。

② 周秋光、曾桂林：《中国慈善简史》，人民出版社 2006 年版，第 201 页。

③ 王先明：《近代绅士》，天津人民出版社 1997 年版，第 91 页。

④ 从余选注：《中国历代名门家训》，上海东方出版中心 1997 年版，等 141 页。

岳震川，洋县人，嘉庆间进士，戚族婚丧不备者，以馆餐所入予之。①

王恒泰，蒲城人，监生，平时邻里婚丧慨助不吝，邑令表其门。②

原廷葆，蒲城人。精医术，见义必为，或贫不能葬，即助资葬之。③

贠来枝，咸阳人，以岁贡任延安训导，族党不能婚葬者必尽力周恤之。④

吴正恩，紫阳人，贡生。光绪三年大饥，又施棺木数十具，焚借券二千缗有奇。⑤

可见，以上士绅无论是直接施棺木，还是给予丧葬经费，受救助的一般都是宗族里党中贫不能葬者。于是，在乐善好施，助丧葬成风思潮的影响下，不仅士绅阶层，而且地方社会的其他力量，例如商人也积极参与丧葬救助。例如，高陵商人张定乾就是如此。“张定乾，高陵人，早丧父，事母以孝闻。初家贫，后以服贾渐充裕。性好施，遇善举力倡恐后，里中婚丧辄周恤，平时赖以举火者数十家。”⑥ 张定乾助婚丧的行为，无疑与地方社会的良好传统和风气有关。

在乐善好施风气的影响下，有些士绅不仅救助宗族里党贫不能葬者，而且对逝于外地者也给予经费使其回葬故里。例如，泾阳耆宾贾云蛟，“贾云蛟，泾阳人，乡饮介宾。族人流亡他乡者，云蛟给资归骸骨，并其孥。施棺济困，习以为常”⑦。而且值得注意的是，贾云蛟施给棺木助葬，不是一具两具，也不是一次两次，而是经常的救助行为。

此外，具有浓厚地域、乡土观念的陕西士绅还积极救助亡于京师的陕西同乡。例如，朝邑人霍为楙就是如此。“霍为楙，朝邑人，光绪间进

---

① 《续陕西通志稿》卷82“人物九”，第7页。

② 《续陕西通志稿》卷89“人物十六”，第25页。

③ 同上书，第20页。

④ 《续陕西通志稿》卷86“人物十三”，第12页。

⑤ 《续陕西通志稿》卷91“人物十八”，第14页。

⑥ 《续陕西通志稿》卷86“人物十三”，第18页。

⑦ 同上书，第24页。

士。创订搬柩费章程以恤客死京师者。彰义门外之九天庙，陕西义园也，停柩数百，榇或出露，为楙悉掩埋而标识之。邑人士病殁于京，必为料理医药、经营棺敛，先后助资运归者十七次，并佽金以赡其家。"① 从这条记载可知，霍为楙不仅积极经营京师的陕西义园，安葬陕西同乡，而且资助愿意葬于故里者多达17次之多，并且给予家属一定的生活补助和救济。

2. 对无主枯骨的安葬

受宗族血缘关系的影响，士绅的慈善救助主要救助的是宗族里党中的贫乏无依者。不过，在儒家"推己及人"，墨家"兼爱"，佛教"慈悲"，道教"积德"等救人济世、福利民众等②理念的影响下，士绅的丧葬救助也常常超越宗族里党的血缘关系及同乡同籍等地域关系的限制，积极救助宗族里党范围之外那些无主而暴尸荒野者。

在清朝陕西士绅中，有许多超越宗族血缘和同乡同党地缘而埋葬枯骨的士绅。例如：

> 王承霖，三原人，业商于省城。同治初泾阳之变，葬枯骨数十万具。③
>
> 张铭新，长安人。于赈荒积骨诸义举竭力经营，至称贷为之。④
>
> 李馥蒸，蒲城人，前癸未进士。蒲邑遭王永强之变，暴骨遍野，为捐金立义冢葬之。故友王御史道纯死闯难于山西，不远千里携梓归葬。⑤

可见，不忍无主尸体暴尸荒野的陕西士绅对这些枯骨进行了安葬。其中，三原人王承霖安葬枯骨达数十万人，这个数字也许有些夸张，但也说明安葬的人数非常之多。另外，重视友谊的李馥蒸还从山西归葬了故友。

不仅安葬枯骨，士绅还把这种救助丧葬的慈善之举扩大到对无主坟墓的祭扫和维护上。例如，澄城举人丁兆松就是如此，他不仅赈济贫乏，救

---

① 《续陕西通志稿》卷78"人物五"，第33页。

② 周秋光、曾桂林：《中国慈善思想渊源探析》，《湖南师范大学社会科学学报》2007年第3期。

③ 《续陕西通志稿》卷87"人物十四"，第10页。

④ 《续陕西通志稿》卷86"人物十三"，第5页。

⑤ 《陕西通志》卷62"人物八"，第59页。

助丧葬，而且对无主的坟墓进行祭扫。“丁兆松，澄城人，光绪间举人。而尤注重于赈穷乏、恤死丧。归家后，凡田中无主坟墓，清明必令子弟送冥镪，冬则于市场僦屋，听流民栖止。”① 从这点来看，清朝陕西士绅的丧葬救助已经不仅仅是帮助死者入土为安这么简单了。它充分说明了士绅救助丧葬的慈善之举已经扩大到与丧葬相关的其他事务上了。

3. 士绅资助婚娶

“婚礼者，将合二姓之好，上以事宗庙，下以继后世也，故君子重之。”② 早期儒家只是将婚姻礼仪作为规范社会秩序和行为的手段，重在婚姻礼仪的形式，而不在于物质。随着封建经济的发展，婚礼更多地打上了金钱的印记。自明中后期至有清一代，婚嫁论财已是一种普遍现象。③例如，咸丰同治间嘉兴府便是“里俗嫁娶务以华靡相高，其有为子聘妇，嫁女治奁而鬻产者”④。这种婚嫁论财现象，不仅府州县城人家婚娶财礼妆奁层层加码，就是乡间小镇居民也紧跟其后。例如，婚姻中最重要的礼仪——六礼：纳采、问名、纳吉、纳微、请期、亲迎，都将婚姻与钱财直接联系起来，打上了金钱的印记。⑤

这种厚嫁和婚姻论财的奢侈之风和习俗，无疑成为阻挡贫乏者婚娶的巨大障碍。于是，关注地方社会民生及一切利益的士绅阶层也积极捐助家族里党的婚娶问题，给予其人必要的费用资助。在清朝陕西地方志人物传中，也散见许多助人婚娶的例子。例如：

> 胡启奎，宁陕厅人。性孝友，凡宗族亲戚因贫不能婚娶者，启奎出资代为成室，并为谋生计，多至六十四人，不受券，亦不责偿。⑥
>
> 刘尧裔，渭南人，例贡生。捐置义田四百亩为族人设私塾及婚嫁费。⑦
>
> 李长甦，泾阳诸生。家不甚丰，好施予。念友乏嗣，助资

① 《续陕西通志稿》卷79“人物六”，第19页。

② 《礼记·昏义》第44。

③ 宋立中：《论明清江南婚嫁论财风尚及其成因》，《江海学刊》2005年第2期。

④ 咸丰《新塍琐志》卷1《风俗》。

⑤ 吴正东、姚伟钧：《清代湖南婚姻礼仪消费及特点》，《江西社会科学》2012年第2期。

⑥ 《续陕西通志稿》卷86“人物十三”，第2页。

⑦ 《续陕西通志稿》卷77“人物四”，第6页。

纳妾。①

可见，有些士绅资助宗族里党成婚者的人数非常之众。例如，胡启奎资助成婚者就多达64人。

总之，受儒家仁爱思想、道家积德行善思想、佛教慈悲思想影响的士绅，也积极参与地方社会宗族里党的丧葬和婚娶事务。这对于地方社会的稳定、人口的繁衍、社会的发展都具有重要意义。

（八）代赎婢女

由于贫穷，在中国古代社会鬻妻鬻子的现象非常普遍。所以，热衷地方公益的士绅往往也代为赎回被卖的婢女，使他们家人团聚。在清朝陕西地方志人物传中，也有一些类似的记载。例如：

> 李佳品，盩厔人，庠生。助人婚丧，赎人子女诸善举不可胜记。②
>
> 康壂，合阳人，岁贡生。有雷姓卖女为婢，壂怜而赎之，使携归。③

总之，慈善的本意是救助生命于涂炭，慈善的内容多种多样。从食物到银两，从婚丧到医药，从助官方赈济到独自救济，从对宗族里党的救助到超越地缘、血缘界限的救助，从助丧葬到祭扫无主坟墓。可以说，清朝陕西地方士绅的慈善救助呈现出内容广泛、形式多样化的特点。例如上文提到的代赎人子女就是其中非常独特的内容之一。

三　士绅参与地方慈善事务的模式

与地方社会其他公共事务一样，士绅或独力，或几个士绅联合，或者受地方官府的委托参与其中。慈善事务也是如此，士绅或者以自身的力量

---

① 《陕西通志》卷62“人物八”，第42页。

② 《续陕西通志稿》卷87“人物十四”，第13页。

③ 《续陕西通志稿》卷79“人物六”，第4页。

和方式自发地救助宗族里党的贫乏者，或者受地方官员的委托在地方社会的慈善事务中尽职尽责，为地方社会的慈善事务贡献力量。因为，清朝自嘉、道以后，随着封建国家吏治的日益败坏，财政赤字的恶化，沿袭千年的官赈模式已经不能适应频繁灾荒的发生，正趋向衰微与没落，并慢慢地退出历史舞台。于是，由民间力量主导的社区赈济民间化的倾向就越来越显著。[①] 因为，个别善人的慈善活动，诸如修路建桥、赈灾济贫、捐资兴学等，中国自古以来即已存在。只是到了明清时期，这种情况变得相当普遍而已。民间社会的慈善组织迅速崛起，成为在官方之外兴办慈善的重要力量。[②]

（一）士绅自发救助

由于中国古代社会生产力水平低下，人们抵御自然灾害的能力有限，水、风、雹、地震、蝗虫等自然灾害经常发生，给劳动人民带来了极大的苦难。于是，清廉的官吏向来以赈灾济贫为要务，每遇灾荒，便打开官仓，放粮赈民，但是，他们也要承担一定的风险。[③] 所以，作为地方官府慈善救济的有效补充，以士绅为主体的民间慈善救济形式长期存在。

现代的一些研究表明，民间社会力量在慈善救济和社会公益等地方社会事务中持续稳定地扩展，已成为明清社会的一个重要特色。[④] 尤其是在晚清社会，由于连年用兵，巨额的军费以及数十亿的对外赔款，清王朝的财政发生了前所未有的危机。面对天灾人祸的频繁发生，陷入财政危机的清政府对地方社会灾害的发生已经无资可拨。政府赈济功能的减弱和消失，传统社会救济系统的失灵，使得士绅既为了自身也为了乡土安全而承担了本应由政府承担的社会救济职责。[⑤]

士绅阶层由于深受传统儒家“博施济众”[⑥] 思想的影响，所以在民间社会慈善事务中发挥了领导者、倡导者以及实施者的作用。[⑦] 同时，儒家

① 周秋光、曾桂林：《中国慈善简史》，人民出版社2006年版，第173页。

② 同上书，第177页。

③ 王岸茂：《论古代清官的重民思想和务实作风》，《史学月刊》1997年第1期。

④ 余新忠、惠清楼：《清前期乡贤的社会构成初探——以浙西杭州和湖州府为中心》，《苏州科技学院学报》2003年第3期。

⑤ 李严成：《晚清政府职能萎缩与绅士阶层自治》，《湖北大学学报》2005年第1期。

⑥ 杨伯峻：《论语译注》，中华书局1980年版。

⑦ 墨翟：《墨子》，中州古籍出版社2008年版。

认为，人的爱是有等差的，所以人们往往先对亲人或族人施善，然后推己及人，即“老吾老以及人之老，幼吾幼以及人之幼”①。儒家的这种救济思想更现实，也更符合人性、人情，因而更易在社会中推广。所以，士人群体的慈善行为，也往往是从宗族慈善开始的，具有明显的宗族血缘色彩和同乡、同籍的地域特征。

从诸多的人物传记载来看，清朝陕西士绅自发的民间慈善救助呈现出以下几个较明显的特点：

第一，长期致力于对地方社会贫乏者的救助。由于社会生产力水平低下，地方基层社会存在着众多的生活无依的贫穷之人。因此，这些贫乏者生活的维持就需要得到来自官方和民间社会的救助和接济。由于地方政府的救济有限，特别是在清朝中后期，随着国家财政的亏空和紧张，由政府对地方社会贫乏者的救助显得空缺和无力。于是，长期致力于地方社会慈善的民间力量就肩负起了救助贫穷的重任。而在这些自发救助贫寒者的民间力量中，士绅阶层无疑占据了绝大多数。例如，清朝陕西地方志中就有许多长期致力于对地方社会贫穷者救助的士绅事迹的记载，这些在上文已经列举了许多。

“做好事不难，难的是一辈子做好事。”具体到中国古代地方社会的慈善救济，这可以表述为：乐善好施不难，难的是几十年如一日的积而能散。在清代陕西，也有许多关于父、子、孙几代人几十年如一日地乐捐好施的记载。正是他们长期对贫寒者的捐助，避免了地方社会更多饿殍的出现，他们俨然成为地方社会贫乏者赖以存活的保障。例如华州人焦耿家族30年一直乐捐好施的事例。“焦耿，华州人，太学生。尝为族叔某助二十金娶妇，为族弟某筹阖家养葬费，无德色，族人多赖以存活，阅三十年如一日。遇公家急尤乐输，自咸丰至光绪，历年捐饷助赈，并修岳庙，所费不赀。焦子连杰，廪贡生，候选训导。豁达有父风，悯乡里贫穷，同族党面焚积券万余缗，永不索偿，人谓父子济美云。”② 可见，焦耿家族对族人贫乏者的救助坚持了长达30年，而且父子相继，乐捐不怠。

此外，还有许多坚持年年冬天自发捐助贫乏者棉衣、棺木等慈善事务的士绅。例如“晁陛，长安人，候选员外郎。每岁施棉衣、棺木，率以

① 杨伯峻：《孟子译注》，岳麓书社2009年版。

② 《续陕西通志稿》卷89“人物十六”，第11页。

为常，人多德之。"[①] 还有数十年捐助戚族里党粮食、婚丧事宜的傅正志。"傅正志，太学生，生平尚义轻财。戚族无力婚葬者随时资助，不能糊口者给以钱粟，数十年不倦。种种义举所费不下数千金而无德色，人尤以为难。"[②]

可见，长期坚持救助地方社会贫乏者的士绅不仅人数众多，而且救助的内容非常广泛，被救济者的人数也非常多。因此，诸多的地方穷黎，正是得到了以士绅为代表的民间力量的长期救助，他们中的许多人才避免了沦为饿殍和冻馁的悲惨命运，得以存活下来。

第二，家庭教育与慈善家族。士绅家族父子、父兄等家族成员，均致力于捐助地方慈善事务的现象非常突出。因为家庭作为孩子的第一所学校，父母作为孩子的第一任老师，父母的教育会给孩子留下终生难忘的第一印象。家庭教育通过家长的言传身教，并通过笼罩在家庭里的气氛来实现。孩子们则接受着有形和无形、有声和无声的家庭气氛的熏陶，发生着"随风潜入夜，润物细无声"的潜移默化的改变。[③]

所以从大处来讲，家庭教育"对于推动中国古代社会家庭的巩固与发展，促进古代各类学校的产生与进步，形成民族文化传统和家庭道德观念，乃至对于国家政治、社会生产和生活方式以及民族文化、学术思想的变迁等，都产生过深刻而久远的影响"[④]。从细节来看，家长及父母为人处世、待人接物的方式，对生活的态度等，无一不会影响到他的家庭成员。因此，乐善好施、热衷地方慈善事务者的捐助行为，无疑也会影响子孙后代对地方社会公益慈善事务的关注和捐助，形成父、子、孙几代人勇于捐助地方社会慈善事务的"乐善好施，能承家风"的家庭与家族。

因此，从家庭教育的角度来讲，子孙后代的乐善好施无疑受到了父辈的教育和好施行为的熏陶。在清朝陕西地方志人物传中，我们也发现了许多父子、夫妻、父子孙几代人积极致力于地方慈善事务的例子。例如：

> 高岳崧，长安人，同治十一年榜眼。地方义举，皆承父志力任之。其弟樟甡，庠生，性孝友，好善乐施，光绪戊寅出资赈灾，全活

① 《续陕西通志稿》卷86"人物十三"，第4页。

② 同上书，第6页。

③ 沈亦新：《家庭教育的优势》，《杭州师范学院学报》1990年第5期。

④ 毕诚：《中国古代家庭教育》，商务印书馆1997年版，第2页。

甚众。①

傅士美，咸宁人，商人。经商致富，乐善好施。光绪丁丑大饥，官绅议筹赈，士美倡捐粟六百石，大吏奏闻，予以三品封典。其子傅有常，诸生，庚子旱灾，亦捐巨款以为众倡，可谓能继志矣。②

吴蔚文，泾阳人，庠生。家素封而好读书，捐赈救荒，设塾赡族，皆乐施不吝。其子有父风，光绪丁丑戊寅旱灾，捐赈银二万二千两，议叙郎中。③

程得禄，泾阳人。康熙辛丑岁饥，捐银一千四百两买米散给临近三里，五百余家赖以存活。子毓祺，有父风。④

□□望，字绍先，渭南人。道光二十七年岁歉，在阳郭镇附近各村散粟七次，共费制钱万缗，子恒泰能继父志，光绪三年奇荒，捐麦二千八百石，籽种耕牛银一千两，可谓乐善不倦矣。⑤

张存福，本籍咸宁，贸迁于紫阳之汉王城。好善乐施，嘉庆十八年岁饥，捐杂粮数十石，道府屡给匾奖励，远近以善人称之。子学渠，监生，复在汉王城捐置义地，输金助赈，慷慨有父风。⑥

魏建昌，华州人，太学生。子武生魏振远率孙魏守徵于光绪丙子饥助义仓麦百八十石，次年又捐金四百五十两，存活甚众。复视本村贫乏者随时周恤，人谓祖孙父子世济其美云。⑦

惠鸣镳，蒲城人，太学生。家世忠厚，多财好施。嘉道间岁屡荒，施麦五百余石。孙成溥，庠生，捐千金以济乡邻。光绪丁戊大饥，捐麦二百石，又倾仓计口以散村人，并给籽种，不足，更施钱二千余缗。平日婚丧困乏，靡不资助施济，裕如有富室所难能者。曾孙凤桂，家道中落，仍好周济喜施。⑧

任泰干，蒲城人。性好施与，每值青黄不接或婚丧不举，辄与弟泰用从丰资助。乾隆十三年大祲，斗粟钱六缗，由冬令至麦秋出粟救

---

① 《续陕西通志稿》卷74“人物一”，第19页。
② 《续陕西通志稿》卷86“人物十三”，第8页。
③ 同上书，第24页。
④ 同上书，第24页。
⑤ 《续陕西通志稿》卷87“人物十四”，第16页。
⑥ 《续陕西通志稿》卷91“人物十八”，第14页。
⑦ 《续陕西通志稿》卷89“人物十六”，第10页。
⑧ 同上书，第23页。

济数百人。乾隆十七年、三十年亦如之，辛卯又饥，捐县赈米三十石，并为里中捐粟六十石，不足则籴以继之，府县旌其门。及卒，子士模为安丰里六甲代完粮钱三百余两。①

郭有名，蒲城人。嘉庆丙子大饥，赈麦五百余石。咸同间，其子又施麦六百余石，乡人欲立石表扬，拒不受，后子孙科甲累代。又庠生徐光前，嘉庆间奇荒，散麦五百余石，里人为立碑赠匾以纪其德。②

可见，子孙后代相继捐助地方社会慈善的行为，无疑受到了父辈乐捐好施行为的影响。因为乐善好施的家庭环境造就了子孙后代慷慨好输，乐于地方公益的优良品质。而地方百姓对家族成员相继的慷慨好施行为给予的高度赞扬和评价，又会进一步促使该家族后裔继续发扬这种优良传统。例如，朝邑贡生张翔如家族就是如此。“张翔如，朝邑人，由贡生任秦州训导。孤寒者资之成学，妇女苦节者为之请旌。自其祖父以来，每岁冬施皮衣五十领，米粥三月，翔如尤加多焉。子玠，廪生。玲，庠生。俱善体父志，玠于雍正十三年饥时，遵父命捐谷赈济，所居大庆关北街约五百家各给数金。辛丑，河飘荡古家寨等处，又父命捐数百金拯救。玲康熙六十年饥时，捐麦一百五十石助赈，雍正十三年赈银一百五十两。乾隆三年，河溢为灾，捐麦五十石，又捐六十金修补木桥。其他义举必与兄偕，人咸叹其世德之厚云。”③

因此，父子两代乃至三代乐捐好施成为中国古代乡村社会士绅家族关心地方慈善事务的显著特点。再如，“张宪成，朝邑人。康熙六十年散麦六十石，每岁二三月间辄贷麦于贫民，不责偿。子翀又捐谷三百石于社仓，赐八品服。乾隆十三年大荒，次子散麦百余石，越三年，又出麦一百六十石交乡保储公所，每年敛散，不取息。自二十四年至三十七年，散麦六次，各数十石，散金三次，各二百余两，举乡饮耆宾。”④“张翥，朝邑人。积而能散，里中婚丧不给者必助以资，于姻党尤加厚。所居前后数十家周恤至万余金。其子监生，好仁，克继父志，荒年减价粜麦百余日。

① 《续陕西通志稿》卷89“人物十六”，第24页。

② 同上书，第25页。

③ 《续陕西通志稿》卷88“人物十五”，第17页。

④ 同上书，第18页。

孙，贡生，亦常散财粟以周乡人。”① “成邦柱，朝邑人，建六村义学一所，置田五十亩，共费银三千余两。又张好德，乾隆二十四年至五十七年散赈五次，银各五百两。好德孙（张）镜，自乾隆五十九年至嘉庆十八年散赈九次，各捐银三百两。道光二年至六年散赈三次，各捐银五百余两。每岁暮，量给族党贫民二百余金，率以为常。又捐本邑卷价银五百两。镜子（张）文宝，道光十年散麦四十石，四年散银四百两，二十六年散麦五十石。阖邑赈济，捐银五百两。同族（张）星浩，生员，岁荒赈济数十次，共粟千余石，银千余两。邑修文庙、书院，与从叔镜各捐助有差。”②

在地方社会里，父子相继创修、维修公共工程，也成为热衷地方公益士绅家族的经常行为。例如，华州某村的南汤房是潘永昇的父亲潘缉创修的，在其父去世后，潘永昇不仅重修了该汤房，而且为了维持汤房的运转，他还捐出了十亩地作为烧汤费，这就保障了汤房的长期存在和正常运转。“潘永昇，华州人。道光十五年饥，赈麦一百余石。二十六年又赈一百余石，年终，每家各给钱一千文。村南汤房系永昇父缉创修，永昇重修，费钱千余缗，并施地十亩为烧汤费。遇庙宇、桥梁应修者，莫不慷慨出资以襄厥成。”③

在国家对捐输救助者的鼓励与奖叙下，在地方社会乐捐士绅的倡导和带动下，遇到饥荒之时，民间力量积极赈饥，自发救助蔚然成风。例如，在乾隆十三年饥荒时，朝邑某村堡捐助者就达多人，例如，“卢士元，朝邑人，太学生。性好施济，康熙六十年饥，施麦百余石。雍正二年、八年共施麦一百八十余石。乾隆十三年捐银一百二十余两，谷八十余石，并捐设义学，延师训邻里子弟，赖以成就者甚众。又雷元儒，邑诸生。戊辰饥，周恤邻里人四百余金，庚寅又饥，散谷三百七十余石，并施地二亩为义冢。又胡鳞角，乾隆十三年饥，散谷三百余石，以上三人俱赐八品章服。又赵士式，乾隆十年捐建社仓，并捐谷三百石，十三年饥，散银三百余两，麦百余石，里中婚丧不给者必出资助之，群推长者”④。可见，几个士绅联合救助灾荒也是地方社会自发救助的一种形式。

① 《续陕西通志稿》卷88“人物十五”，第18页。

② 同上书，第19页。

③ 《续陕西通志稿》卷89“人物十六”，第10页。

④ 《续陕西通志稿》卷88“人物十五”，第18页。

另外，在乐善好施家庭环境的影响下，一些妇女也积极捐助地方社会的贫乏者。例如，“贾献策，泾阳人，贡生。乾隆十三年岁饥，出银五百两赈济。殁后，妻孟氏遵遗嘱出银三百两散给乡党、亲族，以遂其好施之志。”①

（二）民间社会自我救济的优点

民间救灾的优点主要体现在救灾活动能够及时救济灾民上。② 因为官府的救济往往需要经过灾情申报、勘验、放赈等诸多中间环节。在这期间，即便地方粮仓有储粮，没有朝廷的允许，地方官吏也不能擅自开仓赈济。于是，朝廷的一套赈济程序走完，常常需要一段时间。而在此期间，常有穷黎被饿毙。于是，民间力量的自发救助，尤其是地方士绅的自发赈济在这一期间就显得至关重要。例如，有学者认为，地方士绅的行为在某些时候具有“安全阀”的功能，这是极有道理的。③ 这个评价是对以士绅为主体的民间社会救助作用及优点的客观评价。

1. 民间救灾的显著效果

相对于地方官府灾荒年的赈饥，虽然地方士绅的救助面较小，一般只是本村、本堡，甚或仅仅是本族，但是由于他们救助及时，所以救助效果非常明显，有时甚至无需得到地方官府的救助。例如，光绪三年大饥之时，许多士绅参与了地方社会的赈饥行动，他们通过捐助粥厂等诸多方式自救，不仅无需官府救助，而且避免了乡邻被饿死的悲剧。例如，“李春源，大荔人，候选同知。性豪爽，喜施与。先世为邑巨富，自祖父以来皆豁达有大度，凡百义举，咸出资为众倡。咸丰初，东南用兵，出数万金助饷，并捐修试院及文庙围墙。同治壬午，家有窖金巨万被盗窃发，为军士查获，将军多隆阿以饷项缺乏，劝春源捐输。时春源年甫十四，慨然尽数犒军，并辞爵赏。光绪三年大饥，出巨款助赈，所居八女井村人数百家，嗷嗷待哺。又与堂侄安吉出粟自赈，不烦公家接济，以故奇荒数年无冻馁者。继思遇荒捐资不若平时积谷，倡议修义仓，存谷近万石。庚子灾，邑人死者绝鲜，春源力也。”④ 可见，正是得益于李春源家族的自发救济和

---

① 《续陕西通志稿》卷 86“人物十三”，第 25 页。

② 毛阳光：《中古时期民间救灾综论》，《山西大学学报》2006 年第 2 期。

③ 马学强：《乡绅与明清上海社会》，《上海社会科学院学术季刊》1997 年第 1 期。

④ 《续陕西通志稿》卷 88“人物十五”，第 12 页。

储谷备荒行为，所以在光绪年间频繁的大饥荒发生时，大荔县八女井村的数百人很少有被饿死者。

2. 灵活的救济时间

在浓厚的乐善好施氛围下，地方社会士绅对贫乏者的捐助往往会成为一种常态。因为他们在平常年份也捐助，例如，冬天给贫乏者施棉衣，助婚丧，而且在灾荒之年积极助赈救饥。所以，很多时候，地方社会士绅自发救饥的时间远远长于官方的公赈。例如，凤翔人周鼎在光绪庚子年灾荒的救饥中，在第二年公赈已停的时候，他依然对附近二十余村的饥贫者进行救助。“周鼎，凤翔人，捐资候选郎中。家素封，好施济，每值冬令，舍棉衣、施粥饵，求贷者门如市。奉旨准以郭氏入节孝祠，并允建坊，予乐善好施字样。光绪庚子饥，倡捐银数千两，麦数百石助赈，又为戚族贫者计口授粮，捐苇席葬骸骨。明年夏，公赈既停，秋禾未熟，鼎仍于本里附近二十余村及郡城同社各巷散给三千余金，年甫三十而卒，闾邑惜之。”① 可见，家资雄厚的士绅从事地方慈善救助无需受地方官府公赈时间长短的影响，而有好生之德的他们往往延长救济宗族里党的时间，俨然成为穷黎的生活保障和依托。

（三）官督绅办的联合救济

“官督绅办”的传统运作模式体现了有清一代分权制衡的政治理念。② 例如，地方官一再深有感触地讲：“夫为政不难，不得罪巨室；巨室者，民众之取信也。”③ 这里所说的巨室，无外乎是指以士绅为代表的地方社会的地主家庭。所以，“不得罪于巨室”中的乡绅，是有清一代地方官为政的普遍信条。④ 而探究地方官不得罪地方乡绅的原因，无外乎士绅在维持地方社会秩序等基层社会治理方面，发挥着巨大而又直接的作用。因为对地方社会的公众财产、经济事业，例如育婴堂、恤嫠局、粥厂、义仓、社仓，官府并不直接参与管理，通常也是“以其事委诸绅士”⑤。

造成地方官必须依赖地方士绅进行有效治理的原因，就在于清朝乃至

---

① 《续陕西通志稿》卷90“人物十七”，第9页。

② 白钢主编：《中国政治制度史》下卷，天津人民出版社2002年版，第817页。

③ 《皇朝经世文编》卷23《覆方本府求言札子》。

④ 吴吉远：《清代地方政府的司法职能研究》，中国社会科学出版社1998年版，第334页。

⑤ 《郑观应集》（上），第533页。

中国古代社会的官僚体制，尤其是回避制和任期制的限制。因为这些并不熟悉地方社会民情的外来知县，离开了地方士绅的依恃则寸步难行，所以他们只能“专意结合士绅，保其一日之利”[①]。从某种意义上讲，封建政权的运作效率，在一定程度上取决于地方官与绅士的有效配合。尤其在晚清，由于中央集权的弱化，各级官府行政权锐减，绅士们几乎控制了地方事务的主要方面，结果形成了“官不过为绅监印而已”的局面。[②] 可见，士绅在地方社会治理中具有非常重要的地位，而且在明清时期，尤其是清朝中后期，士绅在地方社会治理中的作用和角色有逐渐加强的趋势。即士绅对基层社会的控制呈现出逐渐加强的趋势，形成了前所未有的绅权大张之势。[③]

那么这是否意味着士绅在地方社会治理中具有主导性和决定性的作用？答案显然是否定的。因为，若无地方官的允许和支持，士绅的自发行为有时会受到地方乡民的质疑。例如，绅办粥厂虽然具有相对独立性，但是在办理粥厂的过程中，并不能完全摆脱官方的影响。因为绅办粥厂在运作过程中缺乏稳定的经费来源，所以有时需要借助来自官方的政策、物资、经费等各方面的支持。[④] 可以说，来自于地方官府和中央王朝的旌奖和支持，是士绅参与地方社会治理的关键。因为地方社会治理需要的是地方官与士绅的有效配合，两者不可偏废。即“惟地方之事，官不得绅助，则劝戒徒劳，绅不得官倡，则愚迷弗信”[⑤]。

例如，清朝陕西著名的农学家杨屾研究和推广蚕桑种植的事例，就是如此。杨屾，号双山，陕西省兴平县桑镇人，是清初杰出的农桑学家、理学家。他一生以耕读教书为业，在陕西省首倡蚕桑事业，给陕西经济注入了活力，其影响涉及北方各省。他在自家房前屋后栽种养殖桑蚕成功后，为了促使地方百姓致力于桑蚕业，他在家里给乡亲们做缫丝和纺织表演。为了进一步劝导乡邻种桑养蚕，他还写了一首生动活泼的《劝桑歌》，在他的影响和带动下，桑镇一带村民纷纷效仿，几年间，兴平、盩厔、户县

① 金镜蓉：《复抚军密查地方吏治文》，《痰气集》卷7。

② 王先明：《晚清士绅基层社会地位的历史变动》，《历史研究》1996年第1期。

③ 刘彦波：《清代基层社会控制中州县官与绅士关系之演变》，《武汉理工大学学报》2006年第4期。

④ 王洪兵、张松梅：《清代京师的粥厂与贫民救助》，《东岳论丛》2013年第5期。

⑤ 《樊山政令书》卷15。

等地农民大获其利。然而，没有功名的布衣士人的影响力毕竟有限，为了进一步推广蚕桑业，他又撰写了《蚕桑实效书》上呈给陕西省府。当陕西布政使帅念祖读完这本《蚕桑实效书》后，深受感动，大力赞扬这是一部推广蚕桑的好书，立即下令全省各府州县颁发此书，责成各级官吏推广蚕桑。正是在地方官员的支持和推动下，在不到10年里，陕西蚕桑业迅速发展起来，出现了“秦缎”、“秦绸”、“秦绫”等产品，并陆续进入国内市场，远销全国各地。[①] 可见，若无时任陕西布政使帅念祖的赏识、支持及推广，杨屾的蚕桑养殖很难得到大规模地推广和普及，并走向全国。所以说，官督绅办的官绅合作模式是地方社会治理的主要形式。

慈善事业中官督绅办的模式就是最好的例证之一，它可以说是士绅参与“公共领域”建设，加强社会控制的一种途径，也是官民之间加强联络的一种方式。而“公共领域”的存在和发展，调节了社会各阶层的矛盾，缓解了社会的波动，加强了政府与社会，尤其是官府与市民社会代表——绅商的联系，从而促使政府与社会的关系向良性互动方向发展。[②] 这里所说的“公共领域”就包括地方社会的慈善事务。因此，地方慈善事业的举办是官、绅齐心协力的结果，“天下善举莫不成于官与绅，创办者官也，守成者绅也”[③]。所以，清朝陕西的历次地方社会救济及慈善事务，尤其是官府的慈善救济行动，无一不是借助官督绅办的合作模式开展的。

从史料看，清朝陕西慈善救济中官督绅办的救济形式有以下几个值得注意的方面及特点：

第一，士绅襄助地方慈善事务。

地方社会的诸多事务，无论是公共工程、学校教化、赋税征收，还是慈善事业，地方官员都必须借助士绅阶层的支持。对此，有学者断言：“没有绅士的参与和支持，地方行政活动就陷于瘫痪。”[④] 所以，“为官不接见绅衿，甚属偏见，生民休戚，非谘访绅士不能周知。”[⑤] 具体到地方

---

① 陈正奇：《布衣杨屾》，《西安教育学院学报》1996年第1期。

② 熊秋良：《清代湖南的慈善事业》，《史学月刊》2002年第12期。

③ （清）李鸿章等修，黄彭年等撰：《畿辅通志》，清宣统二年（1910）刊本重印，台湾华文书局，第3529页。

④ 郝秉健：《西方史学界的明清“绅士论”》，《清史研究》2007年第2期。

⑤ 徐栋辑：《牧令书》卷7，取善。

的慈善救济，州县官等地方官员在慈善救济中的作用是决定实行赈济或救助，而具体的赈粮等的筹集、灾情的勘验、受灾人户的调查和统计、灾粮的发放，诸多工作都离不开士绅的参与和襄助。所以，襄助地方赈务就成为士绅参与官方慈善救助的主要形式。

在清朝陕西诸多的灾荒救助中，许多士绅曾受地方官的委托，打理地方赈务，为挽救地方灾黎做出了重要贡献。例如：

雷致福，长安人，咸丰间举人。光绪三年大祲，福襄办赈务事，并出资置义田，掩骸骨。①

霍为楙，朝邑人，光绪间进士。假归，会秦晋大饥，陕抚奏留总司同郡渭北七县赈务，悉心经画，全活甚众。时大吏购米襄鄂，舟运荆紫关不得达，为楙乃以什伍法部勒饥民往负米，计程设局转运潼关，事济而民不扰。又于本籍韦林镇倡捐千金，集款赈恤，另筹巨资营运储积，设从善堂义塾，捐助经史善本以惠寒畯。②

姚树帜，泾阳人，议叙郎中，时襄办赈务，捐银五千一百两。③

王承霖，三原人，业商于省城。性豪爽，好施予，乐与士大夫游，不屑言利而所得辄丰。光绪丁丑大饥，辇粟活其村族，而于咸长赈务襄赞尤力。④

周焱林，石泉人，同治癸酉拔贡，任岐山教谕。光绪丁丑大荒，襄办赈务，清苦奉公。⑤

可见，士绅在地方社会的慈善救济中，承担了赈粮采办、发放等诸多职责。正是由于士绅的参与，地方社会的慈善救济才能够及时、有序地得以进行。究其原因，除了士绅具有较高的社会声望，能够赢得地方百姓和官府的信赖之外，也与他们熟悉地方社会状况有着非常重要的关系。另外，士绅参与赈务的优势，还在于他们的赈济工作能够得到诸多门生等的支持，所以赈济效果快速而明显。例如，礼泉人曹丙辉，在襄助地方赈务

① 《续陕西通志稿》卷74“人物一”，第17页。
② 《续陕西通志稿》卷78“人物五”，第33页。
③ 《续陕西通志稿》卷86“人物十三”，第27页。
④ 《续陕西通志稿》卷87“人物十四”，第10页。
⑤ 《续陕西通志稿》卷91“人物十八”，第15页。

时就得到了门下士的大力支持。“曹丙辉，礼泉人，由廪生屡试不第，绝意进取。丁丑旱灾，兼司赈务、城防两局，襄助者多门下士，故事易集而民不扰，以劳加光禄寺署正衔。”①

士绅在襄助地方赈务中的贡献非常大，我们从他们因慈善救济而获得的来自于地方官府和中央王朝的旌奖中就可见一斑。因为有许多因慈善救济而获得地方官府奖叙的记载：

> 张公銮，华州人，贡生。乾隆十六年饥，出粟数百石赈济，平定岳前两里。又以数百金入官捐助阖州赈务，大吏旌其门。②
>
> 寇卓，临潼人，寄籍长安，以光绪乙酉优贡领乡荐。庚子大饥，以襄赈功保知县，分四川，权大足县。③
>
> 刘晖，长安人，光绪甲午登贤书，庚子，三辅大饥，以襄办邑赈务保知县，分四川。④
>
> 赵元中，渭南人。光绪丁丑岁饥，元中捐巨金助赈，不邀奖叙。庚子两宫西狩，复值大祲，襄办总局赈务并捐万金，予四品顶戴。⑤
>
> 武瀛，富平人。好学能文，由光绪乙酉举人，己丑成进士，授刑部主事。庚子，随扈赴西安行在，襄办陕西赈务，不支薪费，筹划精详，保加三品衔。⑥

从这些笼统的旌奖到以襄办赈务保知县、加四品顶戴、三品顶戴等的例子来看，士绅对地方社会的赈务起到了非常重要的作用。例如，有些士绅参与地方赈务及慈善事业长达十多年。如“晁养性，礼泉人，咸丰己未武举。历襄本县赈捐、城防、蚕桑、差徭各局十余年，民人称服。”⑦

士绅在地方慈善中的优势非常明显，这些优势主要通过其在赈粮筹集方面突出的号召力、门下士的积极支持等方面体现出来。关于士绅参与地方赈务、赈粮筹集的优势，从南源澄的传记中可知一二。“南源澄，安定

---

① 《续陕西通志稿》卷77“人物四”，第19页。

② 《续陕西通志稿》卷89“人物十六”，第8页。

③ 《续陕西通志稿》卷84“人物十一”，第13页。

④ 同上书，第10页。

⑤ 《续陕西通志稿》卷87“人物十四”，第18页。

⑥ 《续陕西通志稿》卷84“人物十一”，第17页。

⑦ 《续陕西通志稿》卷87“人物十四”，第26页。

庠生。慷慨好施，县令筹设社仓，源澄首倡，未旬日捐谷数百石，立社仓八所，以源澄总其事数载，各仓充盈，贫民受惠。”① 有些士绅在奉檄参与地方赈务中，不但积极办理，而且对赈务的改进和效率的提高有明显贡献。例如，“高树荣，米脂人，同治癸酉拔贡。光绪丁丑大饥，与邑绅筹设赈务平粜、育婴各局。建议购宁夏粮由黄河运陕，接济沿河州县，大吏委员住包头镇采运，以树荣襄局事并施方药救疠疫，全活甚众。庚子陕再饥，奉檄督办北山各县赈务，仿古图赈法，以本区富户存粮赈本区饥民，使受者知所自施者，知所及，费省效速。仿朱子格言、吕氏乡约编辑家乡善规，广为劝导，又设纺织局，聘女师教授，自此纺织之利以开”②。

有些士绅在地方赈务中鞠躬尽瘁，劳怨不辞，所以得到地方官的倚重，可以说，达到了非绅不可的程度。例如，“王熙，西乡人。性高洁，不事生产。兵燹后，遗谷数百石慨周贫乏。岁大饥，司粥厂，劝捐筹赈，躬亲管理，全活甚众。熙有肆，应才办理兵劫善后，凡文庙、仓厫、城垣、衙署诸大工，胥吏赖之。而洁清自好，不取薪水，历任邑令皆倚重之。”③ 还有些士绅因为地方赈务的劳顿而去世。例如，“张瀛，蒲城人，道光进士。移疾归，光绪丁丑大荒，匪徒乘隙入城，戕官焚署，居民逐之出。官军至，众惧玉石俱焚，瀛函致当道，备陈，逆匪伏诛，良善一无株累。旋奉旨帮办全省赈务，以劳卒。”④

第二，秉公赈济，为乡人依赖。

士人“天下为公”的优良品质激励着士绅，在地方社会的赈务之中秉公办事，不徇私妄费，不惟官员意志为转移。例如，“李炜，三原人，同治庚午登贤书。光绪丁丑大饥，炜襄办赈务，分查北乡户口。他人皆务约省取悦当事，炜曰‘施赈如救灾，拯溺民命至重，顾徇人意耶?’遍查无漏，给散独多，乡人至今德之”⑤。可见，面对其他赈灾人员为取悦地方官员，唯地方官意愿为转移的赈灾工作，李炜坚持自己的原则，坚持以灾民救助为第一的原则，拒绝阿谀迎合，所以，他负责发放的赈粮最多。正是因为他认真勘察救灾工作，以及无漏隐的遍济灾黎，所以得到了地方

① 《续陕西通志稿》卷91“人物十八”，第18页。
② 《续陕西通志稿》卷83“人物十”，第14页。
③ 《续陕西通志稿》卷90“人物十七”，第23页。
④ 《续陕西通志稿》卷80“人物七”，第22页。
⑤ 《续陕西通志稿》卷76“人物三”，第18页。

百姓的爱戴和敬仰。此外，公正参与赈务，得到乡人爱戴的清朝陕西士绅，还有雒南廪生王正心，“王正心，雒南人，廪生。光绪三年大饥，正心竭力襄赈，不侵款项，乡党赖之”[①]。

秉承道义与事实，敢为人先是中国古代士人的优良品质，所以，居于乡村社会的士绅往往敢于直指社会弊病，为民请命。例如，“张儆铭，朝邑人，光绪甲午举于乡，归里后，遇地方公益，朋友急难则义形于色，利害弗恤”[②]。可见，为了地方社会公共事务，张儆铭积极筹措，坚持救济第一的原则。另外，泾阳人周三甲在襄办地方赈务中，为早日救济灾民与意见相左的县令争论。“周三甲，泾阳人，武举。值岁饥，奉旨饬发各县赈米，开办粥厂。临县皆自十一月初十日为始，泾邑以三甲主其事，谋于邑令曰：饿殍载途，米既运到，早办一日可救多命，请提前十日开厂。邑令难之，即筹备一切，果于月朔煮粥施放，全活甚众。又倡设掩埋队，制五尺竿，捐款购席雇夫。例如建义仓，筹立社仓，典衣捐粮，赈恤族党诸义举甚多。子镇，拔贡。镛，进士，法部主事，人以为好义敬师之报云。”[③] 从记载可知，在此次灾荒救济中，其他各县都是从十一月初十开始救助的，而泾阳救济开始的时间提前到了十一月一日，其原因就在于参与赈务的地方士绅周三甲的积极争取。

第三，面对地方灾荒，勇于建议地方官赈济。

一方水土养育一方人，士绅经常把保护地方家乡的利益当成是自己的分内事务。从这一角度来看，士绅在政府眼里，就是这一地区利益的发言人、代表者。[④] 因为“一个士绅不会无情地剥削他的同乡，相反，他经常要尽最大努力为当地群众说话”。所以，绅士经常代表乡族出面，呼吁请求政府解决社区内的冲突或举办各种公益事业，当然，也包括代表地方百姓与官府交涉，维护地方社会利益。[⑤] 所以，当地方社会发生灾荒时，作为地方百姓的代言人，士绅往往会以自己的影响力建议地方官员对百姓进行赈济。因为在政治上，士绅一般被看作是与地方官平起平坐的。他们可

① 《续陕西通志稿》卷 88 “人物十五”，第 6 页。
② 《续陕西通志稿》卷 84 “人物十一”，第 22 页。
③ 《续陕西通志稿》卷 86 “人物十三”，第 26 页。
④ 马学强：《乡绅与明清上海社会》，《上海社会科学院学术季刊》1997 年第 1 期。
⑤ 郝秉健：《试论绅权》，《清史研究》1997 年第 2 期。

以自由见官，并可参与地方政务。①

在清朝陕西，有许多灾荒发生之后建议地方官员赈济，并积极参与地方赈务的士绅事迹。例如：

> 徐法绩，泾阳人，丁丑进士。引疾归，值北山大饥，寓书当道，并助赈二万金，民赖以活。孙韦佩，幼承家学，早膺乡荐，及宗堂督师西征，感法绩知遇。求得韦佩，宾礼有加，历保甘肃知府，委办陕西赈务，所至有声。②
>
> 武廷辉，平利人，拔贡。会岁饥，请邑宰劝捐施赈，以谷万余石分路散放，不假胥吏手，灾民活者万计。③

有时候，当需要救济的人数较多，动用国库的数额较大时，为了促使中央政府对地方赈济决定的落实，士绅群体往往通过联名的方式请求赈济。例如，光绪三年陕西大饥荒发生后，户县进士崔志道就联合诸御史请求赈济，从而获得库帑5万赈济。“崔志道，户县人，同治间进士。光绪三年，秦饥，志道偕诸御史联衔请赈，得颁帑五万金，复倡集千金助之。值水灾，自输赈款至数千金，或讽以请奖，曰，吾份内事业，卒不请。庚子，秦又饥，当轴挽襄赈务，弊绝风清，民沾实惠。”④ 可见，正是得益于以崔志道为首的地方士绅的联合请赈，中央王朝动用库帑5万赈救陕西饥荒。而且作为地方社会的杰出代言人，崔志道不仅积极建议赈救陕西灾荒，而且倡议并带头捐助地方赈务。再如，咸阳进士李寅也是如此，他们在光绪丁丑年灾荒发生后，也积极建议地方官员赈济，并竭力筹措资金、粮食。“李寅，咸阳人，进士，授编修，以母老请终养。与同邑刘光蕡、长安柏景伟为道义交，称莫逆。丁丑岁大饥，寅约诸同志上书大吏，广筹赈济，全活甚众。”⑤

在清代，中央集权制行政最低一级是州县。在一般情况下，只设知州、知县等二三名官员，而他们要管辖的是一个“约二十万到二十五万

---

① 雷冬文：《近代士绅在民众起义中的角色扮演》，《安徽史学》2003年第3期。

② 《续陕西通志稿》卷76“人物三”，第7页。

③ 《续陕西通志稿》卷82“人物九”，第18页。

④ 《续陕西通志稿》卷75“人物二”，第18页。

⑤ 同上书，第3页。

居民的地区"[①]。他们的具体工作包括征派、刑名、教化、治安、建设、救济各个方面。于是，最终的结果只能是，"地方长官只有在与当地士绅头面人物的密切合作下，才能做他的工作"[②]。正是由于士绅在地方社会具有深远的影响力，具有佐理地方官治理地方的能力，具有敢为天下先的品质和魄力，所以地方官员也愿意就地方社会事务的解决及治理咨询士绅。例如，"杨彦修，临潼人，咸丰间举人。值岁饥，询赈法，彦修请严禁私催田赋，毋定粮价、毋阻贩粟，又早救荒便宜，悉采纳，全活甚众"[③]。可见，面对地方官员关于赈济事务的咨询，举人杨彦修建议缓征赋税，不限定粮价，主张用市场规律来解决粮食自由流通的问题。因为这些建议有益于地方社会的救济事务，所以全被采纳，赈济也收到了良好的效果。此外，有类似赈济建议，并把这些意见上达于地方官，付诸赈济实践的还有商州进士王学潜。"王学潜，商州人，乾隆戊辰进士。晚岁家居，慷慨好施。值大饥，人相食，流民过境者艰苦万状，学潜上书潼商道，力陈平市价，严盗贩，发囤积，劝输贷，筹兴作，酌赈赉策，转运七事，上台允其请，全活无算。"[④]

总之，地方社会的慈善救济是中国古代地方社会事务的重要内容之一。作为地方士绅，他们或自发救济，或受地方官员的委托参与地方慈善事务。在官督绅办的官绅联合赈济中，他们实际负责赈济事务，或劝捐，或勘验，或建议官员提前赈济，延长赈济时间，或对赈济事务提出可行性意见，为清朝陕西地方社会灾荒等慈善事务的赈济，做出了重要贡献。

四　士绅与地方慈善机构的设立

慈善组织是社会救济体系主要的构成部分，其对"鳏寡孤独"等丧失或半丧失自立生存能力等社会弱势群体的救助，在一定意义上是社会结构健全的体现，对于构建和谐社会更具实际意义。[⑤] 我国很早就有社会救

① 费正清：《剑桥中国晚清史》，中国社会科学出版社 1994 年版。

② 同上书，第 23 页。

③ 《续陕西通志稿》卷 75 "人物二"，第 10 页。

④ 《续陕西通志稿》卷 77 "人物四"，第 21 页。

⑤ 赵金辉：《论清代慈善机构的组织运作与理念——以保定育婴堂和全节堂为例》，《呼伦贝尔学院学报》2012 年第 1 期。

济的观念和措施，如育婴儿之法，就源自“禹铸历山之金汤，铸庄山之币，以救之无粮弃子者”①。明清时期，在政府的倡导以及国家统治精英和地方社会士绅的共同努力下，形成了以善堂、善会为主体的较为完善的社会慈善体系。

善堂、善会是民间捐办的一种慈善组织，早在乾隆之前就已经存在，但是，其数量较小，财力物力也非常有限。从乾隆朝开始，这种情况大有改观，而且，越是商品经济较发达、人口较为集中、文化发展水平较高的地区，民间慈善组织创办得越多。② 在此期间，虽然也存在综合性的慈善组织，但更多的是专门性的。例如，有专门救助鳏寡孤独老及残疾者的养济院，有救助贞女节妇的恤嫠堂、清节堂，有收养弃婴的育婴堂、恤孤局，有救助流浪者的栖留所，有救助无钱就医病人的施药局，还有粥厂等慈善组织。这些民间慈善组织在城乡都有存在，不间断地对贫困者进行救助。这些慈善组织的救助对象并非限于当地的男女老少，具有广泛性；其救助的内容也很广，涉及人的生老病死等各个方面。

（一）士绅与育婴堂的设立

育婴堂在清以前全国并未通设。自顺治年间严颁溺女的禁令开始，全国开始大规模地推行育婴堂制。育婴堂，顾名思义，就是以收养弃婴为主要目的，与救济灾荒，接济贫民没有直接的关系。中国历代都有弃婴、溺婴现象，除民间贱视女婴的内在因素外，大规模的溺婴现象则大多发生在灾荒饥馑的艰难年岁，因此，弃婴现象也和灾荒、贫穷有关。育婴堂收养弃婴，倡议严禁溺婴，这对于培植民力，减轻灾民的生存压力具有一定的积极意义，从而也间接地救济了灾民，减轻了灾荒饥馑对社会的破坏。

与其他所有地方社会公共事务一样，在地方慈善组织等机构的设立和运营中，地方官员只起一个组织者，或者批准者的作用。其机构的设立、经费的来源及管理，实际上都由地方士绅操作，在地方志中有许多这样的记载。例如，有一地方的《育婴堂条规事宜册》规定，育婴堂堂长应由

---

① （清）李鸿章等修，黄彭年等：《撰畿辅通志》，清宣统二年（1910）刊本重印，台湾华文书局，第3529页。

② 彭定光、彭军、胡丽明：《论清代民间慈善活动的三种类型》，《中南林业科技大学学报》2010年第4期。

地方绅衿公举，由府县慎选品行端方，老成好善，家道殷实的贡监生员担任。[①] 所以，清朝育婴堂的管理运作也一般延请地方绅衿担任首事。[②]

清代育婴堂最早于康熙元年（1662）出现在京城，雍正八年（1730）谕令全国各地依照京师成例广设育婴堂，但西北地区却未施行。陕西省的育婴堂，最早于道光二十八年（1848）出现于省府驻地西安府，由凤邠盐法道崇纶倡议，各地捐资设立。此后，陕西士绅也纷纷效仿。例如，“杨讱，潼关厅人，拔贡。任江西知县，江西旧有溺女恶俗，讱立育婴局，家贫女借以收养颓风以革。”[③] 起初，堂内经费以官方倡捐银两借贷行息收入为主。在经理过程中，随着善堂规模的扩大，用度日多，官捐所得远远不够。经过地方官府与乡绅倡议，地方乡民士绅的捐助日益成为育婴堂日常经费的来源之一。此外，地方志中还有许多士绅捐资设立的育婴堂，例如，“刘锡金，朝邑人，进士。复兴义塾、设育婴堂，收贫民弃子教养之。锡金本素封，而自奉俭约，尝署邵武堂楹联云‘只有此心盟白水，愧无善政及苍生’”[④]。

另外，士绅还为地方社会育婴堂的设立捐助建设地址等。例如，“周鼎，凤翔人，捐资候选郎中，捐育婴堂地址”[⑤]。可见，凤翔育婴堂的建设用地是由地方士绅周鼎捐助的。

清代是我国历史上溺女问题最严重的时期，同时由于统治者和地方士绅的重视，清代也成为继两宋之后，育婴事业最为兴盛的时期。[⑥] 可以说，正是这些对社会福祉事业十分热忱的地方绅衿及其他有力者的捐输，才促成了清朝育婴事业的振兴。

（二）士绅与地方社仓、义仓

“社仓”和“义仓”是官督民办的民间慈善机构，前者设在乡村，后者置于市镇，其设立是对付灾荒，即“乡村设立社仓，镇店设立义仓，以为积贮之计”。在清代，社仓早于善堂、善会在全国普遍设立，其功用

① 陈宏谋：《育婴堂条规事宜册》，《牧令书》卷15，第23页。
② 周秋光、曾桂林：《中国慈善简史》，人民出版社2006年版，第161页。
③ 《续陕西通志稿》卷78“人物五”，第1页。
④ 同上书，第32页。
⑤ 《续陕西通志稿》卷90“人物十七”，第9页。
⑥ 周秋光、曾桂林：《中国慈善简史》，人民出版社2006年版，第160页。

与善堂、善会专门救助贫困者不同，是专门用于灾荒救助的，因此，受到了清朝政府的高度重视和严格管理。在仓粮的来源上，尽管也有官员强征强捐的做法，但清朝政府坚持实行民众自愿捐献的原则。

士绅素有的忧患意识与灾荒不断的现实状况，促使他们必须承担建仓备粮的职责，以应对清朝中后期频繁发生灾荒的局面。所以，清朝陕西士绅出资在地方社会建立了许多备荒储粮的社仓、义仓。例如：

余国才，孝义厅人。其子耀先，武生。家传不改，道光八年捐建社仓，春节秋收，贫民赖之。①

亢能敬，泾阳人，监生。乾隆十八年在本村建婣睦仓，贮谷千石，岁歉出放，不计息。②

刘昇之，三原人，诸生。光绪元年，族侄捐麦千石，依朱子法立推惠义仓以赡其乡三十余村贫民。③

阎敬铭，朝邑人，道光甲午进士。其在朝邑原籍，建宗祠恤九族，建仓储粟，捐资劝学，清丈荒地，豁免浮粮，德泽亦至厚焉。④

刘万富，白河监生。嘉庆间教匪乱后见民气未舒，捐麦百石以助义仓。⑤

边方栋，兴平人，家素封，喜施与。嘉庆七年，岁大饥，出粟千石赈乡人，又出百石立本村社仓，诏旌八品衔阶武信骑尉。卒之日，会葬者千余人。⑥

显然，这些社仓和义仓的建立，对于救助地方社会的贫乏者，尤其是对饥荒之年的灾民救饥具有重要的作用和意义。正因为如此，这些士绅得到了地方社会百姓的尊敬和持久爱戴。他们也为地方社会百姓免受饥寒冻馁献出了自己的力量。

---

① 《续陕西通志稿》卷86“人物十三”，第1页。
② 同上书，第24页。
③ 《续陕西通志稿》卷87“人物十四”，第9页。
④ 《续陕西通志稿》卷78“人物五”，第22页。
⑤ 《续陕西通志稿》卷82“人物九”，第21页。
⑥ 《续陕西通志稿》卷75“人物二”，第7页。

（三）士绅与其他慈善机构

尊老爱幼是中华民族的传统美德。所以热衷于地方公益的士绅，不仅建设育婴堂以拯救被抛弃的女婴，而且设立了一些养老机构来赡养和救助鳏寡孤独的老人。所以，普济堂等养老机构的建立，在清朝中后期也逐渐呈现出民间化的趋势，许多士绅也对这些养老机构的设立进行了捐助。

清朝陕西存在着大量由民间自行捐助建立的普济堂。如嘉庆十七年（1812），渭南知县李晶倡议，乡人刘士雄、李廷秀先后捐银 800 两建立普济堂，其主要的日常经费是乡人所捐银两存于典当行所得利息，以及乡人贺士雅等人所捐的 85 亩地的租金。之后又有乡绅陆续捐银捐地。① 再如，清涧人郝清澄修建了养济院，并捐田 400 亩。“郝清澄，清涧人，由贡生官耀州训导。尝出资修五侯、三义等庙，建宗祠，设义塾，修养济院并捐田四百亩，长官均表其门。”② 还有为地方社会贫穷者修建房屋的士绅。例如，“□□望，渭南人。施养济院钱三百千，修房二十四间以为孤贫栖止之所”③。士绅还积极为地方养济院、同德局等捐助经费，例如，“杨继云，山阳人，乾隆间官山东日照、沂水等县知县。不妄取民财，其本县善举，如兴学建仓，施义冢，并捐租十余石作养济院永久经费，光绪末犹利赖之”④。“郭景震，三原人。同治元年，邑设同德局，捐银五百两。”⑤

另外还有惜字会，或称“文昌会”，或称“惜字局”、“惜字社”。在明清之际，它也归属善会、善堂。惜字会的兴起，与明清之际士大夫对于文昌君的信仰有关。其时，《文昌君阴骘文》等劝善书渐渐流传开来，书中劝谕士子要行善积德，以佑本人及子嗣科场高中。于是，儒士便笃信文昌君惜字积德之说。起初，组织惜字会社的士人们，主要是通过募捐筹得善款来雇人定时收拾废弃字纸，或建烧纸的惜字炉。⑥

但清朝中叶以后，许多惜字会并不只是收拾废弃字纸，它还担当了施

---

① （民国）《续修陕西通志稿》卷 130，“中国西北文献丛书”第 1 辑《西北稀见方志文献》总第 9 卷，兰州古籍书店 1990 年影印。

② 《续陕西通志稿》卷 92 “人物十九”，第 9 页。

③ 《续陕西通志稿》卷 87 “人物十四”，第 16 页。

④ 《续陕西通志稿》卷 88 “人物十五”，第 6 页。

⑤ 《续陕西通志稿》卷 87 “人物十四”，第 8 页。

⑥ 周秋光、曾桂林：《中国慈善简史》，人民出版社 2006 年版，第 197 页。

棺、施药、拾骼掩埋等行善事务。所以，有学者认为：“惜字会本身虽然与济贫没有直接关系，但在实际上经常配合着其他济贫活动，所以也自然地被认为是清人善堂之一。”①

因为人们认为，惜字是一种积德行为，如果亵渎纸字，可能会受到报应和惩罚。例如，钱泳《履园丛话》所记载的不惜字之恶报。

康熙四年六月十四日，嘉定西门外有一徐氏妇荷锄往田，忽为暴雷所震死。其子甫垂髫，亦为雷火所焚而未死，击其履粉碎。人争拾视，则以字纸置其子之履也，此慢亵字纸之报。②

在士人的提倡和带动下，惜字会在民间社会普遍建立起来，而且它逐渐发展成为融惜字、地方救济于一体的地方慈善机构。所以，清朝陕西的许多士绅也捐建了这样的惜字会。例如：

罗映汉，武功庠生。尝出资葺绿野书院，创立惜字纸会。③

刘文煜，临潼人，恩贡生。又董理差局，襄办赈务，建修养仓、创惜字社赡族睦姻，人颂其德。④

总之，慈善机构种类繁多。但是，无论是以救荒为主的社仓、义仓，以救济女婴为主的育婴堂，以赡养孤老为主的养济院，以惜纸字为主的惜字会，其机构的创办，经费的筹措，日常的经营管理，都离不开地方士绅的参与和支持。

五　士绅参与清朝陕西地方慈善的功效

从中国古代社会救济的整体情况看，政府性的社会救济虽然长期居于主体地位，发挥着主导性的作用，但其社会救济的致命弱点也非常明显，尤其是在王朝更迭或是在社会动荡时期，政府性社会救助就会受到严重影

① 梁其姿：《清代的惜字会》，台北《新史学》第4卷第2期。

② 钱泳：《履园丛话》，中华书局1997年版，第456页。

③ 《续陕西通志稿》卷96“人物二十三”，第16页。

④ 《续陕西通志稿》卷84“人物十一”，第13页。

响甚至是无法进行。另外，即使在社会升平的稳定时期，由于灾荒、财政压力以及贪官污吏、腐败等问题，官方救济也常常力不从心。而与官府所行救济措施相比，民间慈善则更为灵活深入。因为士绅大多生活于乡村社会，较了解民间的疾苦，也更清楚灾民的实际需要，所以他们往往能根据实际需要实行灵活多样、富有实效的救济措施。可以说，士绅在地方社会恤灾救荒、收养弃孩、医疗救济、掩埋尸体等方面发挥了重要作用，成效显著，成为官方慈善救济的有益补充。

对于中国古代民间社会慈善救济的作用及效果，学术界有许多相似的观点。例如有学者总结道："实际上，古代民间社会救济与慈善事业，尤其是明清时期民间慈善救济事业的兴盛，有效弥补了官方救助的不足，在传统社会保障体系中起到了难以替代的作用。"① 其原因就在于，从慈善救济活动实施的主体看，其组织者和领导者往往是当时的士人、官员、乡绅富商以及已取得出仕资格者。因为他们大多深受儒家传统文化的影响，胸怀"治国平天下"之志，所以当社会秩序混乱、人心道德败坏、民不聊生时，他们总是身先士卒、匡世济民，从而在一定程度上缓和了当时的社会矛盾，稳定了社会秩序。②

清朝陕西士绅也积极参与地方社会各种各样的慈善救济活动。他们不仅为灾荒之年的地方社会捐助赈粮、赈银，为宗族里党的贫乏者设义田、义庄、助婚丧、施棺木，而且为贫穷病患之人施药饵，代宗族里党缴纳逋赋，等等。在这些民间自发的赈济之外，作为地方社会的代表，他们还常常受地方官员的委托，以官督绅办的官绅联合方式参与地方社会的官办赈济活动，在赈粮采购、发放等方方面面出谋划策，秉公救济，为解救地方社会命悬一线的灾黎做出了重要贡献。从地方志人物传中诸多"活人无算"、"全活甚众"等较为笼统的描述，以及"大吏旌奖"等官府的奖励上，可见士绅参与地方社会救济的良好效果。

"全活甚众"的救济结果。

地方士绅捐助乡里的优点在于，他们居住在乡村社会，熟知地方社会的情况，因此捐助救济很有针对性，救助效果非常明显。可以说，士绅的

---

① 薛剑文：《中国古代民间慈善救济事业的变迁及作用》，《山西大学学报》2013 年第 3 期。

② 同上。

诸多良好救助效果就来自于他们对地方社会贫穷状况及亟须救助人口多寡的掌握，所以救济效果非常显著，如关于“全活甚众”等史不绝书的记载和描述。例如：

石得玉，澄城人，监生。父璞，乐善好施，于乾隆戊辰赈济。得玉承父教，遇岁饥辄出粟周里党，村人五十户无贫窘者。①

王启监，盩厔人。康熙六十年岁大饥，与弟命监散谷一百五十余石，雍正十年又散麦百余石，全活甚众。②

刘元勋，长安人。乾隆辛卯岁荒，元勋散粮，全活甚众。③

张定乾，高陵人，光绪庚子岁饥，捐助公赈外，罄所积谷以贷里人，不取息亦不责偿，全活甚众。④

王全义，户县人，贡生。道光二十六年岁饥，捐谷五百石，全活无数。⑤

韩贻，泾阳人，监生。辛丑岁饥，输粟活三十余家，贫人婚丧，捐金助之。⑥

杨附麟，咸宁人，生员。康熙六十年大饥，附麟散放麦谷八十余石，全活多人。⑦

傅士选，乾州人，监生。乾隆辛卯大饥，士选集全村人，罄所有济之，无流亡者。⑧

吴永昭，礼泉人，光绪庚子岁大饥，斗粟万钱，永昭捐麦三百石助赈，全活甚众。⑨

栢覆皇，长安人。康熙辛未、壬申间大荒，散粟八千余石，长、户两邑全活甚众。⑩

---

① 《续陕西通志稿》卷89“人物十六”，第4页。
② 《续陕西通志稿》卷87“人物十四”，第13页。
③ 《续陕西通志稿》卷86“人物十三”，第3页。
④ 同上书，第18页。
⑤ 同上书，第20页。
⑥ 同上书，第23页。
⑦ 同上书，第11页。
⑧ 《续陕西通志稿》卷90“人物十七”，第1页。
⑨ 《续陕西通志稿》卷87“人物十四”，第25页。
⑩ 《陕西通志》卷62“人物八”，第38页。

从众多参与救济士绅的简短传记来看，他们的救济效果非常显著，他们的救助避免了更多的贫民在饥荒之年可能被饿毙的命运。究其原因，就在于居住于乡村社会的士绅对地方社会的救助总是比较及时，以及他们所采取的行之有效的灵活救助方法。在清朝陕西地方志中，有许多关于士绅运用独特方法救助地方乡民，且救助效果明显的记载。例如：

> 刘如预，泾阳人，贡生。康熙六十年饥，本村百余家俱按口月给米麦，乾隆十三、十七两年亦如之，府县旌奖。[①]
>
> 刘秀升，华州人，郡庠生。道光十五年饥，本村贫乏者每人给麦五斗，钱五百文，存活者数百家。[②]
>
> 申哲功，三水人。每遇岁歉，慷慨乐施，乾隆十三年大饥，村人不举火者二百余家。哲功尽出积粟，按口给之，全活无算，邑人颂德。[③]
>
> 张楠，泾阳人，增生。嘉庆癸酉，道光己丑、庚寅岁连歉，出银数千两计口授资，全活甚众。[④]

从以上记载来看，士绅良好的救助效果还在于他们所运用的行之有效的救济方法。例如，刘秀升给村里穷人每人五斗麦子；三水人申哲功和泾阳生员张楠的计口授粮法；刘如预的按口按月给米麦法，等等。这些平均救济的意义在于，不仅可以使贫乏者获得均等的生存机会，而且按人口平均救助不会有被遗漏者。所以，以地方士绅为主体的民间社会救助，俨然成为贫乏者得以存活的保障。地方志人物传中有许多类似的事例，例如：

> 封嵎，泾阳人，由贡生捐职中书。好义举，值岁旱，慷慨捐资散赈，贫民赖之。[⑤]
>
> 董成梅，宝鸡人，曾入国学。康熙辛未、壬申陕大饥，成梅捐粟

---

① 《续陕西通志稿》卷86“人物十三”，第25页。
② 《续陕西通志稿》卷89“人物十六”，第10页。
③ 《续陕西通志稿》卷90“人物十七”，第5页。
④ 《续陕西通志稿》卷86“人物十三”，第22页。
⑤ 同上书，第24页。

出赈。又劝谕亲党素丰之家协力捐输，分户散给，乡人赖以举火者甚众。①

高立言，邠州人。家素封，慷慨好义，乾隆二十四年夏秋歉收立言捐粟数百石周济穷乏，村民赖以存活者三十余家。②

赵廷干，洛川人。素封好施，康熙间大饥，赈粮万石，乡俗传为美谈，迄今口碑载道。又生员李经邦，康熙六十年大饥，煮饭施粥，并赈粟百余石，乡村赖以举火者甚众。③

田可良，洛川人。家素封裕，值荒歉辄出粟以周贫乏，康熙六十年、雍正六年、乾隆十三年饥，皆罄所有以施赈，所活数千人。凡桥梁、道路时为修治，往来人颂德不衰。④

可见，士绅出面赈济灾荒的善举行为，一方面可以博得乡民的尊敬，使其在地方社会享有更高的声誉和威望；同时，士绅承担了政府的部分赈济职责，为身处绝境的乡民，提供了一条生路，所以对稳定地方社会也有一定的作用。⑤ 正是因为士绅在地方社会慈善救济中积极参与的良好效果，他们俨然成为地方社会贫民的依赖与守护，从而受到乡民的赞誉和爱戴。从这些赞誉和旌表中，我们也可以得知士绅等民间力量自发救助地方社会的良好效果。例如：

何既道，雒南人。乐善好施，岁荒，出粟千石救饥，全活甚众。监司、守令均表其闾。⑥

王明玉，雒南人，监生。乐善好施，道光十六年大饥，捐粮赈济灾民凡三次共散粟千余石，西峪河、捕珠川、李家河居民三百余户均赖以存活，乡党为立石纪其事。⑦

董作睿，洛川人，增生。家素封而好施，乡邻待以举火者百数十家。康熙六十年大饥，与弟作哲尽出家中粟周之。至今本村及木桥路

① 《陕西通志》卷62“人物八”，第48页。

② 《续陕西通志稿》卷92“人物十九”，第1页。

③ 同上书，第3页。

④ 同上。

⑤ 马学强：《乡绅与明清上海社会》，《上海社会科学院学术季刊》1997年第1期。

⑥ 《续陕西通志稿》卷88“人物十五”，第3页。

⑦ 同上书，第4页。

旁碑记有“穷于天，穷于人，而不穷于董生”语，可以知其概矣。①

在中国传统社会里，组织或者个人能得到朝廷以及地方督抚大员的奖励，则是莫大的荣耀，并且传之数代，成为家族的骄傲。② 但是，动用政府的力量来为筹赈提供保障，这毕竟与义赈组织民捐民办的宗旨不太符合，所以除了在义赈开办之初，以及筹款极为困顿之时，多用政府奖励以为各地筹赈分支机构和捐户相号召、相激励外，其余大多数时候还是采用民间的自发激励方式。因此，地方百姓对慈善救济士绅的赞誉就是最好的旌奖。例如，洛川生员董作睿，从他的短短的传记中可以得知，他乐善好施，救助过的乡邻有100多家。正是因为他及其胞弟的慷慨救助，所以全村人度过了康熙六十年的大饥荒。于是，朴素的乡民在村里道路及桥梁上镌上“穷于天，穷于人，而不穷于董生”③等感激之语。这充分说明，士绅以其居住于乡村社会的地域优势，拥有科举功名的政治优势以及财力雄厚的经济优势等，在地方社会的灾荒及慈善救济中做出了重要贡献，起到了不可取代、不可或缺的重要作用。

六　清朝陕西士绅的慈善救济思想

中国是世界上最早倡行与发展慈善事业的国家。④ 与此相应的是，中国的慈善思想也源远流长。早在先秦诸子百家的著述中，就有了慈善救济的相关阐述，随后的佛教、道教典籍里也有关于慈善的论说。此后，中国历代士人和士大夫均对慈善救济思想进行过不断发展、补充和完善，到明清时期，中国的慈善救济发展到了非常完善的程度，与之相应的慈善救济思想也非常丰富。

明清时期，许多士人的慈善救济思想非常丰富而成熟。例如，注意利用市场规律和价格杠杆的调解作用，来满足饥荒之年的粮食调运问题；采用让乡民自己收割粮食以工代赈的救济方法；散给饥民银两，让饥民用银两换取粥食等杜绝冒滥法。清朝陕西士绅在地方社会的慈善救济活动中，

---

① 《续陕西通志稿》卷92“人物十九”，第3页。

② 靳环宇：《论晚清基层民间慈善组织的筹赈模式》，《贵州文史丛刊》2006年第1期。

③ 《续陕西通志稿》卷92“人物十九”，第3页。

④ 周秋光、曾桂林：《中国慈善简史》，人民出版社2006年版，第28页。

也传承了这些近代乃至现代慈善的救济思想与方法。其中，许多救济方法在防止冒滥，促使社会各阶层积极捐助，完善救济方法等方面，值得我们借鉴。例如，柏景伟的“各村保各村法”。“柏景伟，长安人，咸丰五年举于乡，大挑授定边训导，未赴任。光绪三年，秦大饥，景伟请于大吏，发粟赈恤，创为各村保各村法：以贫民稽富民粟，使无匿；以富民核贫民户，使无滥，全活甚众。”[①] 概言之，这种方法就是充分利用了中国人根深蒂固的地域观念，即通过同籍富户捐助本籍地方社会穷民的方法来赈济灾荒。

（一）重义轻利思想与士绅救济

儒家的义利观非常注重社会公利，它引导人们为国家和百姓做贡献，是一种积极的社会本位的义利观。这种义利观造就了中华民族积极向上、追求完善的民族心理和民族素质，培育了一批为国家、民族利益勇于献身的民族英雄、爱国志士。例如岳飞、文天祥、于谦等，他们以自己的生命实践了成仁取义的思想，给后世留下了气壮山河的英雄伟绩。[②] 体现在地方社会的慈善救济方面，则是许多地方士绅或鬻产以赈，或借贷以赈，或因赈而贫，等等，不一而足。这些现象充分说明重义轻利的价值观对地方社会的慈善救济具有重要的促进作用。

在清朝陕西人物传中，也有许多类似的赈济思想。

首先，救济灾民第一，视钱财为身外物。例如，“白宗益，清涧人，力穑致富。岁大饥，村人欲逃，宗益慨然曰：所贵乎好义者为能补天地之不足也！宁做守财奴乎？出谷二千石，一方赖以存活，邑令表其门。”[③] 可见，目睹灾荒之年村人为活命将要逃亡的情况，地方士绅白宗益不愿意做守财奴，在重义轻利思想的指引下捐谷 2000 石，保障了地方乡民的性命。再如，泾阳贡生吴家骏认为，财富不过是慈善救济的工具而已，如果为富不仁、不义，还不如穷人。“吴家骏，泾阳人，由廪贡生官训导，亦多义举。尝以财为行义之具，多财而不义，不如无财之为愈也，其识解如此。”[④]

---

① 《续陕西通志稿》卷 74 “人物一”，第 15 页。

② 于铭松、邢燕：《重义轻利：儒家经济价值观》，《华北电力大学学报》2001 年第 4 期。

③ 《续陕西通志稿》卷 92 “人物十九”，第 9 页。

④ 《续陕西通志稿》卷 86 “人物十三”，第 27 页。

其次，“独乐不若众乐”的价值观与士绅的慈善救济思想。在重视民生、重义轻利思想的影响下，“舍小家，济大家”的慈善救济思想在中国古代士人的慈善救济行为中有着明显的体现。例如，“孙逢时，蒲城人。富而好施，乡党有婚丧无力者即量其所需资助之，不俟告贷。岁凶，积粟数百石，或劝其乘善价以粜，则曰：我粜粟，盍村人何以仰食？村中无人，我积财将谁与居？遂取粟散之。”① 可见，面对灾荒，孙逢时没有接受某人趁粮价高涨赚取丰厚利润的建议，相反，他将积攒的粮食散给村人以赈饥。其原因就在于他不愿意独富自己而使村人饿毙，他认为，如果村中没有了人，他的价值也将无法体现。

最后，鬻产办赈的士绅。深切关怀地方社会慈善事务的士绅阶层，不仅捐出积攒的银两和积储的粮食赈济乡民，而且在灾荒严重、粮食短缺的情况下鬻产以赈。清朝陕西士绅中类似的代表人物有很多，例如：

黄振海，雒南人。道光十六年岁大祲，正元倡捐助赈，全活甚众。迨光绪三年奇荒，其裔田兰芳亦以毁家办赈，为一乡矜式。②

侯橘，合阳人，道光丁酉举人。兄，梦桢，贡生。梦桢性豪迈自喜，遇亲党缓急，不吝解推，或鬻所藏书画古砚以应，所积券悉焚之。③

顾生德，绥德州人。光绪三年大饥，生德承州牧命赈济四十余村，或粮或钱，计口以授，次年，赈款不敷，则变产以济之，全活数千人。各村感其德，同建德惠坊以志之。④

王德生，华州人，太学生。素行好义，五十一年岁祲，出粟三十石济贫。至曾孙武生王士英，家渐落，值光绪丁丑大饥，家无余粮，犹变产以二十金助赈，盖家风之相沿久矣！⑤

王义发，商州人。山外饥民自咸宁蒲临逃至州境，牧护关，乞食者甚众，啼饥号寒，惨不忍闻。义发普给钱食，又以房田押借钱九百六十千尽数施舍，后山外受恩者一百八十余家公送匾额，以志不忘。

① 《续陕西通志稿》卷89“人物十六”，第20页。
② 《续陕西通志稿》卷88“人物十五”，第6页。
③ 《续陕西通志稿》卷79“人物六”，第5页。
④ 《续陕西通志稿》卷92“人物十九”，第7页。
⑤ 《续陕西通志稿》卷89“人物十六”，第9页。

光绪丁丑、庚子两次大饥，义发捐粮百余石并钱三千八百余缗散给贫民，忘家救难，绅民感念不置云。①

可见，无论是黄振海的后裔田兰芳的“毁家办赈”，还是合阳贡生侯梦桢采取的“鬻所藏书画古砚”以赈，都充分体现了士绅积极赈济地方社会的迫切思想和重义轻利价值观在赈济思想上的体现。所以，他们不惜变卖家产和自己的珍藏来救助地方社会的贫民。

那么，究竟在什么样的经济状况下应该捐助慈善？是将财富捐助给地方社会以解其穷乏还是留给子孙后代？对此类问题中外古今有许多不同的看法。在中国古代社会救济中，“不待富足后方为之”的思想似乎得到了更多人的认可。例如，对于钱财的态度，对于是否要将财产留给子孙后代等问题，合阳举人雷茂林把财富捐赠给地方社会办教育的做法，无疑具有借鉴意义。因为他认为，财富充足对子孙后代没有太多益处，过多财富会使贤者缺少积极进取的志气，同样，他认为财富充足也会使愚钝者失误及过错更多。所以，他从关爱子孙，促进他们自立自强的角度出发，捐赠给地方学校教育大量的田地及银两。“雷茂林，合阳人，乾隆甲午举人。积而能散，尝谓家人曰：疏广云，贤而多财则损其志，愚而多财则益其过。吾爱同类，即所以爱子孙也！乃捐地三百二十亩，银一千二百五十两，以租及息为本邑士子小试并会试卷资。又捐陕西全省乡试卷资银若干两，由藩署经理立案，奖励国子监学正衔。”②

有人认为，捐输慈善是在财富充裕情况下的行为，但清朝陕西士绅群体中举债捐输，因捐输而致家庭贫困的记载也有许多。例如：

冯绳祖，华阴人。乾隆戊辰、癸酉岁歉，输粮六百余石以赈贫乏，家因中落，淡如也。③

张际昌，蒲城人。家素封，好施与，乡里义举辄捐资为众倡。道光丁未大饥，出粟数百石分给族党，识与不识，群推长者。子珽，性忠厚，有父风。回捻之乱，家道中落，犹复赈济贫穷，勉承先志，焚

① 《续陕西通志稿》卷88“人物十五”，第1页。

② 同上书，第21页。

③ 《续陕西通志稿》卷89“人物十六”，第14页。

历年积券十余万金。尝训子弟曰：我辈席前人业，衣食幸不缺乏，亲友苦况总宜加意周恤。彼之求我，不知几费踌躇，方肯出口，若拒而不应，彼何以为情？曩者某以补廪请助，某以聘妇求贷。其时家无余资，姑典衣物以付之，且戒仆隶，勿令彼知，非敢谓积阴德，周急之道当如是也。汝等他日或居官，或居乡，各量其力之所能，为时时以利人济物为心，庶不至堕我家声矣！后以子铎贵，与其父均赠资政大夫。铎，能继祖父志，慷慨好义，由举人孝廉方正官四川知县，升川东道。①

陈炳庚，砖坪厅人（今改岚皋县），邑庠生。学宗程朱，践履笃实，不屑生产，乡邻有求假者，辄给之，以故家日落，布衣蔬食，宴如也。②

齐瀛洲，雒南人。道光癸未大饥，出其粟周恤邻里，无吝色。③

梁世瑞，咸宁人，年四十始读书，通大义。周贫乏、施茶粥、舍棺木、置义学，皆竭力为之。世瑞家故不中赀，值光绪辛丑岁饥，自出粟二十余石以食饿者，而家中则日食靡粥也，乡里称贷不置。④

马勋，陇州人。光绪丁戌旱灾，求食者踵至，皆量给面斤，如是者十月，致家计中落，大府屡饬奖叙，亦弗受也。⑤

可见，在重义轻利思想的影响下，士绅及其家庭积极捐助地方慈善事务。即使因赈而贫，甚或变卖家产以赈也在所不惜。这种积极捐助地方社会慈善的态度及做法，在当时无疑保障了地方穷黎的性命，并且对维护地方社会的稳定具有重要意义。

（二）以饥荒救助为第一要务

灾荒具有突发性、不可预知性以及破坏性强等突出特点，所以，面对灾荒，贫穷的老百姓往往手足无措。而官府的赈济需要经历一个比较复杂的申报、勘验、发放等程序，所以，以士绅为主体的民间社会的救助就显

① 《续陕西通志稿》卷89“人物十六”，第20页。
② 《续陕西通志稿》卷82“人物九”，第12页。
③ 《续陕西通志稿》卷88“人物十五”，第4页。
④ 《续陕西通志稿》卷86“人物十三”，第8页。
⑤ 《续陕西通志稿》卷81“人物八”，第17页。

得尤为重要。在慈善赈济中，士绅救助灾荒为第一要务的思想随处可见。例如：

> 刘重麟，朝邑人，乡贤大受孙。嘉庆九年由廪贡保知州，复捐资叙知府。任江西按察使时，值大荒，漕粮八十余艘将起运，重麟建议，谓奏赈候旨，恐吾民莫待，不如截漕纾民困，奏下再挪缴可也，大府深然之，全活无算。①

可见，正是因为深知官方赈济程序的复杂而漫长，关注饥民困苦的刘重麟建议截取漕运粮食以赈济灾民。因为他深知“奏赈候旨，恐吾民莫待”。所以视救济灾荒为第一要务的士绅，有时因为心系饥民，捐助唯恐不及，甚至觉得等到天亮再捐助都是非常漫长的事情。例如：

> 薛澜，韩城诸生。光绪三年，澜携眷至京师，时陕大祲，饿殍载途，陕人官京师者会议醵金以助赈，澜将寝，闻其事，谓妻曰：吾乡死亡枕藉，吾箧尚有五十金，速持出。妻请挨曙，则曰：凡人初念最真，吾此时善念勃发，若挨天明，恐初念不坚，鄙吝复生。急驰至会所，纳金而返，其急公好义率类此。②
>
> 马维登，澄城人，诸生。维登力学敦行，出粟数百石赈贫，无德色，时目为周急君子。③

可见，薛澜认为慈善救济必须及时、尽快，所以当他的妻子建议他第二天天亮再去捐金的时候，他坚决不受，坚持赶在夜间将50金捐给了赈济会所。这种思想充分说明士绅对灾荒救济的急切性、迫切性的认识，其所反映的正是士绅重视民生的民本思想。

（三）重视市场规律的调节作用

在当今社会，市场规律的调节作用已经为我们所熟悉，它不仅可以调

---

① 《续陕西通志稿》卷78“人物五”，第19页。

② 《续陕西通志稿》卷79“人物六”，第28页。

③ 《续陕西通志稿》卷89“人物十六”，第2页。

剂物价，而且可以互通有无，满足社会需求。但是明清时期知识分子的慈善论著已经注意到了市场规律在饥荒之年赈粮流通过程中的调节作用，在当时有这样的认识实属难能可贵。例如，明代人周孔教就主张用价格自身的规律调节市场，以使市场上的粮食丰富起来，因此主张“禁抑价以招远商”。他认为，只要放开物价，经济规律的自身作用自可以将市场价格理顺，从而有利于灾区饥民们的生活。[①] 再如钟化民，他进一步认为，救荒不仅要拯救灾荒中饥民的性命，同时，还要帮助灾民进一步恢复生产。所以他根据自己的亲历亲见，认为灾后“虽有可耕之地，家室萧条，实无可耕之具，满野荒芜，束手无措，饥馁何从得食，钱粮何从得办”？更可贵的是，作为一个封建王朝的官吏，他对农业商品经济的某些规律已有所认识，主张用商品经济本身存在的规律来引导灾区的农民发展生产。[②]这就说明，明朝知识分子，已经非常注重市场规律在灾荒救济中的杠杆作用了。

在清朝陕西地方社会的饥荒救济中，也有许多类似的思想。我们从清朝陕西地方志的人物传记中，可以看到许多士绅注重采用市场规律及价格杠杆的作用来赈济灾荒，解决粮食不足等问题。例如：

> 王文炳，合阳人，举人，大挑任知县。任上海岁余，后署铜山，值徐州府饥，粟价暴涨，大府欲抑其价，文炳请禁遏藏不粜者，若定价，鬻贩者不至，不益困乏乎？不数日而价平，及奉旨赈济，先计官廪及所部民出粟之多寡与待食者若干人，每人应得若干数以示众，即于乡村设赈所若干区，令饥者就所领粟，官吏按人数给之。郡署八邑数十万口赖以存活。[③]
>
> 姚廷仪，澄城人，举人。议叙知县，署直隶东明县，会岁大旱，无麦禾，廷仪具状请赈，先榜通街谕富民无闭粜，亲行乡里平价值，旋奉旨发粟二万石，银三万两以赈饥，廷仪悉心察核，无遗无滥。[④]

可见，以上几位士绅在灾荒救济中都利用了市场规律的调节作用。正

① 周致元：《明代荒政文献研究》，安徽大学出版社2007年版，第126页。

② 同上书，第120页。

③ 《续陕西通志稿》卷79“人物六”，第7页。

④ 同上书，第14页。

是在市场规律和价格作用的调节下，灾荒之区的粮食供应比较充足，从而保障了灾区的粮食供给，避免了更多灾民因为粮食的匮乏而被饿毙现象的发生。

（四）灾荒储备中的忧患意识

儒家思想中的忧患意识在地方社会的慈善事务中也有所体现。所谓忧患意识，即对民族、国家乃至人类所处困境的认识及由此产生的种种忧虑。它较多地体现了人们对现状与前途阴暗面的认识，反映了现实生活中所潜伏的各种危机。这些忧患意识来自于知识分子特有的强烈的历史使命感，来源于他们对社会、民族、国家前途的深切关怀。[①] 具体来看，士人的忧患意识常常表现为对事物发展所具有的某种预见性。

在灾荒救济中，这种忧患意识就体现在士绅承平时期的建仓储备上。正是因为他们对地方社会可能发生的灾荒具有一定的预见性和防备意识，所以当灾荒和危难发生时，他们俨然成为地方社会度过危难的保障。例如清涧廪生岳树松。“岳树松，清涧人，增生。生平好积粟，光绪三年大饥，指囷谓弟曰：余辛苦积此，岂徒为一家计？预知有今日耳！遂捐粟两窑平粜，全活无算，粮价亦归公用。邑令筹设义仓，又捐一百五十石。子三皆成名，孙峻由拔贡中壬寅举人，人以为积德之报云。”[②] 可见，能够保障光绪三年饥荒之时地方社会乡民性命的，正是岳树松积攒的两窑储备粮。而之所以积攒这么多粮食，是因为他对可能发生的灾荒具有防备意识，采取了储粮备荒的措施。

（五）以工代赈的救济思想及方法

工赈是中国古代荒政史上一种很有特色的救荒方法。相对于其他救荒方法，工赈救荒法的使用在中国历史上并不多见。明朝时期，周孔教对工赈颇有一些思考。例如，他主张通过兴修水利等实行工赈。[③]

清朝时期，以工代赈思想得到进一步的发展。在清末频繁的灾荒中，就有地方士绅采取这种形式来实施赈济。例如，道光十六年大饥荒之时，

---

① 孙立群：《中国古代的士人生活》，商务印书馆 2003 年版，第 6 页。

② 《续陕西通志稿》卷 92“人物十九”，第 9 页。

③ 周致元：《明代荒政文献研究》，安徽大学出版社 2007 年版，第 128 页。

凤县士绅龙登云就通过修河堤的形式推行以工代赈，既督修了河堤，又避免了饿殍遍野的境况，其救济效果非常显著。据记载："龙登云，凤县人。八世同居，食指二百余，内外整肃。道光十六年大饥，出粟减价平粜，又修河堤，以工代赈，全活甚多。"[①] 更为重要的是，以工代赈还防止了饥民变成流民后可能引起的社会动荡。从这点来看，以工代赈对于饥荒之年社会的稳定意义更大。

受以工代赈救济方法的影响，清朝时期的陕西士绅在灾荒救济中，也注意采取让灾民自己收割粮食的做法来赈济灾民。例如：

> 陈远安，紫阳监生。性慈良，济困如不及。光绪三年大饥，人相食，远安种洋芋颇稔，听饥民掘食殆尽。秋种麦，次年大熟，任乡里男妇数百辈割取，不之禁，全活甚众。[②]

面对光绪三年的饥荒，众多陕西士绅参与了这次大范围灾荒的救助事宜，相对于其他士绅等民间力量的直接捐粟谷、设粥厂，紫阳监生陈远安则采取了让灾民自己收取他所播种的洋芋、小麦等方法。这种救饥方法无疑更符合地方社会贫民的需求及特点。因为相对于诸多慈善救济直接给灾民熟粥、金钱、衣物等实物救济方法而言，这种听任难民自己收割粮食的方法也未尝不是一种较好的赈济方法。可以说，这种让灾民自己收割捐施粮食的做法，兼顾了以工代赈和直接施与两种救助形式的优点，值得借鉴和关注。

（六）更人性化的赈济方法

在当今社会里，我们经常可以看到任人自取所需、自己付款、找零等无人售货摊亭的报道。但值得注意的是，很多这种自助售货摊点维持的时间并不太长，因为常有拿货不付钱等现象的发生，这种现象的增多使得货摊难以为继，所以不得不夭折。而在中国古代的慈善救济中，士绅群体也常常采取任人自取的救济方式。其优点在于，避免了被救济者可能存在的"嗟来之食"的尴尬，也体现了士绅救济贫乏时的人性化思想。

---

① 《续陕西通志稿》卷90"人物十七"，第24页。

② 《续陕西通志稿》卷91"人物十八"，第14页。

在清朝陕西士绅的慈善救济中，有许多类似的记载。例如，任乡民原价赎回灾荒之年抵押的房产、田地等的郝德智。“郝德智，三原人。为人宽厚，设义学，赈饥民，前后出粟近二千石。有售田产者，必令出质卷，后又让价听赎，曰：失业则终贫矣，乡人多感其德。”① 可见任人赎回的救济方法，不但救济了灾民，而且避免了受济者因田产售卖而沦为流民。有同样救济思想和采用这种方法的陕西士绅，还有礼泉人宋进唐。“宋进唐，礼泉人。乡里有正供不敷者，进唐代供之。康熙六十年岁饥，亲邻以业质于进唐，岁登各还之。”②

士绅这种任人自取所需，不取息、不书券，不足部分由设立者补之的做法，无疑在救助乡邻困乏者方面更加便捷、速效。再如，“方慎德，蒲城人，以士兼农事。尤好施济，每年另储麦三十石，遇年终或青黄不接，慷慨借给，不书券，不取息，不记亏本。听人自还，不还则自行添足，岁以为常，邑令为立庐墓碑。迨子百孝，家道日丰，创设纸店，外债千金悉焚其券”③。

在绝大多数地主苛剥佃农的中国古代社会里，田租多少任佃农自纳的做法无疑更属凤毛麟角，但清代陕西就有这样的士绅。例如，“党玺珍，富平人，武生。以捐资赈饥议叙千总，光绪三年大饥，玺珍捐银一千两、粟三百石助赈。有田数顷，招人佃种，收租任人自纳，多寡不计也”④。此外，还有实行有偿赈济的士绅，采取大斗借出小斗收回的方法，救济地方社会的穷人。例如，“贺梿，商南人。性浑厚，慷慨好施，每值岁荒必竭力赈济，历年施助不下数千金。自置一斗，较市斗多容一升，粜粮则用之，更廉其值，而以市斗收租。排难解纷，周恤亲族，善人之称数十里内无间言”⑤。再如，“余国才，孝义厅人。其子耀先，武生。笃于义行，收租置斗小于市斗一升半，家传不改，道光八年捐建社仓，春节秋收，贫民赖之”⑥。相对于众多劣绅地主，对佃农和百姓大斗进小斗出的盘剥行为，贺梿、余国才之子等自置大斗出粜小斗收租的做法，更属可贵。

---

① 《续陕西通志稿》卷 87 “人物十四”，第 6 页。
② 同上书，第 24 页。
③ 《续陕西通志稿》卷 89 “人物十六”，第 23 页。
④ 《续陕西通志稿》卷 87 “人物十四”，第 23 页。
⑤ 《续陕西通志稿》卷 88 “人物十五”，第 7 页。
⑥ 《续陕西通志稿》卷 86 “人物十三”，第 1 页。

总之，任人自取所需、自己归还所借等慈善赈济方法，在中国古代社会，尤其是明清时期并不多见。但这种救济方法所体现的人性化无疑值得肯定。这种救济方法的实施，取决于士绅对基层社会乡民情况的了解，取决于乡民对造福地方社会士绅的敬畏和爱戴，所以能够在地方社会得以贯彻实施。

七 清朝陕西士绅慈善救济的特点

作为地方社会的精英及代表力量，士绅在地方社会公共事务中发挥着重要作用。而且随着清朝中后期国家力量的衰微和社会动荡的频繁发生，士绅在地方社会事务中的作用有逐渐加强的趋势。士绅在地方社会影响力的加强，也使得一些士绅敢于对官府发难。例如，在绅权勃盛的湖南地区，竟形成“自咸、同军兴以后，绅权大张，虽举贡诸生皆得奋其口舌与地方官长为难”之势。[①] 士绅影响力的增强，也体现为以士绅为主体的民间社会力量在慈善救济中的作用越来越突出。

从清朝陕西士绅人物传的记载来看，他们在地方社会慈善救济事务中的特点，主要有以下几个方面。

（一）焚烧借券现象突出

中国古代的灾荒救济有无偿散给，也有有偿借贷。在承平时期，民间借贷、典当等现象比较普遍，而素有赈济贫乏、乐善好施传统的士绅，往往在收到乡民的借券及典当物之后，或通过原价任赎回的方式助其人渡过难关，或通过焚烧借券的形式救助其人之难。在清朝陕西地方社会，有大量焚烧借券士绅事例的记载。例如：

> 聂宗孔，泾阳人，监生。祖父遗券计千金，尽毁之。[②]
> 焦复澈，泾阳人。生平好义轻财，焚借券五千余金。[③]
> 王珏，兴平人，庠生。乡人借其父钱万余缗，珏尽出券焚之。[④]

---

① 胡思敬：《退庐书稿》卷3。

② 《续陕西通志稿》卷86“人物十二”，第23页。

③ 同上书，第24页。

④ 同上书，第14页。

杨丕绶，三原人。有姜姓者，其祖父某，丕绶旧同贾友也，生时尝负丕绶三千金，至是乞毁其券，丕绶慨然与之，又出券二万余金悉还其人①

薛柱斗，延长人。父之凤，性孝友，事兄如父，出蓄积赈贫乏，焚其券，祀乡贤。②

马化鹏，咸宁人，回籍。家素封，时以周急为怀，每岁出数百金以救穷困。凡乡间戚友告贷者必慷慨施予而不受其券。③

王瑶，渭南人，进士。复建义仓以济贫乏，族人有负欠至百金者，焚其券。④

马逢五，中部人，庠生。康熙六十年大荒，倾囷施舍，活数千人，亲邻待以举火者百余家。或执券求之，辄焚其券，义声所播遐迩共称。⑤

在慈善事业高度发展的明清社会，焚烧借券是慈善救济的其中一种，它不仅充分体现了士绅致力于慈善的真诚态度，而且这种做法也照顾了受助者的处境和心情。从清朝陕西士绅焚烧借券的背景来看，有些是在自己身患疾病的情况下命家人焚烧的。例如，“刘永广，府谷人，太学生。乾隆己卯大饥，永广由水路运粟数船，遍访族党及各村疾苦者散给之，全活甚众。数十年借券积至数万，疾革，命其子悉焚之”⑥。“王三成，朝邑人，业商。为人慷慨乐输，喜与文士交，晚年积逋至千余金，概不案偿，病剧，尽焚其券。”⑦ 有些是为了自己的父母家人而焚烧借券的，例如，“杨生芝，咸阳人，乾隆甲午举人。原任浙江龙游知县，孝友性成，家道素封，邑人欠债数万金，尝体亲心，概焚其券。”⑧ 有些士绅，虽然家境已经不如从前，但还是焚烧了手中的借券。例如，“惠人，清涧人，乾隆乙丑进士。先世家资颇丰，积券百余纸，乡荐日悉焚之。后家渐落，励志

① 《续陕西通志稿》卷87“人物十四”，第3页。

② 《续陕西通志稿》卷83“人物十”，第3页。

③ 《续陕西通志稿》卷86“人物十三”，第7页。

④ 《续陕西通志稿》卷77“人物四”，第7页。

⑤ 《续陕西通志稿》卷92“人物十九”，第6页。

⑥ 同上书，第13页。

⑦ 《续陕西通志稿》卷88“人物十五”，第21页。

⑧ 《续陕西通志稿》卷86“人物十三”，第11页。

弥坚”①。

从士绅焚烧借券的原因和目的来看，有些是为了防止子孙消极怠惰，有些是因为目睹了穷人的困苦。例如，为了子孙后代努力上进，避免不思进取而焚券的杨舫。“杨舫，蒲城人。父与人合资经商，殁后由舫经理，借贷者质田五百余亩。回民起义结束后，米珠薪桂，乃尽以田归本主，不取偿。临终，以三千金借券付其子桢曰：此物可焚，勿损读书人志气。即科名不成，可以学医济世，桢遂焚其券。”② 可见，重义轻利的价值观，使得他担心子孙会依赖借券而不思进取，所以将之全部焚烧。因类似心境而焚烧借券的还有临潼生员刘铭勋。“刘铭勋，临潼人，邑增生，以团防出力保候选训导。尤好义举，有三人负铭勋债数千金，家人屡请催偿，弗应。一日，忽招三人至，立焚其券，曰：吾非敢谓君等终负吾，吾惧后嗣之不肖，因是以累吾也，三人皆泣谢。”③

体恤穷人疾苦而焚烧借券的还有渭南马瑞龙。“马瑞龙，渭南人。又出积券百余纸共五百余金，语其子曰：负债不能偿，大抵皆贫人，尔为我焚之，勿责偿也，乡人归义焉。”④ “王朓，蒲城贡生。有邻人杨某负债四百金，年丰粟贱，家人收某麦二百石，是秋即大歉，某举家冻馁。闻之凄然曰：使吾债缓收，渠不至此。检家中所有旧券，计数万缗，命子健以牛车运至圹所，掘大坑爇之。曰：不以此贻乡里穷人累也！其生平隐行多类此。”⑤ 可见，痛心于穷黎生活之艰辛，士绅慨然焚券，以此解救民困。

从焚烧借券的社会效果及反响来看，这种行为不仅为士绅赢得了较高的声誉，而且它减轻了举债者的负担，因而受到地方社会百姓及受助者的高度赞赏。例如，“郭维城，长安人，闭门读书。遇族中贫乏者随时周恤，全活多人。又刘姓借维城钱数百千，日久不能偿，维城慷慨焚券，不令人知。刘赠以联曰‘粟助汉家今卜式，券焚薛市古田文。’”⑥

中国古代慈善救济的内容非常丰富，形式也多种多样。例如，还有焚烧奴婢卖身券，令其回家奉养父母者。例如，“侯治经，咸阳监生。邻里

---

① 《续陕西通志稿》卷83“人物十”，第18页。
② 《续陕西通志稿》卷89“人物十六”，第26页。
③ 《续陕西通志稿》卷86“人物十三”，第16页。
④ 《续陕西通志稿》卷87“人物十四”，第15页。
⑤ 《续陕西通志稿》卷89“人物十六”，第27页。
⑥ 《续陕西通志稿》卷86“人物十三”，第5页。

婚丧必悉力资助，奴婢臧获有父母茕独者，即焚券令归养”①。“郭艾，华州人。家本世宦，有家仆投身券百余纸，谓其子曰：彼已婚嫁，何必令被此名？悉焚之。”② 可见，只要愿意救济他人，愿意为地方社会慈善事业付出，捐助形式是多种多样的，诸多焚烧借券的事例，无疑丰富了我们对中国古代社会慈善救济形式和内容的认识与解读。

（二）无德色的低调救济

在中国古代社会，人们大多认为救助并非是一种施舍，救助者与被救助者在人格上是平等的，所以，救助者往往会想方设法避免其救助行为对被救助者的心理造成伤害。③

毕竟，“不为五斗米折腰”是许多气节至上者拒绝接受救济的原因。因为在他们看来，获得救济的前提是必须折腰，所以拒绝接受救济。这与“不受嗟来之食”的原因是一样的。所以，在委婉、含蓄的中国古代社会，救助他人必须注意采取适当的方式。尤其是对于寒士的救助更是如此，因为儒家礼仪思想对其约束、影响更深。

于是，“无德色”的救济见诸地方志人物传，它所体现的正是专心于地方社会慈善事业的士绅低调、委婉的救济方式。它更多地体现了士绅救助的诚心诚意，他们充分考虑到了受助者的感受。清朝陕西地方志中有许多这样的士绅。例如：

> 周鼎，长武人，优廪生。光绪三年荒旱，斗粟值钱二千余，鼎慨然出粟八十余石散给乡邻，毫无德色，其恤灾好义如此。④
>
> 张敬业，韩城人。性孝家贫，经商为养修。岁庚子，韩大饥，念庠士苦寒，又不敢居赈士名，私以百金付学博散给贫者。居恒谦谨不慢一人，人有犯，婉词谢之，不与校，人亦多自愧云。⑤

---

① 《陕西通志》卷62“人物八”，第40页。

② 《续陕西通志稿》卷89“人物十六”，第7页。

③ 彭定光、彭军、胡丽明：《论清代民间慈善活动的三种类型》，《中南林业科技大学学报》2010年第4期。

④ 《续陕西通志稿》卷90“人物十七”，第7页。

⑤ 《陕西通志》卷62“人物八”，第56页。

可见，与当今社会某些慈善救济的高调行为相比，中国古代的许多慈善救济及义举非常低调。如果说，当今社会的某些慈善行为唯恐人不知的话，中国古代的士绅救助唯恐让人知晓。例如，“李龙章，洋县人。本邑修考院，佛坪修文庙，捐钱各千缗。生平敬宗睦族，排难解纷，周贫乏，助婚丧，义举甚多，大吏长官赠匾皆不悬挂”①。显然，他们以地方社会事务治理为最终目的，不愿意宣扬他们的行为和事迹，所以不愿意悬挂地方官员的旌表匾额。

在贫穷的地方社会，“无德色”的低调、委婉的救济方式，对于贫寒者来说是非常必要的。尤其是对于自尊心较强的人来说，更是如此。因为，不受嗟来之食的思想在中国古代社会影响非常深远。例如，光绪三年饥荒之时，乾州人王生明就是因为不愿意乞食他人，所以全家五口俱被饿死。据记载：“王生明，乾州人。光绪三年奇荒，不乞人怜，母子妻女五人俱饿死。”②

因此，“无德色”的救济方式比较常见，很多士绅通过这种委婉的方式救济他人，其目的就是不想使受助者有心理负担。例如，“杨必信，大荔人。家贫，卖水养亲。贫而好施，村人或窘甚，必信欲与之金，恐弗受，又虑其偿也，伺其过，遗金使拾，若非己所与者”③。再如，“王瑗，三原人。为保正，道光丙午饥，出麦百余石散给村众及亲友，焚积券、恤困客，多不令人知。”④

（三）拒绝接受救济的士绅

人不仅具有维持自身生存和发展的物质需要与追求，也有提高人格价值和思想境界的精神需要。因为“人都求‘生’，但生就要生得像一个光明正大、顶天立地的人”。生命尽管非常重要，但在儒家看来，肉体的生命并不具有至高无上的地位。因为儒家认为道德属性才是人的基本属性。所以，维护道德的尊严，就是维护做人的尊严。例如，孟子认为：“饱食暖衣，逸居而无教，则近于禽兽。”⑤ 人之所以为人，就是人讲道德，讲

---

① 《续陕西通志稿》卷90“人物十七”，第21页。

② 同上书，第3页。

③ 《续陕西通志稿》卷88“人物十五”，第10页。

④ 《续陕西通志稿》卷87“人物十四”，第8页。

⑤ 《孟子·滕文公上》。

道义，丧失了自己做人的尊严和行为原则，也就丧失了做人的起码资格。周敦颐认为：“天地间，至尊者道，至贵者德而已矣。至难得者人，而至难得者，道德有于身而已矣。”[①] 可见，仁义道德是比人的生命更为贵重的东西。[②]

所以，儒家思想讲求“穷不失义”的人格尊严。一个有志于追求道义的人，必须有独立、自尊意识，虽处于生活窘迫、贫困的境地，但不应忘记自己的志向，应拥有人生的愉悦，达到“乐以忘忧”的境界。[③] 孔子说：“君子忧道不忧贫”[④]。并赞扬伯夷、叔齐宁可饿死而决不失义的气节。孟子进一步规范道：“一箪食，一豆羹，得之则生，弗得则死，嘑而与之，行道之人弗受；蹴尔而与之，乞人不屑也。”要反对“万钟则不辨礼义而受之”[⑤]。他提出“贫贱不能移”，“穷不失义”[⑥]，认为这种人格尊严是不可或缺的。这种穷不失义的传统造就了众多不食嗟来之食的贫穷者，也促生了地方社会委婉含蓄的隐形救助形成。

可以说，义与利之间呈现出既统一又矛盾的现象。而儒家认为这一矛盾可以化解，其方法就是先义后利、见利思义，必要时舍生取义。[⑦] 在清朝陕西地方慈善救济中，也有许多宁愿被饿死，也不愿意接受救济的士绅。这种态度无疑受到了儒家“穷不失义”、“安贫乐道”等思想的影响。例如：

> 杨悰，洛川人。康熙六十年大饥，阖门减膳惜费，并转贷以恤穷乏，邻里待以举火者数十家。乾隆甲子、乙丑年，人口殷繁，饘粥或不继，至食树皮，阖家菜色，或赠以粟，则坚却不受。[⑧]

再如，节省自己的开支，救助处于饥饿中的饥民的士绅。“李述，泾

---

① 周敦颐：《通书》。

② 张英：《从“杀身成仁”，“舍生取义”看儒家生命价值观》，《理论探讨》2007年第2期。

③ 张锡金：《试论舍生取义及其现代意义》，《社会科学家》1997年第5期。

④ 《论语·卫灵公》。

⑤ 《孟子·告子上》。

⑥ 《孟子·滕文公下》。

⑦ 陈国庆：《儒家义利观论纲》，《西北大学学报》1998年第1期。

⑧ 《续陕西通志稿》卷92“人物十九”，第3页。

阳人。光绪庚子大饥，撙节食用以赈贫乏，乡人德之，后举乡饮介宾。”①

作为地方士绅，在捐助赈济乡人时，他们宁愿自减口粮，甚至不情借贷赈济。可是，一旦他们自身遭遇饥荒时，却坚决不接受他人的赈济。这种现象的原因，首先与士绅的自我约束有着密切关系。其次，这种现象的出现应该也与士绅特殊的社会地位和身份有关。最后，或多或少应该与“不食嗟来之食”的气节及儒家思想中的义利观有着密切关系。

“不食嗟来之食”，成为中国古代众多气节至上者拒绝他人救助的主要原因。尤其是在灾荒之年，面对饥荒，贫乏者不是不需要别人的救济和帮助，毕竟我们对雪中送炭之举都心存感激。然而，若是以施舍的心态救助他人，尤其是救助那些身受儒家礼义思想教化的读书人，他们很可能会拒绝接受救助。例如，许多读书人不愿意接受别人的救济而采食野菜，甚至被饿死。例如：

> 郭骏誉，淳化人，恩贡生。肄业宏道书院，屡困秋闱。家贫设教，严课生徒，掇高科、膺显官者多出其门。生平取与不苟，动必以礼。光绪三年大饥，或怜其贫，赠以米，辞曰：饿殍盈野，人人自顾不暇，何须怜我？后年老无子，夫妇采藿度荒而介节不稍贬。卒年七十有八，县令以“直道在兹”表其门。②

总之，在重视礼义和道义的中国古代社会，致力于地方社会的慈善救助，“好捐助无德色”，“捐助勿令他人知”等描述士绅救济的内容非常普遍。这种现象的盛行与士人的自我约束、儒家思想中的义利观、“不食嗟来之食”等传统密切相关。这与当今社会的高调慈善形式——众多新闻媒体的采访和报道，盛大的捐助仪式，捐助方产品的广告宣传，受捐者获助的微薄等，形成鲜明的对比。可以说，这似乎与我们中国古代社会，尤其是士绅等民间力量捐助地方慈善的做法及初衷相去甚远。

（四）救济乞丐

明清是中国古代慈善事业发展的高峰时期。不仅参与慈善救济的社会

---

① 《续陕西通志稿》卷86“人物十三”，第27页。

② 《续陕西通志稿》卷90“人物十七”，第6页。

力量空前加强，而且慈善救助的内容和形式日益多样化，例如，代完逋赋、替人赎回子女等。另外，从慈善救济的对象来看，这一时期的慈善救济范围和对象，逐渐突破了宗亲血缘关系和地缘关系的限制。从对宗族里党的救助转而对其他社会弱势群体的救助。例如，清朝陕西地方的慈善救济中就有对乞丐的救助。

> 李邦英，澄城人，都司衔。又尝捐钱五百缗施乞丐寒衣。①

在乐善好施、捐输成风的中国古代社会里，捐助族里、邻里的贫寒之人比较常见，但对于乞丐等的救助较少。明清时期，陕西士绅及其他人士对流人及乞丐的捐助，充分说明慈善救助的范围在这一时期有了明显的扩大，逐渐超越了宗亲血缘和地缘思想的限制。

（五）厚助孝养者

在以孝义为重的中国古代社会里，孝义养亲者往往能够得到社会舆论的赞誉。所以在地方社会的慈善救济中，捐输者往往对贫乏的孝义养亲者格外照顾。例如：

> 李振玉，朝邑人。慷慨好义，光绪丁丑大饥，赈粟一百六十余石。又施田五十余亩建宗祠。邻里有急，罔不周，有求以奉亲者给尤丰。②

可见，孝养思想在中国古代社会里根深蒂固。所以，在慈善救济中，士绅等民间社会对贫乏而竭力孝养父母者的救济，也常比给其他人的救助要丰厚。在这种思想的影响下，士绅也常常捐助赡养那些孤老无依者。例如：

> 叶逢春，咸宁人，附贡生，居家以孝友闻。有年老无子者，逢春

---

① 《续陕西通志稿》卷89“人物十六”，第3页。
② 《续陕西通志稿》卷88“人物十五”，第21页。

生养死葬如一。周恤乡邻，每岁冬给粮至百石，乡人皆称之曰“佛”。①

杨茂春，渭南人。性孝友纯笃，人称长者。尤悯恤孤独，每捐金为养生送死计，无告者赖之。②

（六）慈善救济的宗族色彩

宗族是以士绅为首的组织。③ 在宗族、乡约、乡社系统中，士绅阶层处于绝对控制主体的地位。④ 这种主体地位就体现在他们对宗族事务及利益的关心和维护上。例如，在慈善救济中，士绅一般奉行的是由近及远的原则，首先救助宗族成员，其次才可能是里党。例如，养育孤儿也是从宗族孤儿的养育开始的。例如：

赵凤涟，渭南人，庠生。好施予，有族孙元贵幼失怙恃，牧养终身，为之成室并婚嫁其子女。⑤

叶逢春，咸宁人，附贡生，居家以孝友闻。堂弟某幼失怙，抚育成立。⑥

正是在“幼吾幼以及人之幼”思想及宗族血缘关系的影响下，士绅群体积极肩负起了养育宗族孤儿的重任。

从众多士绅捐助地方社会慈善的记载来看，其救济对象的宗族特征非常明显。在清朝陕西士绅中，有许多类似的记载。例如：

李崇洸，长安人，原籍延川，光绪丁丑进士。生平俭约，而好善不吝，尝为延川远族捐设义塾，资助戚族不下万数千金，而布衣敝裘，人不知其曾官太守也。⑦

---

① 《续陕西通志稿》卷86“人物十三”，第6页。

② 《续陕西通志稿》卷87“人物十四”，第15页。

③ 苏耀昌：《华南地区：地方历史的变迁与世界体系理论》，《中国古代地主阶级研究论文集》。

④ 王先明：《晚清士绅基层社会地位的历史变动》，《历史研究》1996年第1期。

⑤ 《续陕西通志稿》卷87“人物十四”，第15页。

⑥ 《续陕西通志稿》卷86“人物十三”，第6页。

⑦ 《续陕西通志稿》卷84“人物十一”，第8页。

武廷鋆，平利人，道光己酉拔贡，宦囊所余，皆分润亲族。①

纪廷枢，富平人，历官榆林守备。以老告归，俸余皆悉周亲族。②

高万鹏，城固人，建瓴子，同治戊辰进士。当同治兵燹后，地方凋零。万鹏由汴归里，自食麦粥，几不能存活，乃罄囊金三百捐助族人牛种，又捐巨资修宗祠。③

柳毓茂，泾阳人，监生。有余则分给亲族之贫者，家无余资。④

王长年，渭南人，进士。家蓄杂粮二百余石，值岁饥，尽给亲族。⑤

魏壮，华州人。乾隆十三年饥，族人乏食，又散粟数十石。⑥

鱼飞汉，高陵人，进士。其父有成，岁荒，出谷赈族党、置义地、掩骸骨，卒祀乡贤祠。⑦

可见，宗族里党始终是士绅救助的首选。也正是因为如此，士绅在宗族事务中处于绝对控制主体的地位，不能，也无法动摇。

（七）救助恩师

一日为师，终身为父。师生关系是中国古代人际关系的重要内容。受儒家伦理思想的影响，士绅特别注重对恩师的支持、关注，以及孝养。所以很多士绅会在自己的老师年老无依，或贫穷的情况下伸出援手。例如，陕西士绅路德和李天牖，就是其中的代表人物。

路德，盩厔人，嘉庆乙巳进士。凡戚族贫乏者必资助之，师友殁后，妻子无依者极力抚恤，不使冻馁。⑧

李天牖，泾阳人。性孝友，业师文某居三水，岁祲，尝负米百里

---

① 《续陕西通志稿》卷82“人物九”，第19页。

② 《续陕西通志稿》卷77“人物四”，第13页。

③ 《续陕西通志稿》卷82“人物九”，第5页。

④ 《续陕西通志稿》卷76“人物三”，第5页。

⑤ 《续陕西通志稿》卷77“人物四”，第3页。

⑥ 《续陕西通志稿》卷89“人物十六”，第7页。

⑦ 《续陕西通志稿》卷75“人物二”，第12页。

⑧ 《续陕西通志稿》卷76“人物三”，第20页。

以赡之。①

（八）公平赈饥

救饥助赈最重要的是公平、及时、全面。所以，中国古代士绅在地方社会救助中，采取了各种各样防止冒滥、保持公允的做法。例如，有些在灾民手臂上贴印章，给凭信等。

例如，清代陕西人周自西在光绪三年赈济中，采用照册发钱、施粥收钱的方法。这种做法给了饥民选择权，他们既可以拿钱买米自己煮粥，也可以在施粥处花二文钱买粥，这不但避免了争抢免费粥可能导致的拥挤与混乱局面，而且先散钱、再施粥的双重救济保证了饥民不被遗漏，对于救饥赈灾具有借鉴意义。据记载："周自西，白河人。光绪三年饥，民蚁聚，与同志设粥厂，虑人多争挤，另筹一法，各捐钱百串，照册每名给钱十文，又各捐米十石，散粥时每碗收钱二文，计数杜弊，无遗滥亦无践踏，用心曲尽如此。"②

除了采取恰当的救助方法外，士绅还特别注意救济过程中的公平原则。例如：

> 方步月，榆林人，庠生。光绪丁丑大饥，步月充绅士，秉公散赈，请于官长，口外贫民一律赈济。嗣蒙古开放大保当地，步月承办河南地亩，穷民乏资者许照原价分给，不数年，贫者小康，小康者骤富，事见大保龙王庙碑记。年七十有三卒，会吊者千余人。③

（九）授人以渔的救助方法

"授人以鱼不如授人以渔"。受这种思想的影响，许多士绅在救济地方社会贫乏者的同时也思考着如何才能解决其人贫穷无依的问题。因此许多士绅不是简单地给予粮食、金钱、棉衣、棺木等实物，而是积极寻找和探索其人致富和解决贫寒的根本方法。例如，宋商裔就教其族弟经商之道。

---

① 《陕西通志》卷62"人物八"，第42页。

② 《续陕西通志稿》卷91"人物十八"，第11页。

③ 《续陕西通志稿》卷92"人物十九"，第10页。

> 宋商裔，礼泉人，岁贡。岁饥，周恤不倦。族弟光珍家贫，引与同居，教之商，家渐丰。又养孤子光宿，为之娶妇。尝得遗金百两，还其主。遇鬻子女者，赎归之。乡里称其义，举乡饮大宾。①

可见，宋商裔的培养和帮助是非常有效果的，其族弟在他的带领下逐渐富裕了起来。这说明，清朝时期的慈善救济者，已经从单一的物质给予转向开始寻找帮助其人解决贫穷的方法了。

（十）士绅慈善救济的表率作用

受中国古代社会轻财重义、乐善好施等思想的影响，诸多地方士绅慷慨好施，急公好义唯恐不及，在他们的带动、表率及教化下，地方社会的其他民间力量也积极致力于地方的公共工程和公益事业。例如，书院建设，提供捐助的不仅仅是士人等知识文化的获益者，还包括其他普通人士，如商人和农民。例如，在紫阳书院的修建中，以农业起家的杨景泰的捐助多达5000两；再如咸丰年间，同邑武生侯一位捐地价值千余金给东来书院。“杨景泰，紫阳人，以农业起家。道光间建东来书院，助银五千两，巡抚表其门。又武生侯一位，隆师重道，轻财好义，咸丰五年捐山地七契，价值千余金，收租三十七石为东来书院恒产，士人赖之。”② 另外，就连寺庙的住持也为东来书院捐地捐租。“道士庄教礼，湖北均州人，住持紫阳城隍庙。积置庙产甚厚，性慷慨好义。光绪间捐田于东来书院，岁收租二十石，为生童膏火。其他善举无役不从，合计出资数千金。”③

在灾荒之年，好捐乐施的地方士绅往往都会伸出援助之手，这也带动了地方社会其他民间力量协同助饷，形成同舟共济的良好互助之风。例如，澄城某村在光绪三年灾荒之时，同里有许多人都参与了这次赈济活动，只不过史料保存下来的只是捐助麦粟100石以上者的名字。据记载：“彭家贞，澄城人。赋性方正，乐善不倦。道光间大饥，出粟赈济，并焚借券，恤贫矜孤，义举甚多，巡抚奏旌。至光绪三年奇荒，同邑捐赈者

---

① 《续陕西通志稿》卷87“人物十四”，第24页。

② 《续陕西通志稿》卷91“人物十八”，第14页。

③ 同上。

为：崔景都出麦四百石，刘宝兰出麦三百石，成清珍出麦二百余石并捐修道路，段思璜、刘梦魁各出麦二百石，杨翊清、李世珍各出麦一百二十石，杨松龄出麦一百石，其捐麦数十石者不及详载。”①

另外，许多乐善好施士绅的慈善行为，成为地方社会乡民争相效仿的榜样和楷模。例如：

> 刘络，中部人，顺治十二年岁贡。幼孤，奋励自立，动循礼法。尝曰：人须不愧屋漏，故学以力行为先，忠恕为本。周穷扶急，乐奖善类，一时学者奉为式法。②
>
> 张永淑，中部人。乐善好施，拯危济急，义举甚多，族党式服，有太邱之风。③

可见，作为乡人效仿的榜样，士绅的慈善救济行为带动了地方社会乐善好施的捐助之风。这不仅对于贫穷无依的乡民来说是一种福音，而且也有助于和谐地方社会关系的形成和社会的稳定。

（十一）身在他乡，心在故乡

在乡土社会中，士绅群体特别重视对自己所在家乡事务的关注。因为，除了读书求学，尤其是做官必须离开家乡外，其他绝大多数时候他们都是在自己的家乡度过的，尤其是在离开官场以后，他们大多都返回家乡。所以，士绅群体天然地关注所在地方的一切事务。例如，灾荒救济，即使他们身在宦途，远在他乡，同样会高度关注自己家乡人民的安危。即便自己不能亲自对家乡地方的灾荒实行救助，他们往往也会委托自己的家人或者族人实现自己的救助愿望。

在清朝陕西，有许多灾荒之年或致书家人救济地方贫乏，或邮寄赈银等救济宗族里党的士绅。例如：

> 韩鉴吾，礼泉人，举人。任四川知县，历任七厅县。光绪丁丑，

① 《续陕西通志稿》卷89“人物十六”，第5页。

② 《续陕西通志稿》卷83“人物十”，第9页。

③ 同上。

陕省大饥，鉴吾在蜀筹赈协济银二十余万两，大吏知其才堪大用，荐知府。①

王如林，泾阳人，幼失怙恃，家贫甚，年十五投将军金顺部下，积功至参将加二品顶戴。庚子大饥，如林由新疆汇数百金赈恤乡邻，多所存活。凡陕人旅西域贫乏者，无不周给川资，襄助婚嫁，死则并归其梓。民国三年卒于伊犁，同乡哀悼，柩归时挽送者数千人。②

张祥之，蒲城人。贾于安徽致富，凡近里十三堡婚丧靡不力助，乾隆年间大荒，祥之寓书家中，捐钱粟助赈。③

杨贻清，富平人，诸生。与邑人李因笃，盩厔李颙游，晚年授湖北黄陂县丞。康熙三十年，关中饥，流亡者多入楚，充塞道路，贻清奉檄安抚，调度有方，全活招归者以数万计。④

张连登，咸阳人，庠生，屡试不售，援例捐知府。岁辛丑，关中大饥，士女就食楚地，连登割俸散给，全活甚众。⑤

这些记载充分说明，士绅与地方社会慈善及其他事务之间存在着天然关系，也说明士绅在地方社会事务中具有不可替代的作用。

总之，作为民间慈善的主体力量，陕西士绅在清朝地方社会的慈善救济中发挥了重要作用。他们不仅救助宗族里党，而且扩大救助范围，救助流民、乞丐、恩师；从救助内容来看，他们不仅捐助常规的实物，而且开始寻求解决其人贫穷的方法；从慈善救济思想来看，他们注意采用市场规律及价格杠杆来实现灾民粮食供应的自由流通，而且受孝义思想的影响，他们格外照顾贫穷养亲的告借者。可以说，这些救济思想和特点，不仅丰富了中国古代慈善救济的内涵，而且对当今社会的慈善事业具有一定的借鉴意义！

---

① 《续陕西通志稿》卷77“人物四”，第18页。

② 《续陕西通志稿》卷84“人物十一”，第14页。

③ 《续陕西通志稿》卷89“人物十六”，第22页。

④ 《续陕西通志稿》卷77“人物四”，第17页。

⑤ 《续陕西通志稿》卷75“人物二”，第1页。

八 清朝陕西士绅热衷慈善救济的原因

中国是世界上最早倡行并发展慈善事业的国家。在当今社会，慈善救济依然必不可少，它成为社会经济发展过程中贫富悬殊的补充，也是自然灾害，如地震、洪水等灾害之后必须有的救助方式。探究中国社会慈善绵延不绝的原因，如果说中国古代社会生产力水平低下，人们抵御自然灾害的能力有限、自然灾害频繁、科学技术落后等是客观原因的话，那么，儒家仁爱思想、道家积德行善思想、佛教慈悲思想和因果相报思想，则是推动中国社会各阶层热衷慈善救助的内在动力及因素。

（一）儒家思想与慈善救济

“仁”是儒家学说的核心内容。儒家鼻祖孔子倡导的“仁”，内涵丰富，在不同的场合可以有多种解释，但“爱人”是“仁”的基本出发点。以此为基础，孔子主张“养民也惠”，即要求统治者施行惠民政策。孟子继承并发展了孔子关于“仁”的学说，把“仁”当作基本的政治范畴和道德规范，并将施行仁政提到极端重要的地位。孟子在“性善论”的基础上，提出人心固有的四个善端：恻隐之心、羞恶之心、辞让之心、是非之心。这四种善端是引导人们扬善抑恶、布善祛恶的力量之源。其中“恻隐之心”，是指人类情感中的同情心、怜悯心和爱心。它是人们从事各种社会慈善活动的源泉和动机所在。①

从“人皆有不忍人之心”出发，孟子完成了从道德到政治的推导，指出君主有了“仁爱之心”，方能施行仁政。这种仁政思想当然包括“老吾老以及人之老，幼吾幼以及人之幼”，从而促使和引导人们帮助弱者，救济贫乏。例如，养育女婴，赡养孤独等。

儒家思想中民本思想的影响。孟子明确提出：“民为贵，社稷次之，君为轻。”② 在孟子的基础上，荀子进一步提出：“君者，舟也，庶人，水也；水则载舟，水则覆舟。”③ 所以，我国古代的政治家、思想家，很早

---

① 张宏慧：《儒家思想主导下的魏晋南北朝慈善事业》，《许昌学院学报》2008 年第 6 期。

② 《孟子·梁惠王上》。

③ 《荀子·王制》。

就产生了“民为贵”、“民惟邦本”的重民思想。儒家的这种民本思想，反映到慈善观方面，就是要惠民。所以，士绅群体理所当然地继承和发扬了这种优良传统，与各种轻民、仇民思想和害民、扰民暴行相对立，怀着爱民、忧民意识，采取种种养民、利民措施，解除黎民百姓的疾苦，达到改善百姓生活、民安邦治的目的。[①]

于是，深受儒家思想影响和熏陶的士绅阶层，积极致力于地方社会的慈善救济。从慈善施济的内容看，有对患者的施医给药，有对死者的施棺代葬，有对贫民的施粥给衣；从救济对象看，有打捞和赈济落水者的救生局，有救济笃疾孤老的安济堂，有收容流民的栖流所，有抚恤节妇贞女的敬节会、儒寡会、清节堂、恤嫠局等，有收养遗弃孤儿的育婴堂、恤孤局、广仁堂、留婴堂等，还有恤及生灵万物的放生局、惜字会之类的善堂善会。[②] 可以说，包容了养与教，囊括了生与死，涉及了慈善救济的方方面面。

（二）佛教思想与慈善救济

佛教教义极为复杂，内容十分丰富。而构成慈善事业动力机制的是修善功德观、因缘业报说与慈悲观念。例如，佛教劝导世人多行善举，多积功德。其中，因缘业报说是佛教伦理的理论基础。佛教认为：“业有三报：一现报，现做善恶，现受苦乐。二生报，今生作业，来生受果。三后报，或经二生三生、百生千生，然后乃受。”这种业报轮回之说，给人以这样的伦理启示：今生修善德，来世升入天界；今生造恶行，来世堕入地狱。在这种道德说教的影响下，上至统治阶层，下及普通百姓，缘于对来世受苦受难的恐惧，人们注重自身的修养，不断警醒，去恶从善。于是，千百年来佛教善有善报、恶有恶报的思想，成为中国人道德伦理的精神支柱，它促使人们积善积德，踊跃参加地方社会的各种公益慈善活动。[③]

慈悲观是佛教教义的核心，同时也是佛教慈善渊源中最重要的内容。慈悲者，怜爱、怜悯、同情之谓也。慈心是希望他人得到快乐，慈行是帮助他人得到快乐；悲心是希望他人解除痛苦，悲行是帮助他人解除痛苦。

---

① 王岸茂：《论古代清官的重民思想和务实作风》，《史学月刊》1997 年第 1 期。

② 周秋光、曾桂林：《中国慈善简史》，人民出版社 2006 年版，第 179 页。

③ 同上书，第 48 页。

这种佛教利他主义道德观的具体实践是布施。所以，受佛教思想的影响，人们把赈济、养老、育婴、医疗等救济事业，看成是慈悲之心的外化表现。同时，又时时以“慈悲喜舍”的四无量心善待众生，以宽宏的胸襟劝谕世人，发慈悲之愿而生救世之心，广行善举，求得菩提的佑护。①

因为慈善救济的本质就是挽救生灵于涂炭，所以宣扬灾荒救助的善事及其相应的德报，也是中国古代知识分子史料笔记中的主要内容。士绅的这种教化及宣传，促使了更多的士绅和百姓加入灾荒救济的行列。例如，史料笔记中救助灾荒得到善报的记载：

> 吴县东洞庭山严氏，明季以资雄于乡。顺治乙酉，以赈济难民倾其家。至严晓山，家业又裕。乾隆乙亥岁大祲，晓山倡捐谷米，同诸善士放赈。四鼓即起，始终理其事，不假手仆从。梦神告曰：“汝家乙年种德，当于乙年受报。”至乙未岁，晓山子福中会元，入翰林；乙卯岁，福子荣亦入翰林，官至杭州府知府。道光乙酉岁，荣子良裘又中举人。②

显然，人们认为，严晓山的儿子、孙子、曾孙子等均获得善报、科举中试是因为严晓山及其祖辈在灾荒年赈济的德报。虽然，我们相信这也许只是巧合，但这种记载的传播，就说明了士绅的救灾之善行能够得到回报，这对居于乡村，以表率乡人为特征的士绅积极救助灾黎和倡导乡民救助灾荒等慈善事业，具有促进和激励作用。

因此，在儒家乐善好施，行善积德思想以及佛教因缘业报说思想的影响下，人们相信，若是有人做了恶事，或者是做了与传统习俗及礼仪相违背的事情，迟早会遭到恶报。例如，关于乾隆年间广西某考生科考恶报的记载：

> 乾隆丁酉科，龚太史大万、姚主政某典广西试。某房得一卷欲荐之，忽梦见一人曰：“此人三破婚姻，损阴骘，不可荐。”某以为梦不足信，遂荐之。夜复梦曰：“此卷系抄袭陈勾山旧作，窗稿中有其

① 张宏慧：《佛教思想影响下的魏晋南北朝慈善事业》，《许昌学院学报》2009 年第 4 期。

② 钱泳：《履园丛话》，中华书局 1997 年版，第 336 页。

文可查。荐而不受，衣巾尚在；荐而或售，据新例必除名，汝虽无大处分，何苦害人耶？”某以梦告主司，谓我辈识勾山文，足徵眼力。若置前列，恐遭磨勘，附榜末或无害也。主司以为然，及到部磨勘，官复梦如前，遂以抄袭除名。①

另外，在德报思想影响下，人们认为，必须持之以恒地长期积德行善，不求回报，这样才可以获得冥冥之中的某种回报。细究之，这与我们当今社会所倡导的“做好事不难，难的是长期做好事”应该有异曲同工之意。据记载，某生员因为曾经出资掩埋暴尸荒野的110具尸骨而期望中式，后来因为没有中式，并愤愤不平于自己的好德行为没有得到回报，就遭到了梦境中城隍神的谴责，后来他转而持续积德行善，终于考中举人。据记载：

刘秀才名大佑，长洲人。累举乡试不受，其所居在察院巷城守署之西，署南有高墩，明季兵燹后，瘗骨累累。雍正初，城守某将尽徙其瘗骨而筑照墙，秀才闻其议，为之悯然。而窘于力，因告贷于友朋，得数金，就其骸之藏于瓶者，倩人善埋之，计埋一百一十具，而金尽矣，秀才虽心怜之而无如何也。是年秋应省试，仍荐而不售，益郁郁不乐。腊月二四之夕，秀才因灶神前具疏，自道其生平虽无大阴德，然掩骼一事，当亦可挽回造化，何神听之不聪也，辞色愤愤。越夕，梦至城隍庙中，神升座呼大佑，谓之曰：“汝读书人，岂不知功名迟速有定，何得自矜埋葬一事，罔渎神听，若再不悛，当褫汝衿矣。汝苟作善不怠，何患不登科第耶？”秀才唯唯而觉，越三载，中雍正己酉科乡榜第一百一十名，后官中书舍人。②

这个事例说明，作为读书人更应该坚持行善积德而不求回报，因为在善恶相报思想的影响下，人们认为只有这样才能得到回报，才不至于做一件善事就谋求回报。这种思想无疑对于地方社会的其他乡民长期致力于地方社会的公益事务，互相帮助等邻里关系的形成，具有促进作用。

---

① 钱泳：《履园丛话》，中华书局1997年版，第335页。

② 同上书，第582页。

清朝陕西地方社会很多士绅的慈善救济行为，似乎也迎合着人们的这种善报与恶报思想。例如，行善积德与子孙兴旺的相关记载：

杜锦绣，神木人。家仅中资，年三十余生一子，至十余岁病殇。锦绣以外贷银钱、契券约千余俱焚之，更勉励善行，后生子如桂，中武举，孙嘉树亦中式举人。①

陈锡，咸宁人，布政司理问职衔。值岁歉，施散钱粟，全活甚众。后嗣衣冠不替，人以为积德之报。②

郭玉书，雒南人。事亲以孝闻，家本素封，每代只一子相传。玉书自念丁单，日以行善为事。凡造桥、铺路、建仓，无不捐资倡首，周恤贫乏，施食施衣，数十年不倦，乡里有善人之目。同治元年，玉书捐资办团，资颇保障。有自贼中逃出者，量其家之远近悉赠川资。光绪丁丑大饥，玉书积粟千钟，或曰：粜之可富家一郡，玉书乃捐以助赈。复罄所积设厂施粥，全活甚众，大吏旌其门。逾年，果生两孙，子姓孙曾多至二十余人。③

可见，人们认为，正是杜锦绣在自己十余岁的儿子夭折后焚积券等积极的善行，所以得到了善报，因此再生了一个儿子杜如桂，杜如桂及其儿子后来还相继考中了举人。这些记载似乎更加确认了乐善好施的回报。

正因为受佛教因果相报、善恶相报思想的影响，人们认为，乐善好施可以给自己及子孙后代累积一定的阴德，所以他们积极行善，救助地方公益和贫乏的乡邻。而这也是促使人们乐捐成风、慨然捐助他人的重要原因之一。于是，在乐善好施者的子孙考取功名后，人们很自然地认为，这是他们的父辈积德行善的善报。例如：

刘元鼎，大荔人。父死云南，闻讣奔丧，计六千余里，止携银三两有奇，戚友皆难之，元鼎依然往。典身得值，负父骨行，抵成都，囊无一钱，哭于市，或周之，始得归葬。子宗实，中式道光十九年举

---

① 《续陕西通志稿》卷92“人物十九”，第12页。

② 《续陕西通志稿》卷86“人物十三”，第7页。

③ 《续陕西通志稿》卷88“人物十五”，第5页。

人，人以为孝感所致云。①

李之恪，长安人，监生。乾隆癸丑岁饥，周恤邻里，并输米数百石助赈，邑人德之。孙，应震举于乡，人以为为善之报。②

苟万选，凤翔人，贡生。光绪丁丑、庚子两值大饥，万选各出粟数百石以济贫民，全活甚众。有子五人皆列庠序。③

吕登魁，华州人。家极贫，沙田七亩，欠债累百，嗣母刘善病，遂罢读力耕，夜习方书。道光丙申、丙午两值大祲，出麦豆六十余石以赈乡里。善岐黄，疗人疾不取一钱，年八十卒，乡人皆哭失声。其妻冯氏亦好善，兵燹后，室毁乏资，尤济艰恤困，不索逋赋，年八十有七卒之。后其子凤彩贵登魁，人咸谓天之报善人。④

总之，佛教思想中的修善功德观、因缘业报说与慈悲观念，也是促使人们积极致力于地方社会慈善等公共事务的主要原因。因为他们相信，善报缘于自身的布施及捐助，恶报缘于自己的作恶行为。

（三）官府旌奖与慈善救济

中国古代士人素有立德、立功、立言的传统，所以他们刻苦力学，希冀取得实现这种人生理想的机会和资格。然而，当科举受挫，或仕途不顺之后，他们转而返回家乡，把平天下的理想转化为对地方社会宗族里党事务的高度关怀。因此地方社会的慈善救济就是其人关注和参与的事务之一。

探究其人热衷地方慈善事务的原因，除了上文所提到的儒家思想、道家思想、佛教思想等的促进和中国古代士人的内在自省和激励外，也与来自于中央王朝、地方官府和民间社会对士绅慈善救济的赞赏和旌奖有密切关系。地方官府往往以各种方式对积极捐赠行为给予表彰。例如，对捐助之人旌表赐匾，旌表“孝义可风”，或者将其善行勒石刻碑，以垂久远；或者将捐施者的姓名录入地方志中的人物谱、义行谱中，称赞其为名宦、

① 《续陕西通志稿》卷88“人物十五”，第11页。

② 《续陕西通志稿》卷86“人物十三”，第3页。

③ 《续陕西通志稿》卷90“人物十七”，第9页。

④ 《续陕西通志稿》卷89“人物十六”，第8页。

乡贤等；更将突出者供入文庙、名宦祠、乡贤祠等。[①] 于是，社会各成员乐捐成风，积极参与地方社会的各项捐输。除了精神方面的旌奖外，还有实质性的，如“议叙给官”等；而民间百姓对士绅的赞誉则主要体现在良好的口碑方面。

在清朝陕西地方，有许多参与慈善事务而获得地方官员和中央王朝旌奖的士绅。例如：

杨学易，白河人。祖世青，庠生，嘉庆六年饥，捐麦百石助赈。光绪十三年，学使奖以孝友可风匾额。[②]

成子万，澄城人。乾隆间岁饥，先后出粟二千余石赈济乡里。又李永清，监生。乾隆戊辰出粟五百石赈济，巡抚旌其门。[③]

米宗宪，蒲城人，以监生捐职直隶州州判。优礼群儒，周恤邻里，久而不倦。乾隆四十五年大饥，施麦二千石，大吏旌其门。[④]

袁士元，长安人，游学新疆，入昌吉县学。嘉庆某年岁大祲，捐粮数百石；道光十五年又饥，捐钱二百余千以赈，邑令表其门。[⑤]

徐南山，蒲城人。嘉庆中岁饥，施粟千石，全活甚众，朝廷颁赐匾额。[⑥]

董志恭，朝邑庠生。六世同居无间言，常出粟捐金以周贫乏。学优品端，乡邻化之。乾隆元年荐举孝廉方正，大吏旌其闾。[⑦]

王朝栋，紫阳监生。道光十三年岁大饥，捐钱谷助赈，知县徐元润嘉之，为文志其事。[⑧]

可以说，来自官方的这些旌奖，就是对士绅参与地方慈善事务所做贡献及作用的一种肯定。这种奖励不仅坚定了士绅本人及家庭进一步参与地

---

① 夏明方：《从清末灾害群发期看中国早期现代化的历史条件——灾荒与洋务运动研究之一》，《清史研究》1998 年第 1 期。

② 《续陕西通志稿》卷 91 “人物十八”，第 10 页。

③ 《续陕西通志稿》卷 89 “人物十六”，第 4 页。

④ 同上书，第 21 页。

⑤ 《续陕西通志稿》卷 86 “人物十三”，第 4 页。

⑥ 《续陕西通志稿》卷 89 “人物十六”，第 24 页。

⑦ 《续陕西通志稿》卷 88 “人物十五”，第 15 页。

⑧ 《续陕西通志稿》卷 91 “人物十八”，第 13 页。

方社会慈善事务的信心，而且对于其他或准备，或打算捐助地方社会的乡人，也是一种鼓励和促进。

除了旌奖之外，在清朝中后期官方赈济衰微的情况下，中央王朝往往还对参与地方社会事务成就特别突出者，给予议叙做官的资格。清朝陕西就有许多因慈善救济而被议叙给官的例子。例如：

> 李瑛，三原人，光绪丁丑大饥，瑛忽亡，遗命捐银三万五千余两通赈阖邑贫民。总督左宗棠旌其门曰：行道有福，事闻，议叙嗣子郎中。①
>
> 罗堂，长安人。光绪丁丑、庚子两值岁荒，又出粟助赈，全活甚众，议叙从九品。②
>
> 白全义，原籍河南，同治间避捻匪乱至邠州，业商致富，遂家焉。慷慨好义，不斤斤于资财。光绪庚子大饥，斗粟值钱三千文，全义捐赈五十石，躬亲散放，全活甚多，知州劳启恂倚重之，请奖六品顶戴。③
>
> 文锦，三水人。夫妇持耒耕于东山，勤俭持家，积粟至万石，予五子各二千石，值岁饥，尽出其粟施贫民，有司以闻，赐寿官。④

有些士绅拒绝这些旌奖。例如，“刘逢耿，蒲城人，武生。光绪丁丑饥，出粟五十余石以赈村人。又党应用，光绪丁丑岁捐赈七百金，不邀奖叙”⑤。

这些官方的旌奖和议叙，无疑对于士绅等民间社会力量参与慈善事务具有重要的激励与推动作用。

除了官方的旌奖和议叙外，受助的乡民往往通过口口相传的方式，歌颂这些士绅的好生之德。这种来自于民间社会的良好口碑，无疑更能提高士绅在地方社会的威望和影响力，因而也反过来进一步促进和激励更多的士绅投身于地方社会的慈善事务。在清朝陕西地方志中，有许多因慈善救

---

① 《续陕西通志稿》卷87“人物十四”，第9页。

② 《续陕西通志稿》卷86“人物十三”，第5页。

③ 《续陕西通志稿》卷92“人物十九”，第1页。

④ 《续陕西通志稿》卷90“人物十七”，第5页。

⑤ 《续陕西通志稿》卷89“人物十六”，第24页。

济而获得乡民赞誉的士绅。例如：

王宁堤，蒲城人，监生。以艰苦起家，慷慨好施。饥荒散粟，冬夏施浆，生平焚券不下千余金。乾隆五十二年里人于道旁立碑，邑令宝祥为之记。①

吴惟元，华州人，太学生。嘉庆五年饥，偕兄惟明、弟惟赓出麦五百石赈五里贫民。十五年又饥，惟赓捐千金助赈，议叙布政司理问衔并旌其门。道光十五、十六年，其侄振蒙各出麦一百石赈荒，乡邻颂德不置。②

张清栋，华州庠生。自明隆庆以来，遇岁祲辄倾家助赈，乡里额其门曰"四世乐施"，嘉庆十八年奏请旌表建坊，榜曰"七世同居"。③

吕毓韶，盩厔人。光绪丁丑饥，捐粟数十石助赈。又与邑绅恳请县令设赈务局以济贫民。殁后，乡人怀其德，公送匾额。④

可见，虽然吕毓韶没有科举功名，但是从基层社会治理的角色来看，他绝对算是德高望重的乡居者。因此，他得以与地方士绅一起请求县令设立赈务局。他救助饥荒的善举，不但保全了乡邻的性命，而且为自己赢得了良好声誉。"乡人公送匾额"就是对他造福地方社会，为百姓所敬重的最好诠释。

（四）促进士绅热衷慈善的其他因素及表现

明清时期，中国慈善事业发展到了一个顶峰。促使民间社会积极捐助慈善的因素很多，除了上文所提到的各种原因外，没有子嗣继承家业、受父母之命等，都是促使士绅致力于地方慈善的原因。

在探究中国古代士绅热衷捐资救济的原因时，我们发现，无子嗣继承遗产也是捐助地方社会公益的重要原因之一。例如，朝邑举人刘绳武就是这样，因为没有子嗣，所以临终前把自己的财产全部捐献给了宗祠及地方教育事业。"刘绳武，朝邑人，年六十举于乡。方严古朴，一介不苟。无子，临

① 《续陕西通志稿》卷89"人物十六"，第22页。

② 同上书，第10页。

③ 同上书，第9页。

④ 《续陕西通志稿》卷87"人物十四"，第14页。

终捐田宅为先祠祭田，又捐数千金取息邑乡会试资斧及书院膏火。”①

另外，有些士绅对地方社会的捐助是受到父母等长辈敦促的。例如：

马尚勇，神木人，武举。乾隆二十四年饥，奉母命出粟三百石以济贫民。②

李瑛，三原人，道衔工部郎中乡贤廷佐曾孙，能守好义家风。道光二十九年娄底水灾，奉母刘氏命倡捐巨款拯救难民。光绪丁丑大饥，瑛忽亡，遗命捐银三万五千余两通赈阖邑贫民。③

刘质慧，三原人，优贡生，捐义仓麦五百石。子昌复奉母马氏命于光绪丁丑大饥捐银四千五百两，又捐籽种银二千四百两。④

另外，士绅的捐助行为往往还受到诸多善书、善会的影响。所以，中国古代社会的许多士绅也把刊印善书等，作为造福地方社会的重要内容。例如：

朱谦益，商南人。少贫，贾于荆紫关致富。印活世生机、功过格等书千余部分布劝善。他如宗族、戚友，庙宇津梁，随时补助，不可胜纪。迄今子孙繁衍，书香不替，人以为乐善好施之报云。⑤

从朱谦益刊印活世生机、功过格等劝善书散给百姓的事迹来看，古代乐善好施的风气也与地方士绅的劝谕、传播、宣讲等密切相关。

有些士绅还通过积极撰写有关慈善救济的书籍，来激励地方社会的慈善捐助行为。例如：

曹学易，紫阳人，道光庚子举人。道光十三年大饥，倡办赈捐，全活无算，著有《救荒十策》并与修县志，又创立同善局，四民无

---

① 《续陕西通志稿》卷88“人物十五”，第15页。

② 《续陕西通志稿》卷92“人物十九”，第11页。

③ 《续陕西通志稿》卷87“人物十四”，第9页。

④ 同上。

⑤ 《续陕西通志稿》卷88“人物十五”，第7页。

告者至今赖之。①

慈善事务需要全社会的参与。在清朝时期，尤其是中后期，随着国家财政的紧张，来自官方的救济往往力不从心。于是，以士绅为主体的民间社会力量，在地方社会的慈善救济中发挥了重要作用。而且有些救济非常具有时代特色。例如，目睹鸦片泛滥的彭懋谦，就购买了戒食鸦片的药散给地方社会。“彭懋谦，石泉人，同治间进士。任广东按察使时，以新制棉衣千件送回原籍石泉施予贫寒，并粤产木棉百余斗斛配方舍药救吞食鸦片烟者，全活甚众。”②

还有许多因为慈善事务操劳而去世的士绅。例如：

> 李怀荫，三原人，乡贤李廷佐孙。道光丙午大饥，倡捐银万余两赈八十余村，甫峻而亡，巡抚林则徐旌其门。③
>
> 宁述俞，潼关厅人，光绪戊戌进士。乙巳全陕大祲，各县饥民幼女多被诱卖出省，救济会设收容所于潼关盘查留养，请述俞任其事，以食宿多艰，病亡相属忧劳而卒。④
>
> 张树荚，潼关人，举人。光绪丁丑秦大饥，工部侍郎阎敬铭奏调树荚督购赈粮，至周家口三月阅，以劳疾卒于家。⑤

总之，清朝陕西士绅在地方社会的慈善救济中发挥了重要作用。他们不仅救济内容丰富、救助对象及范围广泛，而且救助形式多样。其中，许多慈善救助思想及实践对于当今的慈善事业都具有借鉴意义。可以说，正是因为有诸多地方士绅的积极参与和捐助，所以清朝陕西社会虽然发生了多次灾荒，但饿殍者相对较少。其原因就在于，在地方士绅的参与及表率下，以士绅等民间力量为主体的自发救济发挥了重要作用。

① 《续陕西通志稿》卷82“人物九”，第23页。

② 同上书，第24页。

③ 《续陕西通志稿》卷87“人物十四”，第6页。

④ 《续陕西通志稿》卷84“人物十一”，第20页。

⑤ 《续陕西通志稿》卷78“人物五”，第3页。

第四章　清朝陕西地方习俗养成中的士绅

在封建时代，士绅阶层是唯一享有教育和文化特权的社会集团。“劳心者治人，劳力者治于人”的社会价值观，决定了唯有作为文化占有者的士绅，才拥有卫护传统社会纲常伦纪的职责。“其绅士居乡者，必当维持风化，其耆老望重者，亦当感劝闾里，果能家喻户晓，礼让风行，自然百事吉祥，年丰人寿矣。”①

如果说，“普天之下莫非王土，率土之滨莫非王臣”是皇权一统的法定依据，那么“天高皇帝远”则是对士绅在地方社会权威和职责的社会认可。因为在以“士农工商”简单社会分工为基础的农耕社会里，技术知识及其进步是微不足道的，社会秩序的维系和延伸主要依赖于“伦理知识”。因此，无论王朝如何起落废兴，维系封建社会文明的纲常伦理中心不曾改变。然而，居于这个社会文明中心位置的恰恰是士绅。②

一　士绅与地方纠纷之解决

作为入主中原的少数民族政权，清朝统治者十分重视法制的完善。早在入关之前，在以范文程为首的汉族官员的建议下，就相继设立了都察院等监督机构，建立了相应的法律条例，此后的历代帝王不断加强对法制的完善工作，其目的不外乎巩固其统治和维护封建秩序。然而，无论是在法律制度的完备方面，还是在对法律制度的维护和干预方面，身为四民之首的士绅群体无疑是一支重要的力量，尤其是那些居于乡间的士绅，更是在

① 张集馨：《道咸宦海见闻录》，中华书局 1981 年版，第 27 页。

② 王先明：《近代绅士》，天津人民出版社 1997 年版，第 68 页。

清朝地方社会中充当了实际执法者和调解者的角色。因为“强大的皇权或中央集权国家的直接行政统治，从未真正深入中国县以下的社会中，广大农村及农民的直接统治机构和统治者，是作为皇权延伸物的家族和士绅”①。

于是，为了加强对地方社会的控制，清王朝制定了完备的司法体系，明确了地方官员的司法职能。在地方，清代州县官在任期内都要处理大量的诉讼案件，这些诉讼，特别是数量最多的民事诉讼，直接反映了清代的地方社会问题。而州县官对这些问题的处理，又较为充分地反映出清代基层行政权力对法律及与此相关的民间社会秩序的态度，也较为充分地反映出清代基层行政官员对地方控制问题的解决方法。② 另外，中央王朝还明确要求地方士绅加强对自己家族子弟等的法令宣传及教化，“又令绅耄家购一编（法律条文），暇为子弟讲说，庶知遵守，不复误罗法网，则潜移默化，借以保其身家”。③

所以，士绅担负了地方社会司法的讲解教化及在地方社会中排纷息讼的职责。因为，一般来说，除却一些事关人命、谋逆、盗贼等重大案件需要呈报地方官处理外，其他乡民日常生活中所产生的各种纠纷，基本上都是由基层社会组织自行处理、解决的，否则以“越诉”论处。这种乡村纷争的调停与仲裁者的角色，大多是由“老人”、“乡保”、“约正”等基层社会的实际管理者承担的，或由“亲族”来处理。④ 因为，清代的民间调息纠纷，名为乡保调解，实为亲族调解，因为宗族组织极为盛行，所以地方州县官往往将呈投的家族间或族内的争讼，劝令家族尊长先行调解。更为普遍的是，一族之内发生的纠纷，往往不投诉于官府，而在族内自行调息，以求“不劳官府而自治”。⑤ 因此，清代大力扶持宗族，希望一些社会不安定的因素能在族内得到消弭，所以允许族长对族内纠纷履行调处息讼的司法功能，甚至允许族长可以惩处有轻微犯罪的族人，而这些族长往往就是由有声望的乡绅担任的。⑥

① 李路路、王奋宇：《当代中国现代化进程中的社会结构及其变革》，浙江人民出版社1992年版，第181页。

② 吕宽庆：《清代州县官司法问题探析》，《中州学刊》2014年第3期。

③ 叶世倬：《律例须知弁言》，徐栋辑：《牧令书》卷16《教化》。

④ 刘晓东：《明代的塾师与基层社会》，商务印书馆2010年版，第245页。

⑤ 吴吉远：《清代地方政府的司法职能研究》，中国社会科学出版社1998年版，第64页。

⑥ 同上书，第337页。

另外，在地方社会，由于广大乡民自身识字不多，判断力有限，所以地方社会很多纠纷的调处，在很大程度上是由本族、本乡那些拥有知识的精英人士，即地方士绅决断的。因为地方社会的士绅不仅自己身体力行、自我约束，而且他们的行为和威望使得他们不自觉地成为地方社会的实际执法者。甚至，有学者曾经论到，在基层社会里，士绅解决的纠纷要远远多于地方官处理的纠纷。另外，由于士绅不仅德高望重，而且大多具有持论公平的特点，因此地方社会的乡民们在遇到纠纷、矛盾时，也愿意寻求他们的帮助和调解。例如：

> 安五桂，朝邑人。尝从师读书山中，距家数十里。康熙壬寅饥，有鬻子以偿债者，五桂倾囊代偿，其人请为奴，不许，止畜于家，岁稔乃归，折其券，更给衣物。乡邻尝争田，曰“得安君立界，让畔可也！”由是五十余年无争者。五桂为人气度渊懿，严而能和，人皆畏而爱之。自为诸生，苦志力学，屡困乡闱，教授里中，人才蔚起。①

从记载可知，在地方社会乡人争夺田地的纠纷中，乡民们更愿意请安五桂出面调解，究其原因，就在于安五桂在地方社会中，不仅具有知识和文化，而且常常周恤贫乏，救助乡民，所以受到人们的尊敬。因此，人们相信他能秉公处理，纠纷的双方都愿意由他出面调解。

由于士绅了解地方民情、双方纠纷发生的原因，并且在调解中能本着公平、公正和息事宁人的原则，所以经他们调解之后，纠纷大多平息，甚至在他们的教化和调解之下，地方社会十几年，甚至几十年都不会再有纠纷发生。例如，刚才提到的安五桂，在他调解了土地纠纷后的 50 年中，地方社会再也没有发生过土地疆界的纷争。

在清朝陕西地方志中，有许多士绅参与地方社会纠纷的调解，且效果良好的记载。例如：

> 杨附麟，咸宁人，生员，排解邓姓十年蔓讼。②

---

① 《续陕西通志稿》卷 88“人物十五”，第 14 页。

② 《续陕西通志稿》卷 86“人物十三”，第 11 页。

袁士元，长安人，游学新疆，入昌吉县学。尤善排解，乡里有争斗者，得一言靡不折服，数十年无以讼闻者。①

史俊，华州诸生。邻里有争端，尽心调停，或出资息其事，堡中数十年无兴讼者。②

王三成，朝邑人，业商。为人慷慨乐输，喜与文士交，邻里有争辄排解之，十余年村无讼者。③

王瑗，三原人。正直好义，为保正，乡人有争端，得其一言咸敬服去。④

士绅在地方社会的司法调解中，似乎已经形成了一套哲学思想。他们调解的方法是折衷，调解的精神是妥协，调解的原则是“排难解纷”和“息事宁人”。因为士绅处理这些纠纷的目的，不是分清是非，而是找出一个双方都没有反感和愿意接受的解决方法。另外，因为他们的调解是用说服代替权威，务使双方在公众面前都不失面子，所以，士绅调解的地方纠纷不但众多，而且效果明显。这对于地方社会正常秩序的维护具有重要意义。

“一个尽职的士绅要想保持他处世公平的名誉，就不能使他的个人感情影响他的裁判。”⑤ 这就从某种程度上保障了士绅在地方社会纠纷调解中的公平与公正。所以，当地方纠纷发生时，乡民们也愿意请这些士绅出面调解。例如：

杨家坤，紫阳人，道光辛巳举人。凡邑中义举，劳瘁不辞，而排难解纷尤赖一言为重。⑥

吴怀清，山阳人，光绪庚寅进士，学行谨严而解推不吝，乡人咸乐就之。⑦

---

① 《续陕西通志稿》卷86“人物十三”，第4页。

② 《续陕西通志稿》卷89“人物十六”，第11页。

③ 《续陕西通志稿》卷88“人物十五”，第21页。

④ 《续陕西通志稿》卷87“人物十四”，第8页。

⑤ 周荣德：《中国社会的阶层与流动——一个社区中士绅身份的研究》，学林出版社2000年版，第101页。

⑥ 《续陕西通志稿》卷82“人物九”，第23页。

⑦ 《续陕西通志稿》卷84“人物十一”，第19页。

杨溥，府谷人。入泮后绝意仕进，乡里有争者，辄欲求溥评处，或曰：宁息勿令杨公知也，其敬惮有如此，以岁贡授训导，未仕卒。①

白阊，清涧人，康熙乙酉举人，乾州学正，归里后，排难解纷，人畏而爱之。②

可见，正是因为吴怀清在调解纠纷中严谨、公正的做法，所以乡民们愿意让他出面来解决纠纷。同样，府谷人在发生纠纷之后，也愿意请杨溥来评理、调解。也正因为他的威望和严正，所以此后乡民们在有纠纷之后，害怕让他知道。这也说明，素有威望、受人敬重的士绅在地方社会和谐邻里关系的形成中，具有强大的震慑力，从而可以减少纠纷的发生。例如，“马勋，陇州人，咸丰辛酉举人，邻里争讼，悉听排解，无赖者率慑服。”③

在地方社会里，有的士绅因常主持公道而受到民众的敬重，因而由他们充当争执双方的裁判人。所以，除非严重的刑事案件，例如，谋杀之类，否则大多数纠纷都是不经过法律解决的。即使有的士绅调解失败，原告已提出民事诉讼，争执双方还会找他请教或求助。因为士绅不仅熟悉法律事务，而且同地方官也有交情。④ 所以，他们对地方官处理的案件常常具有一定的影响力。例如：

杜进，华州生员。邻人母误服毒，或诬其子大逆，将审极典，子大惧，怀金求救，进叱去，仍力释之，得不冤。⑤

张存乾，韩城人，贡生。尝为富人某排解不测事，其人酬以千金，笑而却之。⑥

可见，士绅不仅因为受乡人敬重，常常由他们出面调解乡民的各种纠

① 《续陕西通志稿》卷83“人物十”，第31页。

② 同上书，第16页。

③ 《续陕西通志稿》卷81“人物八”，第17页。

④ 周荣德：《中国社会的阶层与流动——一个社区中士绅身份的研究》，学林出版社2000年版，第101页。

⑤ 《陕西通志》卷62“人物八”，第57页。

⑥ 《续陕西通志稿》卷89“人物十六”，第5页。

纷，而且因为他们是官民之间的中介，所以在地方社会的司法审判及处理中，往往也能与地方官进行沟通。因此，一些刑事案件虽由地方官处理，但士绅往往也插手其中。

由于调解纠纷是士绅最重要的功能之一，社会正义比保护弱者免受侵害的法律效力重要得多。[①] 所以，士绅参与地方社会纠纷调解的事务比较多，因为他们把地方社会的纠纷调息也视为自己的职责。例如，“南源澄，安定庠生。尝诵鲁仲连传所贵乎天下事者，为人排难解纷而一无所取也数语。叹曰：大丈夫当如此矣！里民或兴讼，必为之排解罢讼而后已”[②]。而且士绅调解纠纷往往不辞辛劳。例如，“张舒缨，咸宁人，读书过目成诵，不乐仕进。尤精于医，施药活人不计酬偿，排难解纷不辞劳苦”[③]。一些士绅在地方社会的纠纷调解中，因为效果明显而受到地方官的旌奖。例如，“冯腾蛟，南郑人，生员。生平守正不阿，屡为乡里排难解纷，知府严如熤表其门”[④]。

从士绅调解的地方纠纷的内容来看，可谓无所不包，既有土地、田产等的调解，也有婚姻纠纷调解。例如，紫阳监生孙贤盛就调和过婚姻纠纷五起。“孙贤盛，紫阳监生。笃好阴骘，人称其有菩萨心。生平五全离婚，再成桥梁，葬贫无告之棺十余具，焚不能偿之券数百金。尤善岐黄术，不索谢仪。”[⑤] 从纠纷调处的方法来看，素有博施济众思想的士绅，还通过自己出资的方式来调解乡民之间的纷争。例如，渭南人杨茂春就是这样。“杨茂春，渭南人。性孝友纯笃，人称长者。族党有隙，力为排解，且出金以息争。”[⑥]

士绅承担着地方社会的调解职责。[⑦] 因为他们以道德取重乡里，并以其相对较高的智识而为乡民所倚重。因此，乡民社会生活中的一些疑难杂事、是非曲直，亦时常就质于士绅群体，于是士绅阶层就成为基层社会中

---

① 周荣德：《中国社会的阶层与流动——一个社区中士绅身份的研究》，学林出版社 2000 年版，第 102 页。

② 《续陕西通志稿》卷 91“人物十八”，第 18 页。

③ 《续陕西通志稿》卷 86“人物十三”，第 11 页。

④ 《续陕西通志稿》卷 90“人物十七”，第 18 页。

⑤ 《续陕西通志稿》卷 91“人物十八”，第 13 页。

⑥ 《续陕西通志稿》卷 87“人物十四”，第 15 页。

⑦ 周荣德：《中国社会的阶层与流动——一个社区中士绅身份的研究》，学林出版社 2000 年版，第 101 页。

调停和化解乡民社会矛盾、解决日常纠纷的一条渠道。[①] 他们通过对乡村社会中宗族、里党的纷争调解，维护乡村社会的秩序，[②] 巩固封建统治。

二　士绅与地方教化

思想控制历来是专制君主维持其统治的重要手段，也是中国封建社会长期延续的主要原因之一。而思想控制的重要途径就是日常的灌输教化，也就是将国家定为正统的儒家思想推向基层民众，从而达到统一思想、稳定社会的目的。这种化民成俗的责任，历来是封建朝廷和地方官府对士绅阶层的要求，而士绅自身也以此相期许。[③] 可以说，官、绅、士人在庶民教化上所做的努力实不可低估，他们的合作促进了地方教化的实施。[④]

作为四民之首，士绅不仅具有文化知识，而且有着高于普通百姓的道德素养。所以，他们的言行往往会对居于乡村百姓的日常生活、习惯、心理及行为等产生深远的影响。在这些影响下所形成的特定的、比较大众的、为社会所认同的社会习惯，就是我们所说的社会风俗，而我们习惯上把那些符合儒家礼仪规范的社会习惯称之为良风美俗。所以，优秀地方士绅的治行操守、取舍进退，往往会成为地方乡人学习及模仿的榜样和楷模。

要树立良好的社会风气和习俗，就必须在全社会树立起一种符合儒家道德规范的行为模式和思想观念。然而，要树立这样的标准及规范，必须调动居于四民之首的士绅的积极作用。在加强社会教化和思想控制方面，清朝统治者，尤其是清前期历代帝王的措施都比较得力。而清代各帝之所以重视教化，是因为在儒家思想中，“礼仪教化是治理国家的最好方法”，[⑤] 所以，他们的谕旨，一再强调“士风”对“民风”的表率作用。例如，雍正四年的一道上谕就说：“为士者乃四民之首，一方之望。凡属编氓，皆遵之奉之，以为读圣贤之书，列胶庠之选，其所言所行，俱可为乡人法则也。故必敦品励学，谨言慎行，不愧端人正士，然后以圣贤诗书

① 刘晓东：《明代的塾师与基层社会》，商务印书馆2010年版，第245页。
② 吕宽庆：《清代州县官司法问题探析》，《中州学刊》2014年第3期。
③ 徐茂名：《同光之际江南士绅与江南社会秩序的重建》，《江海学刊》2003年第5期。
④ 游子安：《劝化金箴：清代善书研究》，天津人民出版社1999年版，第39页。
⑤ 艾永明：《清朝文官制度》，商务印书馆2003年版，第161页。

之道开示愚民，则民必听从其言，服习其教，相率而归于谨厚。”①

为了加强对士绅的约束，从而使其人起到表率乡民的作用，实现巩固统治的目的，清代各帝都颁发了御制训饬士子文。例如，康熙在四十一年的谕旨中，对士绅的修身立品就提出了明确的要求。他说：“从来学者，先立品行，次及文学，学术事功源委有叙，尔诸生幼闻庭训，长列宫墙，朝夕诵读，宁无讲究，必也躬修实践，砥砺子隅。敦孝顺以事亲，秉忠贞以立志，穷经考义，勿杂荒诞之谈。”② 除了在谕旨中要求士绅敦品励行、表率乡民外，康熙还进一步形成了（圣谕十六条），并作为制度在全国各级学校推广。康熙年间的“圣谕十六条”为：“敦孝弟以重人伦，笃宗族以昭雍睦；和乡党以息争讼，重农桑以足衣食；尚节俭以恤财用，隆学校以端士习；黜异端以崇正学，讲法律以警愚顽；明礼让以厚风俗，务本业以定民志；训子弟以禁非为，息诬告以全良善；诫窃逃以免株连，完钱粮以省催科；联保甲以弭盗贼，解仇忿以重身命。”③ 显然，“圣谕十六条”是对士绅的一个全面要求，包括忠孝、息讼、士风、学风、法律、风俗、赋税、治安各个方面。可以说，是要求士绅在这些方面都能够起到表率作用，从而起到加强统治的目的。其中，“明礼让以厚风俗”就是要求士绅，严于律己，以身作则，为乡民做榜样，从而培养良风美俗。

于是，在外有统治阶级的提倡和要求，内有士绅立言、立功思想的驱使下，绝大多数士绅都遵守着这些“圣谕”要求，并且为地方社会良好风气的树立做出了积极贡献。因此，地方士绅事实上承担着宣讲“圣谕”的职责：“于大乡大村，设立讲约所。选举诚实堪信，素无过犯之绅士，担任约正，值月分讲。”④ 所以，担负地方社会的这种教化职责，反复向村民百姓宣讲这一规范的只能是士绅。⑤ 例如：

> 高建瓴，城固人，道光辛巳举人，尝以贼匪倡乱，由于人心不古，每朔望于四乡宣讲圣谕广训，剖析详尽，多至十年。又撰戒从邪

---

① 《钦定大清会典事例》卷383。

② 《宁夏府志》卷6“学校”。

③ 《会宁县志》卷6“学校志”。

④ 田文镜：《钦颁州县事宜》，《宦海指南五种》，第8页。

⑤ 王先明：《晚清士绅基层社会地位的历史变动》，《历史研究》1996年第1期。

教、戒淫、戒赌、戒食洋烟诸歌，痛切晓畅，闻者感化。[①]

梁世瑞，咸宁人，年四十始读书，通大义。每以风俗不古，世情浇薄为忧，出赀刊圣谕广训宣讲，拾遗先正格言，往来远近村庄宣讲解，因而改过迁善者未可以更仆数至。[②]

可见，以上士绅就是围绕"圣谕十六条"的宣讲要求，在地方社会劝化乡民，使他们能够孝养父母、和睦族党、重视农业，等等。而且从高建瓴的传记来看，他的宣讲不仅严格遵守了清朝统治者朔望宣讲的时间规定，而且他的宣讲活动坚持了长达十年。这种长期的宣传教化，无疑对于地方社会良好社会风气的养成具有重要意义。更为难能可贵的是，高建瓴还针对晚清赌博、鸦片等恶习蔓延、泛滥的实际情况，在宣讲中增加了戒改影响社会风俗恶习的种种不良行为的内容。这也充分说明，具有社会责任感的士绅在地方教化活动中，能根据实际情况的需要，适时增改宣讲内容。从其人宣讲的效果来看，"闻者感化"，"因而改过迁善者未可以更仆数至"等，就是对他们宣讲效果的肯定。

具有较高威望的士绅往往还参与家训族规的制定，因为他们制定的条款符合地方实际情况，所以在约束族人及乡邻遵守法律法规及社会秩序方面，能够取得较好效果。例如：

蔡文勤居家时，手创家规十六条，悬之祖庙，皆敬宗收族、简便易行者。约乡邻三百余家，公禁赌博，宗亲州里，翕然从之，风俗为之一变。[③]

在清朝陕西，有许多士绅为地方社会风气的好转制定过村约和族规。再如：

田嘉种，临潼人，乾隆年间进士。以疾告归，四壁萧然，大学士王鼎尝分俸资之，称其作宰清廉，营营为利禄者当奉为师范。仿蓝田

---

① 《续陕西通志稿》卷82"人物九"，第4页。

② 《续陕西通志稿》卷86"人物十三"，第8页。

③ 陈康祺：《郎潜纪闻初笔二笔三笔》，中华书局1997年版，第203页。

吕氏乡规，习俗一变。①

可见，田嘉种为实现地方社会风俗的好转及治理，仿照了蓝田吕氏乡约之法，以此加强对地方社会良好风俗的培养，收到了良好的效果。另外，具有文化知识，了解地方民情的士绅在宣讲教化、改善风俗时，往往会注意乡民的接受程度和理解方式，他们会尽量选择乡民通俗易懂的方式来进行宣讲。例如，将宣讲内容改编成俚语。例如高陵进士陈明伦就是如此。“陈明伦，高陵人，进士。邑多盗，乃捕巨盗五人戮之，仿王阳明十家牌法，设立团保，创济民、惠工各局以养贫民。曰，治盗治其源，不教而诛，吾弗为也。西充号难治，明伦取鄙俗为俚歌，随时宣讲，习俗一变。对其子曰，末世不可仕，但执一业足矣。”② 由于这种俗语俚歌宣讲法更容易为地方社会乡民所接受，所以效果显著，“习俗一变”。

另外，从晚明开始，社会上奢侈消费的风气，开始从达官贵族及少数大富豪向社会中下层普及。③ 从内容上看，不仅服饰奢华、宴会奢侈、饮食奢侈，而且在住宅方面同样追逐高宅大院。这一时期，营建园林不再是士大夫的专利，名人何乔远（1557—1633）就说：“凡家累千金，垣屋稍治，必欲营治一园。”④ 虽然经历了明清王朝的更替，但奢靡之风并未改变，在清朝中后期，还进一步蔓延到广大乡村社会。例如：

连毓泰，澄城人，举人。一日，慨然曰：知古不知今，非士也。乃日阅邸钞，通知时事，复博采旧闻，搜罗掌故，与人谈，原原本本，博雅者无以难之。时秦俗，富室多起大屋，尚雕镂，穷工极丽。遇庆贺事必广张伎乐，毓泰喟然曰：习气如此，子弟安得佳？朝邑张进士佑亦持此论，群目为不祥人，毓泰闻之曰，吾愿与乾伯同为不祥人也。⑤

① 《续陕西通志稿》卷 75“人物二”，第 9 页。

② 同上书，第 14 页。

③ 巫仁恕：《品味奢华：晚明的消费社会与士大夫》，中华书局 2008 年版，第 30 页。

④ （明）何良俊：《何翰林集》卷 12《西园集会序》，台北“中央图书馆”1971 年影印本，第 9 页。

⑤ 《续陕西通志稿》卷 79“人物六”，第 17 页。

从连毓泰的传记里可知，清朝时期的陕西地方社会，也受到了这种奢靡消费观念的影响，所以房屋修建及装修穷工极丽，在庆贺时大肆喧闹。这种奢靡的现象引起了连毓泰的担忧，认为这种奢靡风气不利于子孙后代的积极向上，因而极力倡导回归简朴。正是因为他的主张与当时奢靡的社会风气格格不入，相去甚远，所以被时人看作“不祥之人”，认为他是不合时论的鹤立鸡群之人。与他一样，朝邑进士张佑也极力批评这种奢侈之风，也被看作怪人。但是，对于他们来讲，为了社会风气回归朴素及好转，他们不在乎被人视为另类。所以，地方士绅往往通过自身的威望，革除或禁止地方社会浮华、奢侈等社会弊病。例如，陈康祺《郎潜纪闻二笔》中《徐文穆题戏台联之寓意》之条所记之事：

> 徐文穆相国本，予告归杭州，适里中社事正盛，昼夜相竞，立戏场数处，各以台上登联求书。却之不可，乃大书曰：“防贼防奸防火烛，费钱费力费工夫。”复书一扁曰：“戏无益”。众谕其意，遂止。是真士大夫居乡之规范也。①

此外，作为诸多宗族的族长，士绅往往在家族内进行劝化及宣讲。例如：

> 雷铎，蒲城人，康熙丙子举人。朔望聚族人习礼讲法，定例言二十条，族人恪守之。②

总之，清代地方官在维持教化、兴办地方教育和维持社会治安等方面，多倚重士绅。士绅在这方面也确实起到了一些积极的作用。所以，地方官“为政不得罪于巨室，交以道，接以礼，固不可以权势相加”③。因为“朝廷之法纪不能尽谕于民，而士易解析，谕之于士，使转谕于民，则道易明，而教易行。境有良士，所以辅官宣化也。且各乡树艺异宜，旱潦异势，淳漓异习，某乡有无他匪，某乡有无盗贼，吏役之言，不足为

---

① 陈康祺：《郎潜纪闻初笔二笔三笔》，中华书局1997年版，第338页。

② 《陕西通志》卷62“人物八”，第60页。

③ 王凤生：《绅士》，徐栋辑：《牧令书》卷16。

据，博采周谘，唯士是赖”。[①]

三　士绅与妇女守节之风

宋朝是中国伦理制度的一个分水岭。在此之前，中国封建伦理道德对于女性的束缚并未形成严格完备的系统，尤其是在官方的法律条文中对于贞女、烈妇、节妇并没有明确的褒扬制度。但是到了宋代，由于程朱理学自成系统，对妇女守贞等开始制度化。例如程颐就说“饿死事极小，失节事极大”，“若娶失节者以配身，是已失节者也”，“从一而终”，“烈女不更二夫”，等等。这些言论表现在婚姻的缔结过程中，就是契约一旦确定，妇女就如同商品一样属于主人所有。换句话说，女子一经订婚，立刻就要对夫家肩负守贞责任。如果遇到未婚夫不幸早死，女子虽未出嫁，也要上门守节。但是，真正给予程朱理学关于妇女守贞社会空间的并不是宋朝，而是在宋以后的明、清两朝，并把此推向极端，造成了中国历史上堪称空前绝后的妇女节烈风气。[②] 由于知识分子的身体力行及提倡，这种守节思想逐步深入民间，成为束缚和禁锢中国妇女的有力武器。因此明清时期，这种单方面要求女子恪守贞操的道德观达到了无以复加的地步。[③]

在国家法令方面，例如《明会典》规定：“寡妇三十以前守志，五十后而不改节者，族表门闾，免除本家徭役。”《清律》则对于未能守节而易主的妇女表示了较大的鄙视，例“再嫁之妇女不得受封，所以重名器也命妇受封，义当守志，不容再嫁以辱命器”[④]。可见，这些法律条文都较系统地规定了对贞女、烈妇的表彰之法。到了清雍正朝时，对于贞女烈妇的表彰制度更加完备：“若节妇年逾四十身故者，守节已历十五载以上亦可得族表。”[⑤] 这比上述确定的需守节年满 20 的规定又少了 5 年，同时，雍正朝还下令：京师和地方各府州县，八旗左右两翼建立节孝祠，门首树大坊，刊刻被旌表的节妇、孝妇名字……这些官方措施的鼓励倾向，

---

① 陈生玺：《政书集成》第 10 辑，中州古籍出版社 1996 年版，第 290 页。

② 温文芳：《晚清时期贞女烈妇盛行的原因及状况——建立在〈申报〉（1899—1909）上的个案分析》，《甘肃行政学院学报》2003 年第 3 期。

③ 张雪蓉：《晚清女性贞节礼俗社会教化功能的强化及其变化探微》，《南京邮电大学学报》2012 年第 3 期。

④ 《大清律例刑案汇纂集成·户律婚姻》卷 4。

⑤ 《清世宗实录》卷 12。

使请旌表节妇的人数空间增加。在朝廷、地方官和乡间士绅的齐心协力下，晚清社会节烈成风，达到鼎盛。据《清史稿·列女传》记载，每年各地官员上报的贞节妇女的人数多达数千人。[①]

清人关后，不仅全盘接受了明代旌表贞烈节妇的制度，而且进一步把此发扬光大，对旌表的条件进一步放宽。顺治七年（1650），清廷做出凡寡妇守节合例，各给银建坊的规定，政府从国库中拨出银两为贞女节妇修建牌坊，从而形成了清代制度化的旌表贞女节妇的制度。雍正时期，在着力提倡旌表节孝的同时，特别强调了对山乡僻壤、贫寒耕作的农家妇女，尤其强调不要因经济困难而将她们的请旌遗漏。清朝的旌表节孝，除像以前一样给个别节妇银两建牌坊外，又命在各地建立节孝坊，表彰所有节妇。[②] 于是，整个社会将守节视为最高的家庭荣誉，能够得到乡邻的敬慕，所以一些家庭在女儿未婚而聘夫死亡之后，为了邀宠，逼迫女儿自尽，殉夫完节。[③]

所以，在上有统治阶级提倡、地方官员支持，下有地方士绅提倡，上表请旌的完备制度和社会舆论的宣扬下，争励节操成为明清妇女，尤其是守寡妇女不二的选择。从诸多节妇出现的原因来看，地方士绅对妇女守节的因素主要表现在提倡守贞、上表请旌、建立牌坊、给予生活帮助以完成守节之志愿等方面。

首先，受宗族、血缘观念的影响，士绅将帮助宗族中妇女，尤其是寡妇完成守节之志作为自己的职责。因此，他们常常对生活贫困的寡妇给予物质等方面的救助，从而完成其守节志愿。例如，清代陕西蒲城人雷铎就将族中少妇外出耕作，不能身居闺房视作宗族的职责，所以倡议族人给予救助。据记载：

雷铎，蒲城人，康熙丙子举人。偶见同宗孀妇携幼子行田畔，即聚族之议曰“族中少妇出行，吾宗党之责也！”倡众议给新米，妇遂

---

① 张雪蓉：《晚清女性贞节礼俗社会教化功能的强化及其变化探微》，《南京邮电大学学报》2012 年第 3 期。

② 同上。

③ 温文芳：《晚清时期贞女烈妇盛行的原因及状况——建立在〈申报〉（1899—1909）上的个案分析》，《甘肃行政学院学报》2003 年第 3 期。

守节终身。①

可见，社会舆论认为，寡妇出外劳作也会影响其人守节之实现，因而作为地方社会的代表，士绅有责任敦促宗族社会给予帮助。从这则记载来看，正是雷铎倡议给米等的物质帮助行为，使得该妇女守节终身。

《清会典》还规定："三十岁以前守寡，至五十岁不改节者称节妇，殉家室之难或拒奸致死者称烈妇、烈女，未婚夫死，闻讯自尽或哭往夫家守节者称贞女，予以表彰。"② 在这样苛刻的规定下，夫死未嫁的女性也常闻讯往夫家守节，所以，地方志中有许多类似的事例。例如，清朝陕西扶风的魏姓女子就是如此：

扶风贫女魏氏，字武功张管。未嫁而管夭，女年十五，徒行二十里奔丧，誓事舅姑，终身不返母家。武功士人义之，醵钱二百余缗，并置义田若干亩为养赡资，事载柳华馆文集。③

很显然，正是在封建社会贞烈思想的熏陶下，魏姓妇女从 15 岁未嫁时就开始守节。而且她的守节行为得到了武功地方社会士人的赞誉，从而得到他们的各种帮助。例如，武功士人不但醵钱给守节的魏姓女子作为生活来源，而且还为她专门设置了义田。可见，统治者的提倡、社会舆论的赞誉、地方士绅的帮助，共同推动了更多的妇女加入守节之列。

除了地方社会鼓励、资助妇女守节外，一些士人在出仕为宦时，也积极宣扬妇女守节，并把此作为施政的一项内容。例如，清朝时期的陕西府谷进士高登陛。"高登陛，府谷人，进士，任山西沁源等县知县。邑故贫瘠，或久客不归，妇即自改适。登陛以有关风化禁止之，并设法抚育，晓以大义，由是争励节操。"④

许多地方士绅还出资请地方社会旌奖妇女，其目的是以守节妇女为表率，带动地方社会的守节之风。例如："王三成，朝邑人，业商。为人慷

① 《陕西通志》卷 62 "人物八"，第 60 页。

② 张雪蓉：《晚清女性贞节礼俗社会教化功能的强化及其变化探微》，《南京邮电大学学报》2012 年第 3 期。

③ 《续陕西通志稿》卷 87 "人物十四"，第 4 页。

④ 《续陕西通志稿》卷 83 "人物十"，第 31 页。

慨乐输，喜与文士交，以风俗浇漓，出资请旌节妇程李程、董氏等以为劝。”[①] 可见，在社会舆论的影响下，不仅统治阶级、地方官员、士绅提倡、资助妇女守节，商人群体也积极鼓励、帮助妇女守节。

在帮助、提倡妇女守节的过程中，地方士绅还对那些本该受旌奖，却因为婚姻不合习俗而受到驳回的现象进行纠改、劝导。例如：

白明礼，澄城人，乾隆庚辰举人。县俗多同姓为婚，有某节妇例合请旌，上台以同姓驳饬，明礼手书遍谕，风俗渐革。[②]

可见，资料中所提到的某妇本该受到旌表，但因为是同姓结婚，所以被官府驳回。在这样的情况下，澄城举人白明礼就劝谕乡民，禁止同姓结婚。这种劝导，以当今社会的婚姻法来看，不仅有助于避免更多的近亲结婚现象，有利于优生优育，而且在当时来说，对于那些守节妇女受到旌表和奖励是有帮助作用的。因为，若不禁止同姓通婚，有可能在守节之后，因为违背同姓结婚习俗而被驳回旌奖的要求。

值得注意的是，在守节之风盛行下，地方志中也有许多类似妇女守贞誓不再娶男子的相关记载，他们大多是在妻死后誓不再娶，鳏居终身。例如：

周忠恕，石泉人，监生。年甫三十妻病剧，忠恕泣语之曰：汝死，誓不再娶。至七十余怀清履洁，不食前言。性纯谨好学，通医术，贫家求诊不取谢资，乡党称义士焉。又董得仁，增生。妻罗氏生四子，同治三年妻故，即矢志不再娶。[③]

冯玠，宜川廪生。学优行洁，娶膚施进士刘日朝女，不久逝。玠终身不娶。又郝自行，妻早卒，义不再娶，年九十八岁强健自如。康熙年间知县孙芳馨请给义官顶戴，以礼存问，表其门曰：圣代期颐。[④]

刘昌祚，宜川人，庠生。性介洁，严取与。妻早逝，守义终身不

① 《续陕西通志稿》卷88“人物十五”，第21页。

② 《续陕西通志稿》卷79“人物六”，第15页。

③ 《续陕西通志稿》卷91“人物十八”，第15页。

④ 同上书，第19页。

娶，道经狎斜门巷必趋而过。[①]

邵三锡，怀远人。持躬廉谨，仗义轻财。年三十失偶，誓不再娶，抚一子以终其身。[②]

以上这些史料说明，对于男性在妻子去世后誓不再娶的行为，官府和社会也是奖励、赞赏与肯定的。不过与妇女的旌表建坊相比，男性只是给予表彰，这也许是因为妇女的守贞有旌表先例，而男性的誓不再娶行为没有建坊之例。更应值得注意的是，妇女的守节事迹叫守贞，男性这样的行为被称为守义，仅一字之差。

虽然，我们并不赞成摧残妇女的古代节烈行为，但是，士绅对节烈妇女的物质资助、对同姓不婚习俗的纠正等对于社会的稳定，既有秩序的维护是有积极意义的。而且，作为封建社会的士人，我们不能苛求他们具有近现代社会才有的男女平等、肯定人性、人欲等思想。

四 遵礼守法的士绅

维护封建礼教也是士绅关注地方社会事务的重要内容。[③] 在封建时代，由于等级观念森严，社会各等级成员必须遵守相应的礼仪规范、遵守相应的道德秩序。因为在地方社会中，乡民对礼法的遵守，在很大程度上就来自于地方士绅的宣讲及身体力行的表率作用。因为这些陆续离职返乡的官员，以其名望和资历，往往很容易成为一里、一镇、一县甚或一郡的中心人物，并由他们出来主持一方风教。所以，作为地方社会的中坚力量，士绅的言行举止会对特定区域内的人群产生较大的影响。士绅主持风教有自己特有的方式：他们或以自身行为作为楷模来影响人们的行为；或以士大夫的“好品藻而善讥评”造就一种恰似评估的声势，规范一方的政俗；或以自身的名望、德行作为裁判是非曲直的尺度。[④] 首先，自我约束、遵守礼法的士绅，往往会对地方社会的乡民产生良好的榜样带动作

① 《续陕西通志稿》卷91“人物十八”，第19页。

② 《续陕西通志稿》卷92“人物十九”，第14页。

③ 杨银权：《表率·教化·守护：清代陕西士绅与地方社会秩序之维护》，《宝鸡文理学院学报》2012年第2期。

④ 马学强：《乡绅与明清上海社会》，《上海社会科学院学术季刊》1997年第1期。

用。例如：

> 漳浦蔡文恭公致仕家居，每遇巡检、典史，亦执礼甚恭。或以为过，公曰："欲使乡民知位至宰相，必敬父母官，知父母官之尊，虽宰相必致敬，庶几常存不敢之心，而犯上作乱者或鲜矣。"故终公之世，漳浦民无滋事者。①

可见，虽然蔡文恭官位甚高，但其致仕回乡之后带头礼敬地方官，其目的就是要为乡民树立遵纪守法的良好榜样，培养等差有序的等级观念，从而维护地方社会良好的秩序。事实表明，其身体力行的表率作用收到了良好的效果，因为截至他去世时，他所居住的地方社会没有故意滋事及作乱者。可以说，士绅在地方社会里，表率乡民遵纪守法的效果非常明显。

可见，要实现化乡民成俗、表率乡人的目的，士绅本人必须遵循礼法，从而给乡民树立良好的榜样。表率乡民的任务之所以由士绅来承担，是因为士绅不仅享有文化知识及较高声望、关注地方社会事务，而且他们大多能自我约束，能够以自己高尚的品行、宽广的胸怀和气度表率和教化乡人。例如，王鸣盛感化乡中酒鬼之事，靠的就是自己豁达的胸怀及涵养。据记载：

> 光禄寺王西庄先生鸣盛，家居时，有无赖子与人赌胜，醉骂王氏之门。门者不能忍，先生力止之。次日，无赖子酒醒，其母挈之诣先生家请罪。笑谢之曰："汝昨醉酒，我却不怪，但以后醉了，若骂他人，恐致获咎。"无赖子惶恐而归，戒酒终身，卒无事。②

很显然，当无赖之人酒醉辱骂王鸣盛时，其门生对先生被辱骂的行为怒不可遏，但王鸣盛没有生气，并阻止了门生要出去与无赖理论的行为，能做到如此淡定，靠的就是他博大的气度。第二天他对醉酒者的劝告收到了明显的效果，因为此人终身戒了酒。所以，劝谕乡人劣行，使其改过自新也是士绅在基层社会里的重要职责。

---

① 陈康祺：《郎潜纪闻初笔二笔三笔》，中华书局 1997 年版，第 440 页。

② 同上书，第 388 页。

在清朝陕西，有许多遵守礼法、表率乡人的士绅事迹的记载。例如：

> 官炳南，盩厔人。受学于长安柏景伟，光绪丙子登贤书，建先祠以睦宗族，居亲丧不御酒肉。冠礼久废，仿朱子家礼行之。①
>
> 张斗南，盩厔人，武生。性坦白质直，年已六十，值教匪陷堡城，斗南避匿楼上，有少妇来求同匿，斗南即远嫌，跳而下，被贼刺死，少妇得免，后乃披麻哭墓以报之。当危乱生死之际，守礼如此，平日品行概可见矣。②

可见，为了避嫌，为了坚持男女授受不亲这一原则，张斗南以60岁高龄被刺死。事实上，他完全可以拒绝妇女共同藏匿的请求，因为男女授受不亲。或者，他可以与该少妇一起藏匿在楼上，毕竟他已60岁高龄。可是，坚持礼仪规则的他选择了让少妇躲避，自己跳出来，虽然他明白这意味着自己被刺死，但深受儒家伦理道德熏陶的士绅，宁愿选择舍身守礼。这种恪守道德和儒家传统礼法的做法，无疑对乡村社会百姓的自我约束、遵循礼法具有借鉴及激励意义。

此外，具有科举功名、深孚众望的地方士绅，还肩负着监督地方官员不法、不义等违背礼仪的职责，所以有时候他们的监督甚至可以改变和纠正地方官不符合礼仪的一些行为。例如，蒲城举人雷铎就对地方官丁祭不至的行为进行了争辩，最终使得地方官不得不以礼法事之。据记载：

> 雷铎，浦城人，康熙丙子举人。有府司马摄蒲篆，丁祭不至，铎抗词争之，署令即驰至如礼。③

总之，士绅遵守礼法的自我约束，不仅带动了地方社会百姓对封建社会道德及中华民族传统礼仪的遵守和实践，而且对于和谐及稳定地方社会关系具有重要的借鉴意义。

---

① 《续陕西通志稿》卷84“人物十一”，第15页。

② 《续陕西通志稿》卷87“人物十四”，第13页。

③ 《陕西通志》卷62“人物八”，第60页。

五　士绅与地方社会的孝义养亲传统

中国传统文化博大精深、源远流长，但无论在儒、释、道哪一种思想体系中，孝都是一个重要的范畴。尤其是在儒家思想中，不仅在十三经中处处均谈及孝的义理，而且孝还是儒家伦理的基础和核心。两千多年以来，“孝”不仅影响着中国历朝历代人们的思想，同时也成为支配人们行动的准则和评判人们德行的标准，成为统治阶级的“御用工具”。为了使得孝养思想能够贯彻执行，从而有利于巩固统治，统治者还积极推行以孝立法、惩治官场的不孝行为。所谓以孝立法，主要表现为“不孝入罪”。具体讲，在立法上，把不孝列为罪中重罪，如《孝经·五刑章》就说：“五刑之属三千，而罪莫大于不孝。”儒家思想及统治者对孝义的提倡和实践，使得孝养思想在中国古代社会根深蒂固。因而，从某种意义上说，传统的中国文化就是孝文化；传统的中国社会就是奠定于孝道之上的社会。①

那么，什么是孝？孝的内容具体有哪些？如何实现孝养？对此，学者们的论述大同小异。因为在中国古代，孝的最基本内涵就是“善事父母、仁爱父母”②。具体来说，主要表现在孝养亲体和孝养亲志两个方面。所谓孝养亲体，就是“要以尊敬的态度、和颜的悦色、快乐的心情、合乎礼仪的言行来奉养父母，使其在衣食住行等物质生活方面达到满意”③。具体包括赡养父母，尊敬父母，敬之以礼，必有悦色，努力寻找自己失散或失踪的父母，救父母于危难之中，即当父母有难时，子女应竭尽全力进行救助六个方面。④ 所谓孝养亲志，就是“让父母生活得快乐、安心、自得”⑤，具体指不使父母担忧，“子孝而箴”，即对于父母的错误要委婉地规劝，使之不陷于不义、继志述事等方面。⑥

也有学者论述得更为简练，即“孝是中华民族极为重要的道德品质，

---

① 郑智辉：《传统孝文化及其现代价值》，《前沿》2003 年第 2 期。

② 张锡勤：《中国传统道德举要》，黑龙江教育出版社 1996 年版，第 79 页。

③ 瞿振元、夏卫东：《中国传统道德讲义》，中国人民大学出版社 1997 年版，第 89 页。

④ 卢先明、张闰洙：《孝的历史意蕴及其现代价值》，《云梦学刊》2012 年第 5 期。

⑤ 瞿振元、夏卫东：《中国传统道德讲义》，中国人民大学出版社 1997 年版，第 89 页。

⑥ 卢先明、张闰洙：《孝的历史意蕴及其现代价值》，《云梦学刊》2012 年第 5 期。

包含着侍亲、养亲、祭祖、敬老、忠君等丰富的内涵。而孝养作为孝的核心内容，是指在父母有生之年尽心竭力善待父母。具体为孝养其身、孝养其心、孝养其色、孝养其志、孝养其惠”①。

虽然中国古代社会孝养的内容大致相近，但是每一时期都有新的内容和侧重点。例如，西汉时就特别推崇负土筑坟这种孝行。到明清时期，孝养又有了新的内容。在孝义传统的影响和社会的提倡下，孝养、孝子的事迹举不胜举。例如，《清史稿》孝友传分为上、中、下三卷，合计230人。从人数来看，《清史稿》中所记载的孝子的人数是二十五史中最多的。值得注意的是，《清史稿》中所记载的孝子孝行很少有突出事迹，多数人的生平都比较简单，相比于以往的时代，清朝孝子孝行中更为突出的就是乞讨养母的事迹。②

孝养主要包括孝养亲体和孝养亲志。因此，众多的孝子事迹不外乎围绕这两大方面。在清朝陕西地方志的人物传中，收录了许多孝子的事迹，通过这些记载，我们也能感知清朝陕西地方社会孝养盛行的作用及意义。即士绅竭力奉养的孝养行为，进一步促进了地方社会孝义养亲思想的盛行。

（一）竭力奉养其亲的士绅

这是孝养思想中最基本的内容。就是说，要尽可能地满足父母亲人的衣食需要等。“士人之贫”是明清时期，乃至整个中国古代社会的一种常态，所以父母最基本的生活所需，也是地方社会寒士及贫民需要竭力供奉的任务。正是因为贫穷，所以历史上有许多佣工养母、乞讨养母，甚至割己肉以奉母等比较极端的事例和记载。在这里，我们就以陕西方志人物传为例，探究清朝时期地方社会中士绅竭力奉养的状况。

在重视孝义、提倡孝行的社会氛围下，不仅士绅阶层从自身做起，赡养亲老，救助孤贫，就连那些百姓也大都以赡养亲人、竭力奉养作为人子最基本的责任。例如：

---

① 杨明辉：《新三纲五常：中国传统孝养思想的现代转化》，《江苏大学学报》2013年第2期。

② 刘季富：《中国古代孝行当议》，《新乡教育学院学报》2007年第2期。

孟居仁，渭南人。家贫业农，事母至孝。光绪庚子大饥，为母购食于市，途中遇散麦八九升，觅其主不得，乃取以归，母子得生，人谓孝感所至。后母病思肉，无力为具，自割两股肉以进，病遂愈。训导刘某闻其事，赠银八两，县令张某给养赡地十二亩，生员朱炳麟为立孝行碑。①

可见，在生产力水平低下、物质匮乏的中国古代社会，满足父母的衣食之需也不是一件容易的事情。但是，孝义养亲的孝行往往能够得到地方社会的旌表和资助。例如，孟居仁割己肉奉养母亲的事情传开后，得到了来自地方训导、县令及地方生员的救助。这充分说明了古代社会孝义养亲优良传统观念的深入人心。

另外，由于贫穷，许多孝子因为自己的父母衣食粗粝而遇酒肉时不忍下咽，甚至有人会怀揣回家以奉母。例如，“张莪，礼泉人，少失怙，事母至孝。遇亲友置酒食，不能下咽，曰，吾无以奉母。日鬻薪于市，且荷且读，鬻竟，携资养母。夜读无膏火，乃炷香而读之”②。可见，礼泉人张莪在亲朋好友的酒宴上不能下咽的原因是他的母亲无法吃到酒肉，所以他感到非常伤心。因为贫穷，为了奉养母亲，他白天在市场上卖柴火，以此换取奉养母亲的费用，晚上才秉烛夜读。

在孝义养亲思想盛行的中国古代社会里，许多人在因疾患等身体原因离世之前，一定会想方设法安排好自己父母的养老问题。例如，“宁凤超，潼关厅人，同治初以城防劳得武略骑尉职。后病笃，谓妻周氏曰：我母年逾六十，子甫六岁，我死则养老送终，教子成人诸事皆不能尽，可奈何？乃令变卖衣物与妻之妆奁，得钱八十缗。半为母预备衣衾棺木，半为子读书费，遂卒。母年七十殁，一切有备无憾。周氏贤而贞，苦节数十年。教子述俞勖于学，成进士，官户部主事”③。可见，在去世之前，为了安排好自己年迈老母的后事及幼子的抚育问题，宁凤超命令其妻子卖掉了自己的嫁妆。

---

① 《续陕西通志稿》卷87“人物十四”，第18页。

② 《续陕西通志稿》卷77“人物四”，第18页。

③ 《续陕西通志稿》卷88“人物十五”，第9页。

孝养行为还体现在父母亲人疾患之时乞以身代等孝义行为上。在这样的背景之下，因父母疾病，割臂肉等和药以进，也被视为孝养的一种途径。这在明清时期的孝子行为中非常普遍。在清朝陕西地方社会里，也有许多类似的记载。例如：

> 李春夫，商州人。父全福患痰疾，医药罔效，乃焚香默祷于祖宗神明，以利刃剖胸，割肝一片煎汤奉父，遂愈。逾年，母始知，言于人，州牧旌奖。①
>
> 范孝子，三原人，失其名。小子业农，母病，医者谓宜用猪肝，市以进，弗验。默念人肝当效，乃祷于神，以小曲刀刲其胸，出肝寸许，熟而进于母，病遂瘳。邑令旌其门，并演剧以张之。远近会者千余人为之唏嘘，感叹不置云。②
>
> 王瀚，眉县人，诸生。母病笃，思食肉，贫不能具，乃刲臂肉进之，病寻愈，人谓孝感所致。③

可见，对于这种现在看来非常极端的孝养行为，地方社会及官方是非常肯定和支持的。因为这种事例可以激励更多的百姓竭力奉养自己的父母，从而促进和谐家庭关系的形成。因此，州县官等常常通过旌奖来表示对这种孝行的鼓励和支持。

（二）鬻妻养亲的孝养之举

在社会生产力水平极端低下的中国古代，由于自然灾害频发，处于灾害中的民众，在剥榆皮、刨草根，卖田、卖房后，仍然无法缓解自然灾害以及严重的生存危机时，往往不得不做一个痛苦的决定：卖掉自己的亲人，以获得维持生存所必需的金钱与食物。在众多的文献中，常常以卖儿鬻女、典卖妻子等词汇来描绘此种行为。④

可见，因为贫穷和灾荒而鬻妻养父、养母的现象，在中国古代三纲五常伦理道德观念影响下比较常见。这种舍妻、舍子换取父母生存的事例，

---

① 《续陕西通志稿》卷88“人物十五”，第2页。

② 《续陕西通志稿》卷87“人物十四”，第10页。

③ 《续陕西通志稿》卷90“人物十七”，第14页。

④ 王璋：《灾荒中女性买卖初探——以清代山西为例》，《农业考古》2013年第6期。

往往被时人看作孝义之举。其原因就在于，奉养父母是孝义行为中最基本的内容，而妇女在古代社会则处于从属地位，在三纲五常中，夫为妻纲。于是，鬻妻以养亲在当时就不足为奇了。在清朝陕西地方志人物传中，也有许多鬻妻养亲的记载。例如：

> 陈超海，礼泉人。佣工养父，乾隆三十六年饥，不能自存，朝海谓妻曰：世有无妻之人，无无父之人，人有再娶之日，无再生之日，将嫁汝以养父，可乎？妻有难色，朝海曰：父饿我必死，我死汝必嫁，终何益？妻不得已，洒泪而去。得资养父，生事死葬皆取给焉。后以弟淮之子为子，兄弟同居，乡里称为孝子。①

从这段资料中，我们可以看到鬻妻者的无奈和时人的孝义观，即父母是唯一的，而妻子可以再娶。所以，在这样的思想影响之下，陈超海忍痛卖掉了自己的妻子，以卖妻钱来赡养其父。他的这种行为，在当时社会被视为孝行，所以地方社会称赞他为孝子。

在地方志中，有许多其他鬻妻养亲士绅事例的记载。再如：

> 董正儿，蒲城人。性孝友，岁饥，鬻妻以活父母弟嫂。②
>
> 张钦，乾州人。事母至孝，道光丁未岁大饥，钦家贫乏食，不得已鬻妻以养母，学使旌其门。③

另外，在妻与子之间，人们往往会选择卖掉自己的妻而保留子。例如，三原人范智吉的选择就是如此。“范智吉，三原人，务农为业。光绪初岁饥，人相食，智吉已有子矣，度不能俱存，乃谓其妻曰：值此奇荒，我不忍睹老母饿，欲鬻子，又恐伤母心，不如为汝谋一乐地，汝可免作饿殍，我亦得资以活母矣。妻泣而从之。未几，饿如故，遂负母携子觅食他方，至泾阳，佣工养母。”④

同样，在孝义养亲思想至上的中国古代社会，当父母亲人和妻子同时

---

① 《续陕西通志稿》卷 87 “人物十四”，第 25 页。

② 《续陕西通志稿》卷 89 “人物十六”，第 17 页。

③ 《续陕西通志稿》卷 90 “人物十七”，第 2 页。

④ 《续陕西通志稿》卷 87 “人物十四”，第 11 页。

面对危险而只能保全其一时，人们往往会做出舍妻救亲的选择，因为在当时孝义思想的影响之下，做出这样的选择似乎一点不难。因此，在清朝陕西地方志中，也有许多舍妻救亲的记载。例如：

> 蹇王臣，略阳人，生员。嘉庆三年教匪突至，王臣弃妻子家产，负母趋走。①
>
> 张承祖，留坝厅农夫。少孤，事母至孝，嘉庆十一年宁陕匪至，承祖弃妻子、资财，负母而逃。十八年岐眉箱匪入境，再次负母逃。②

可见，面对突然而至的侵扰者，人们只能选择逃亡，但由于当时的女性大都是裹脚，所以妻子和母亲均行动不便，在这样的情况下，人们大多选择负母而逃，舍弃其妻。例如，张承祖和蹇王臣就是如此。

由于在危急时刻鬻妻、弃妻以奉养父母，成为社会的主流思想和不二选择，所以人们对那些不奉养父母，危难时刻弃母不顾、负妻而逃的行为嗤之以鼻，这种思想的体现就是诸多方志都记载，孝义者的父母及妻子安然无恙，而弃母而逃者竟然被杀。例如，清代镇安人王孝风传记所揭示的就是此种情况。

> 王孝风，镇安人。事母至孝，寇至，与族弟各携家避乱，事急，弟弃其母负妻去。孝风独弃妻子负母逃匿，乱定，孝风奉母归，妻子亦无恙，其弟及妻竟遇害。③

在地方官府的旌奖和提倡之下，人们不仅鬻妻养亲、弃妻救母，而且扩大了这种舍妻孝养亲人的范围。因此，很多记载表明，在灾荒和危难时刻，人们往往会选择舍弃己子以养育侄子，等等。例如：

> 张经，邠州人。同治三年，弟负母逃，留经守家，经与村人携

① 《续陕西通志稿》卷90“人物十七”，第26页。

② 同上书，第17页。

③ 《陕西通志》卷62“人物八”，第50页。

子、侄匿崖洞，被贼围困，经度其难两全，弃子抱侄乘间出走，贼爇薪熏洞，死四十余人，经子与焉，后遂终身无子。总督左宗棠奖以“孝友义士”匾额。①

石丕清，富平人。光绪丁丑岁大饥，丕清家贫，有子及侄，度不能兼全，乃弃子养侄，以绵兄嗣，子竟饿死，里人称其有邓伯道遗风云。②

李月太，蒲城人。光绪三年大饥，月太子侄俱幼，誓难俱存，以侄失怙恃，死则弟嗣即绝，子虽亡，日后尚可复得，遂舍子于家，负侄寄食北山，比归，子已死。抚侄成立，后屡娶，竟无子，里人以伯道况之。③

在宗亲血缘关系思想浓厚的中国古代社会，舍弃己子、抚养侄子是一个非常艰难的选择。之所以能做出这样的抉择，是因为社会上孝义养亲思想深入人心，以及中国古代社会舍生取义观念的影响。另外，这种行为的逐渐增多也和地方官府及社会舆论的提倡和旌奖有关，更与地方士绅的表率及教化，尤其是他们的榜样示范作用有关。

（三）表率孝养的士绅

虐待老人，不赡养老人，自己住别墅，年迈的父母住垃圾坑，甚至子女成群，年迈的父母死亡多日无人知晓的报道时有发生。究其原因，在于当今社会人们孝养观念的淡漠，金钱至上价值观的影响。所以，大力弘扬和传承中国古代社会孝义养亲的优良传统，对于和谐家庭、和谐人际关系、和谐社会的构建具有重要意义。例如，在中国古代社会，就有许多孝养亲人及以德报怨、感化继母等事迹的记载。例如，清朝千阳监生韩步云夫妇及其继母的记载就是如此。据记载：

韩步云，千阳人，监生。性至孝，幼失恃，继母虐待之，步云事亲维谨。或劝阻之，则曰：天下无不是的父母，亦无不爱子之父母，

① 《续陕西通志稿》卷90“人物十七”，第5页。

② 《续陕西通志稿》卷87“人物十四”，第22页。

③ 《续陕西通志稿》卷89“人物十六”，第17页。

必子有不是处，然后触亲之怒，是母之怒我，正所以教我也，敢含怨乎？以故凌虐愈甚，承奉愈恭。及长有室，母复虐其妻，妻亦遵步云之训，敬奉无违，母卒感动。[①]

可见，作为一名监生，韩步云并没有因为继母虐待他而嫉恨，相反，他往往自我反省不足，更加孝敬自己的继母，所以最终感化了自己的继母。尤为重要的是，他的妻子在他的表率和影响下，面对公婆的虐待也是敬奉孝养，不违背其心，所以最终感化了她的婆婆，家庭关系趋于和谐。这充分说明，士绅的孝义养亲行为对地方社会的乡人具有很强的榜样带动作用和表率作用。

除了以自己的孝行表率乡人外，士绅还特别注意在人才培养中对孝养思想及行为的培养及学习。例如，武功举人黄鉴。“黄鉴，武功人，乾隆壬午登贤书。后除山丹教谕，诲诸生曰：人之所以为人者，忠孝也！舍此，何以为学？”[②] 可见，他把忠孝当作学习之中最为重要的内容，并且认为这是做人最起码的核心内容。这种思想无疑对中国古代社会孝义思想的盛行具有推动作用。

可见，中国古代社会孝子众多是因为孝义思想盛行，孝养风气浓厚。这种孝义思想深入人心，除了国家和社会的提倡外，还与乡居士绅日常的宣讲有密切关系。例如，南郑人王有家，他在因贫废读后以卖春器为生，但肩头常挂二十四孝等书，有时间就为乡民讲读，这种宣讲无疑对孝养思想的深入人心具有直接的推动和促进作用。“王有家，南郑人。母早亡，因贫废读，学制舂器以养父。担头常挂二十四孝等书，暇则为人讲解，多感化者。”[③]

在孝义为重的中国古代社会，地方社会的士绅除了竭力奉养以表率乡人之外，他们还积极刊刻有关孝义养亲的书籍，来劝谕地方社会的百姓积极孝养自己的父母。例如：

彭家贞，澄城人。为伯父病，印布《敬信录》数百本。[④]

---

① 《续陕西通志稿》卷90“人物十七”，第15页。
② 同上书，第3页。
③ 同上书，第19页。
④ 《续陕西通志稿》卷89“人物十六”，第5页。

薛宗泗，朝邑人，贡生。母病，祷于神，刊施孝经千余帙，病寻愈。①

在中国古代社会里，大家庭中孝悌敦睦等友爱、和谐风气非常浓厚。因为地方社会的士绅，不仅以自己的孝养行为劝谕、教导乡人孝养父母，他们还常常以自己的财产资助和善待家族中的弱者以扩大孝养的内涵和范围。所以，在士绅的引导和表率下，社会风气以孝义养亲为荣，以几世同居的大家庭敦睦相处为荣，以析产分爨为耻。这种良好的社会风气，促生了地方社会敦睦和谐的家庭关系及友好无间的邻里关系的形成。例如：

孙廷兰，合阳人，拔贡生。舌耕他乡，家中兄弟欲分爨，廷兰曰，兄弟俱无子，分必饥寒，吾不忍也。有横逆来，不与校，曰，失在我不可校，失在彼不必校，且校不受，必兴讼，吾家以不入公门为教，何可犯乎？②

李学经，蒲城庠生。十三世同居，内外三百余口，毫无闲言。同邑曹友曾九世同居，比闾效之，多以析爨为耻。③

李联芳，平利人，同治辛未进士。性豪爽，尤笃于友，于禄俸所入必分给兄弟曰：同气连枝，乌可不霑雨露耶？家庭之内油然可倾，尝纂修邑志。④

可见，热衷于地方社会事务的士绅在孝义养亲方面，不仅身体力行，以自己的孝养来表率乡人，通过自己的宣讲和劝谕来教导乡民奉养父母，而且还刊刻相关的孝养书籍来促使地方社会的人孝养其亲。在孝养的对象方面，他们把对父母长辈的孝养扩大到了对家族成员的资助和赡养上，从具体形式来看，他们以几世同居大家庭的和睦相处为荣。与这种友爱兄弟、和睦相处的大家庭相对应的是，在当今社会中兄弟姊妹七八人，在赡养父母时互相推诿，在争夺遗产时不遗余力，此类报道可谓铺天盖地。因为在中国古代社会，孝养父母，奉养其亲唯恐不及，所以独力肩负起孝养

---

① 《续陕西通志稿》卷 88 “人物十五”，第 17 页。
② 《续陕西通志稿》卷 79 “人物六”，第 6 页。
③ 《续陕西通志稿》卷 89 “人物十六”，第 21 页。
④ 《续陕西通志稿》卷 82 “人物九”，第 20 页。

义务士绅的记载随处可见。例如，“周佐，洋县人，武生。性孝友，兄弟析居，尽以佳田产让弟，父母存养殁葬皆独任之”①。

在孝义养亲思想的影响下，也有许多获得出仕资格的士人因为孝养而选择放弃仕途，回家奉养父母的记载。例如：

楚文暻，南郑人，乾隆戊辰进士，官福建宁德知县，性至孝，因父母在堂，屡请迎养，不许，遂告归。②

杨枢，潼关厅人，廪生。其子德辉，岁贡生，延川训导，以母老，到官数月即归养。时母年九十有一，饮食疴痒必亲扶搔而尉荐之，累月日无倦，兄四人事之，没齿无间言。郡守李松村私谥曰，孝靖。③

贾我琪，淳化人，举人，顺治十三年授直隶大名府通判，以功升广西庆远知府。行至襄阳，慨然曰：奈使以父母之身轻投瘴疠之乡哉？遂请致仕归。④

在学而优则仕这一既定模式及理想之下，多少读书人皓首穷经，其目的就是“货与帝王家”以实现其人生理想。但是，也有许多人因孝养而放弃仕途，这从另一个方面说明，孝养是中国古代社会中影响非常深远的一种思想。所以，当宦途与孝养发生冲突之后，他们宁愿放弃仕途，选择孝养。也许正是因为如此，古人常说：树欲静而风不止，子欲养而亲不在。

（四）孝子孝行的社会价值及作用

在历代统治阶级对孝义的提倡及旌奖下，在地方社会士绅身体力行的表率和劝谕下，孝养观念日益深入人心，孝子孝行得到社会舆论的一致赞扬。因此，孝子在地方社会中不仅具有较高的社会声誉，而且在危急时刻往往能得到地方社会额外的关照。

例如，在清朝中后期的太平天国起义期间，许多处于危难之中的孝子就得到了起义军的格外关照而得以获生，其原因就在于孝子声誉的深远的

① 《续陕西通志稿》卷 90“人物十七”，第 21 页。
② 《续陕西通志稿》卷 82“人物九”，第 1 页。
③ 《续陕西通志稿》卷 78“人物五”，第 1 页。
④ 《续陕西通志稿》卷 81“人物八”，第 8 页。

影响力。同时也充分说明，中国古代社会不仅孝义思想深入人心，而且孝子的孝行也能够得到全社会各阶层的认可。在清朝陕西地方志人物传中，有许多因孝义名声得到豁免、保全性命的记载。例如：

王上林，盩厔人，武生。花门之变，贼猝至，村中大乱，上林母老病，促上林逃。泣曰：死生有命，我何忍舍母而求生哉？坚守母侧，贼怜其孝，并释之。①

吕毓韶，盩厔人。幼失怙，性孝友，为族党所推重。同治纪元，毓韶负母逃难，道遇贼，以孝释之。②

李若桥，华阴人，庠生。匪之乱，负母逃避，中途遇贼，乞以身代母死，贼义而释之。③

罗堂，长安人。同治初，发匪窜陕，所至骚然。堂奉亲入山，或避省城。一日，贼劫其父，堂牵贼裾泣求以身代，贼欲兵之，堂引头曰：宁杀我，乞代吾父。贼怒，恐以刀环，堂持之益力，贼叹曰：孝子也，乃释之。④

贾我琪，淳化人，崇祯壬午举人。子文耀，彬彬，明末寓居省，闯贼陷城，举家窜散，文耀时年十八，负母冒锋刃，风雪徒步，涉渭返里，未几，土寇破县城，缚我琪去。文耀求以身代，不许，乃号泣随行，贼释其父而囚之。贼酋怜其孝，得稍宽，历二载赤身跣足潜逃归，人皆称为孝子云。⑤

郭映青，朝邑人，庠生。同治贼缚其母索财物，映青曰：此吾母也，我主家事，母安得金？请缚我。贼抉其目，映青曰：纵杀我，勿伤吾母。贼义而释之。失明后无以为养，邑令黄照临以其孝，给钱百缗为生计。⑥

王尚义，蒲城农民。事母以孝闻，会山贼肆掠，家人仓皇逃避，尚义独侍母不去。贼逼令从行，尚义踌躇弗前，贼怒，将加刃，贼酋

---

① 《续陕西通志稿》卷87“人物十四”，第12页。

② 同上书，第14页。

③ 《续陕西通志稿》卷89“人物十六”，第14页。

④ 《续陕西通志稿》卷86“人物十三”，第5页。

⑤ 《续陕西通志稿》卷81“人物八”，第8页。

⑥ 《续陕西通志稿》卷88“人物十五”，第15页。

厉声呵之曰：吾辈虽作盗贼，纲常不可昧，汝若杀孝子，天地岂容汝乎？立斩以徇慰尚义者再三。他日又至，方哀诉，贼忽悟曰：汝即王孝子耶？舍之。由是母子俱无恙。①

可见，在频繁的社会动荡中，有许多人颠沛流离，四处逃命，但是他们中的孝子及其孝行感化了起义者，从而保全了他们的性命。因为起义者虽然烧杀焚掠，但是他们认为杀掉孝子可能会加深自己的罪孽。例如，"李应瑚，咸宁诸生。负伯母靳氏逃避，中途遇贼，伯母命之逃，应瑚不忍去。贼欲杀其伯母，应瑚请以身代，贼将并杀之，一贼曰：'此孝子也，杀之不祥'，因并释之。"② 所以，孝子在社会动荡中，不仅保全了自己，也保护了家人。

在孝义为重的封建社会里，孝子声誉能带来许多意想不到的好处。除了上文所说在社会动荡中，孝子声誉及行为可以保全自己及家人性命外，孝子声誉还能保护地方社会之安危。因为很多记载表明，起义者会相互告诫，勿犯孝子庄，勿扰孝子，等等。例如：

康应祥，兴安州人。性孝友好义，尝还路拾金六十两，顺治二年，流寇过其门，曰：此孝义士也，戒勿犯。③

程毓槐，韩城人，顺治甲午举人。值闯乱，村人皆走匿，毓槐与弟守柩不去。贼至，刃胁之，毓槐与弟争就死，贼重其孝友，勿杀也。后过其村曰："此程孝子庄"，戒勿犯。所居西川里当韩城孔道，山径崎岖，每霖雨，挽输不至，毓槐、毓樌捐资开凿，韩人赖之。④

赵岑翰，千阳人，恩贡生。亲殁，庐墓三年，食不重味，衣不更干浣。有寇数十骑过其处，相戒曰：此孝子庐，勿惊之。从别道去。⑤

总之，因为孝义思想深入人心，所以孝子的声誉及孝行在社会动荡中

① 《续陕西通志稿》卷89"人物十六"，第21页。

② 《续陕西通志稿》卷86"人物十三"，第10页。

③ 《陕西通志》卷62"人物八"，第49页。

④ 同上书，第55页。

⑤ 《续陕西通志稿》卷90"人物十七"，第15页。

具有保全自我、家人乃至地方社会的特殊作用。其原因在于，起义者也非常钦佩和敬重孝子的孝行和声誉，因为他们也受到了孝义养亲思想的影响和熏陶。

（五）孝子与科举德报思想

孝就是善事父母。因为自古至今，中国人认为对父母尽孝是人的本性使然，是天经地义的事情。[①]“百善孝为先”，一个人如果连生养自己的父母都不能善待的话，则禽兽不如，更不可能善待他人。所以，无论是统治阶级还是地方士绅，他们都会通过立法、旌奖、表率、劝谕等形式，宣讲孝义养亲的思想，并给予孝子较高的社会声望和地位。在许多史料笔记及著作中，随处可见孝子声誉给本人带来的种种生子、科举、救急于围困中的德报记载。为了体现孝义养亲的德报思想，也有许多史料通过虐待老人的恶报例子来证明，不善待老人及家人会受到严厉的惩罚。例如，钱泳《履园丛话》中一条人变猪的不孝妇女的恶报记载：

> 山东陶县一农家妇，素虐其姑，姑双盲，欲饮糖汤，妇詈不绝口，乃以鸡矢置汤中与之，姑弗知也。忽雷电大作，霹雳一声，妇变为猪，入厕上食粪，一时观者日数千人。其后是猪终日在污秽中游行，见人粪则食之，岁余犹未死。[②]

虽然此事不可信，但却说明了孝义养亲在中国古代社会中的盛行。之所以会有类似的记载及传说，是因为人们认为，孝义养亲是中国古代社会中任何人都必须遵守的美德，不孝之人，不但会被人唾骂，而且会遭到恶报。

另外，科举出仕在中国古代社会不仅能给士子本人带来出仕做官的机会和资格，而且还能光耀门楣，庇护家乡社会，会成为读书人及其家族乃至全社会共同关注的目标。在这样的情况下，人们相信孝义养亲的孝子能够在科举考试中得到某种回报。因此，史料中有许多孝子科举中式的记载。而有意思的是，似乎这些人的中举大多与他们的孝行有着某种密切

① 梁翠：《论孝道对中国古代官员仕途的影响》，《东南大学学报》2011年第13卷增刊。

② 钱泳：《履园丛话》，中华书局1997年版，第464页。

关系。

在清朝陕西地方志中，也有许多孝子因其声誉而获得意想不到收获的记载。例如，诸多史料记载了士人参加科举考试时因果相报、孝义相报、阴德相报的故事。例如：

> 郝尊玘，宜川人，康熙戊子举人，事亲孝。父临终嘱教仲弟纶增，季弟鹏圻读书，交相勉励，童试、岁试先后具冠军。戊子省试，值秋祭，邑令齐宿若闻有读试榜者曰：孝子郝尊玘，宜川人。令惊起，寂无人。已而榜发，果中式。后两弟亦相继举于乡。①

从资料记载来看，似乎郝尊玘中举是有人帮助的，而之所以会有这样的结果，似乎正是因为他的孝子声誉。

除了这些传说故事外，在科举考试中，孝子声誉也可以为他们带来许多便利。例如，乾州庠生吴士彦在应童子试时，就得益于他的孝友声誉。据记载：

> 吴士彦，乾州人。兄嫂避荒四川而兄殁，士彦徒步往负骸，奉嫂归葬，知州李宏柱为作特行诗，声名藉甚。应童子试，有同姓名者，学使问曰：谁为孝友生吴士彦者？遂入庠。②

可见，吴士彦的孝子声誉传播甚广。正是因为如此，所以当与他同名同姓者参加科考时，学使专门询问同名同姓者中哪一个是孝子吴士彦。正是因为他的孝子声誉，所以他得到了额外的关照，获取了生员资格。对于科考中这种人情、人为因素的影响，人们不会指责其不公的原因在于：人们相信并认为，孝子就应该得到额外的关照。

在孝义思想深入人心的中国古代社会里，孝子声誉不仅能给其人带来科考中式的机遇，而且在科考中因为其孝行而能得到较高的名次。例如：

> 康奕，合阳人，举人。自幼恂谨，出入必告其亲左右，就养有常

① 《续陕西通志稿》卷91“人物十八”，第18页。

② 《续陕西通志稿》卷90“人物十七”，第1页。

仪。督学试期，适母疾，不肯赴，母曰，是益我疾也，固遣之，甫出场即归。复试独后至，使者嘉其孝，以第一人入庠。①

可见，因为其母患病，所以临近考试的康奕不愿意参加考试，在母亲的强迫和督促下才去参加考试。在复试中，因为侍奉母亲疾患，所以他去得比较晚。而正是因为他的孝行，他得到了学使的关照，“以第一人入庠”。

在孝义思想深入人心，孝养范围逐渐扩大化的明清时期，孝义养亲可以概括为“亲情义务观”。所谓“亲情义务观”是指个人对其眷属及亲友履行社会义务的自觉。因为社会基层组织的基本形式是家庭，所以亲情义务观就是对家庭成员的普遍关照。所以在传统中国社会中，孝养义务无限扩张，渗透进社会政治生活的各个领域。为家人亲友谋利益，成为人们政治选择和政治行为的原始动力，履行亲情义务成为人们各种社会活动的根本目的，而且深入人心。② 也正是因为如此，士绅把对家族成员的养教都视为自己的职责。例如，“杨学易，白河人。祖世青，庠生，学易抚孤侄如己出，收族子无依者聚养于家。光绪十三年，学使奖以孝友可风匾额。”③“吴怀清，山阳人，光绪庚寅进士。兄弟析居，以应得产业给族中贫者。”④ 而地方社会对这种扩大化的孝养和“亲情义务观”是认可、赞许、提倡和鼓励的。

（六）士绅与其他孝义事务

作为官民中介的士绅是地方社会民情上达的唯一群体，所以地方社会的诸多事务都须经过士绅上达给官府。因此，对于地方社会的孝义及其义行、节烈事迹，他们都会积极上呈，请求旌表建坊。例如：

黄永沂，岐山人，精医理。邑富室某延永沂疗疾，母戒以勿受谢，比疾愈，酬弗受。一夜，忽有人投百金于门内而去，遍访不得，

---

① 《续陕西通志稿》卷79“人物六”，第4页。

② 葛荃：《忠孝之道：传统政治伦理的价值结构与传统义务观》，《天津社会科学》1992年第5期。

③ 《续陕西通志稿》卷91“人物十八”，第10页。

④ 《续陕西通志稿》卷84“人物十一”，第19页。

后知即富室某也。仍却之，或疑其矫情，永沂泣曰：非矫也，恐伤吾母心也。他所行皆类是，人若称其孝，则面赤，若有不安于心者。后邑绅呈准旌表，永沂匿，弗见客者数月。①

张全礼，南郑人。天性笃孝，敬奉双亲出于至诚，邑绅举报孝子，嘉庆十六年旌表。②

南郑生员汪文元卒年七十有六，在他去世后，绅耆溯其贤劳公请祔祀书院崇贤祠。③

可见，对于地方社会的孝子及其孝行，地方士绅往往会上书，并请求地方官府给予旌奖，以此表率和促进更多的人尽力奉养其亲。而地方官员也往往会对孝子给予旌奖建坊的奖励。例如：

雷慎言，富平人，监生。事亲以孝闻，咸丰间学政慎霖奏请旌表建坊，并赠以"养志遗风"额。④

在孝义养亲中，寻找失散的亲人也是其中一项重要的内容。所以，在史料中，常常可以见到千里寻父、负骨归葬的记载。在清朝陕西地方志人物传中，也有这样的事例。例如：

魏树德，浦城人，举人。父季龙，游幕闽粤，不通音耗者数十年。树德家极贫，与母姊僦屋而居，稍长即询父所在、颜貌何似？母告之，并励以读书成名，登贤书后，遂决意寻父。先之闽，又之粤。求诸乡父老，披荆棘，遍历荒山野冢间号泣，忽有老人闻哭声为陕西音，细寻点莫，告以葬处，启之，得志石，始扶梓以归，人称孝子。⑤

孝义养亲有两大内容，即养亲体和养亲志。养亲志的重要内容就是色

① 《续陕西通志稿》卷90"人物十七"，第10页。

② 同上书，第18页。

③ 同上。

④ 《续陕西通志稿》卷87"人物十四"，第22页。

⑤ 《续陕西通志稿》卷80"人物七"，第21页。

养，就是奉养父母时要和颜悦色，不能给父母以颜色看。所以，对于孝子而言，使父母欢心，让他们高兴就是养亲志的主要内容。因此，当父母有忧色时，子女应该尽量使父母高兴。例如：

> 张售玨，朝邑岁贡生。康熙辛未旱蝗，售玨馆上郡，迎父就养，父老不能骑，以肩舆度岭，岭险峻，舆夫踟蹰不前，售玨自舁父山行数十里。父为呜咽，售玨故示跳跃以慰父。①

可见，面对其父因疼爱儿子劳累的哭泣，为了使父亲相信自己不累，使父亲高兴，背着父亲爬了数十里山路的张售玨，还通过跳跃的方式来打消父亲的担忧。这说明，色养也是孝义养亲的重要内容。也正是如此，当今社会的许多老人希望子女能够常回家看看他们，陪陪他们，而不是只给予金钱或物质上的供养。因为在满足衣食等基本的赡养需要之外，还有更重要的一种孝养叫作养亲志。

总之，赡养父母、孝敬老人是中华民族的传统美德。为了贯彻这种孝义养亲行为，历代统治者不仅积极倡导、旌表众多的孝子孝行，而且还通过立法的手段，强迫人们赡养其亲。在地方社会，士绅不仅通过自己的孝养行为来带动和表率乡人竭力奉养自己的亲人，而且还通过宣讲、刊印孝养书籍来敦促人们孝养其亲，并通过上书请旌本地的孝子来鼓励人们积极行孝。可以说，士绅与地方社会的孝义养亲思想盛行、孝子众多有着密切的关系。因为正是在他们的榜样带动、劝谕教化下，赡养其亲的孝义思想才得以在中国社会传播得更深入，普及得更加广泛。

六　清朝陕西士绅与地方弊政的革除

祸国殃民的贪官污吏在任何时代、任何国家都有。所以，惩治贪官污吏、革除社会弊病是社会治理的重要内容。所以，惩治贪污腐败不仅是当今社会保持党的纯洁性，维护长治久安的关键，而且在中国古代社会，大力整顿吏治，惩治贪污腐败也是社会稳定、政权巩固的关键。在中国古代社会惩治贪腐问题上，地方士绅在监督地方官员，革除社会弊病方面的作

① 《陕西通志》卷62“人物八”，第53页。

用不可忽视。

（一）士绅与地方陋规的革除

由于中国古代社会行政设置的特殊性，地方行政管理设置只到县一级。而且在县级行政设置中，负责行政事务的只有县令一人。因此，为了应对繁杂的地方公务，州县官不得不聘用一些专管刑名、书办、税务诸多事务的幕宾，选用一些书吏，加上自己的随从，共同构成州县官的行政团队。而正是这些团队成员成为吏治败坏，加重地方人民负担，盘剥人民血汗的重要因素。例如，清朝时期陋规很多，比如门敬等就是送给官员的随从和门卫的。

"陋规问题，是清代吏治一大弊政，因其深入清代州县官场，并成为州县官维护其地方治理的不二选择，他们充斥州县官、清吏之间，成为清代官场的一个突出现象。"[①] 那么，什么是陋规？陋规的主要形式和内容有哪些？李映发认为：州县陋规，简而言之就是州县官凭借各自的权力向下作各种需索，目的在于向所属的上级机关和人员贡献金钱与礼物，或者为自己及其部属谋取非法利益。其项目与名称繁多：向府道、督抚进献三节两寿礼金，称为"礼规"或"常例"，向仆人致送为"门包"；向清吏致送为"茶仪"。在科举方面，有"棚规"等。清朝承袭前朝积习，更兼本朝诸多常例，200 余年间，针对各种陋规虽屡兴屡革，但终难有较大起色，甚至有增无减，几乎到了"鲜有不营私之吏"的地步。[②]

在清朝中后期，陋规名目更多。任恒俊在《晚清官场规则研究》一书中对清朝时期，尤其对晚清官场的各种陋规进行了详细阐述。大致有：外省官员进京引见、离开时送给京官的"别敬"；夏天给京官的"冰敬"；冬天取暖的"炭敬"；过年时送的"节敬"；给官员喜庆日子赠送的"喜敬"；送给官员门房、仆人等的"门敬"；给官员女性眷属的"妆敬"；给官员读书子弟的"文敬"；为考试、做官找同籍担保而送的"印结"；征收田赋时的"耗羡"；任职之初的"到任规"；候选补缺时的"花样"；中央部门索取的"部费"等。[③] 名目繁多的陋规，不仅加重了人民的负

---

① 顾渊明：《浅谈清代陋规横行的原因》，《河套学院学报》2013 年第 1 期。

② 李映发：《清代州县陋规》，《历史档案》1995 年第 2 期。

③ 任俊恒：《晚清官场规则研究》，海南出版社 2003 年版，第 311 页。

担，而且败坏了吏治和官场风气。诸多陋规的泛滥还形成了一些约定俗成的规则。例如，衙门的陋规随处皆有，但不能随意多取，按规定额度收取者为合法，其额外苛求者则为非法。[①] 例如，“耗羡归功”等。

为了消除陋规等社会弊病给中央王朝统治所带来的危害，清朝统治阶级也进行了多次整肃，但收效甚微。而在地方社会，地方士绅凭借其特殊的身份、地位和影响力，常常会革除陋规，监督地方官的不法之事，造福于乡里社会。因为明清时期的绅士，不但主宰着广大民众的社会生活，还担负着联络官民、排难解纷、劝善举业、移风易俗等社会职能，可在一定程度上左右地方政局，并构成封建统治的基础。[②] 所以，清朝尽量引导乡绅维护其有效统治，将他们作为社会的中坚力量加以依靠。事实上，有清一代，士绅在维护地方社会的稳定、监督地方官贯彻执行专制统治法令等方面，确实起到了重要的作用。[③] 在清朝陕西地方志中，有许多士绅参与革除各种陋规的记载。例如：

> 牛振声，泾阳人。登道光乙酉贤书，任城固教谕，革除丁忧起复及祝仪诸陋规，论者称为教职中祥麟。[④]

可见，作为教谕，牛振声革除了城固地方社会生员必须缴纳的类似于“棚费”的陋规，这种做法在当时引起了地方社会舆论的高度赞扬。再如，针对污吏趁采购之机中饱私囊的情况，张大垣在担任知县时将其全部革除：

> 张大垣，三原人，进士。任高淳知县，宽赋除弊。旧有胥吏乘采办浮价、中饱私囊，大垣廉知，一切屏除，又为民请减漕费千余两，以勘荒劳卒。[⑤]

在“家天下”的社会格局中，作为同一祖先的子孙，即使他们获取

① 柏桦：《明清州县衙门陋规的存留与裁革》，《史学集刊》2010 年第 3 期。

② 郝秉健：《试论绅权》，《清史研究》1997 年第 2 期。

③ 吴吉远：《清代地方政府的司法职能研究》，中国社会科学出版社 1998 年版，第 338 页。

④ 《续陕西通志稿》卷 76“人物三”，第 9 页。

⑤ 同上书，第 10 页。

了功名，贵为“皇帝家人了”，但也跳不出宗法关系的网络，所以他们必须履行宗族法规所规定的权利并承担义务，① 即为地方社会和家族里党的利益服务。因此，当地方社会的各种弊政害民，扰民事件及行为发生时，他们会尽力设法革除。例如，韩城进士王诚义上书朝廷革除陕西地方官提高盐价，损害陕西人民利益的事例就是如此。据方志记载：

> 王诚义，韩城人，光绪丙戌进士。陕省盐觔加价，私改官运一事，凤翔总局委员等垄断渔利，朋比为奸，屠害人畜，激成民变巨案。大吏弥缝袒庇，远近诧为奇闻，诚义特疏劾之，直声震都下，前后章数十上，皆有关吏治民生。②

不畏权势，敢于为民请命，这是中国古代士绅的优良传统。所以，当发现地方社会官府的黑暗及害民、扰民弊病时，有责任感和正义感的士绅总会想方设法揭露这种病民、害民之弊。例如，面对乾隆年间关中大旱，地方官隐匿不报的情况，蒲城监生冯廷理就只身一人赴京上诉，终于使得那些匿灾不报、盘剥害民的庸官得到了应有的惩处。他这种不畏权贵、为民请命、造福地方百姓的行为，得到了地方社会百姓长久的称赞。据记载：“冯廷理，蒲城监生。乾隆间关中大旱，邑令匿灾不报，且擅赠火耗，署内一切供支繁重。廷理孑身控于京，得旨查实，凡地方匿灾者皆免官查处，商民免，出资者七十二条，至今犹啧啧称之。”③

此外，清朝陕西籍士人中，还有许多在为宦时革除地方社会弊病和陋规的记载，例如：

> 张世永，渭南人，乾隆丁卯举人，任河南济源知县。甫抵任，除陋规数十条，民献衣伞，曰，吾初莅任，即受此，非好名也，固辞之。④
>
> 杨彬，富平人，进士。官湖南知县，任兴宁时，杜绝帮派、棚

---

① 郝秉健：《试论绅权》，《清史研究》1997年第2期。

② 《续陕西通志稿》卷84“人物十一”，第5页。

③ 《续陕西通志稿》卷89“人物十六”，第19页。

④ 《续陕西通志稿》卷77“人物四”，第8页。

费，断结山场旧案。性简默，不喜逢迎，一意孤行，始终不阿。[①]

马鲁，大荔人。由举人大挑任淳化、静宁州学官，俸满擢知县，分江西安远县。安远俗悍，往往械斗致命，而别买凶手，谓之顶凶。鲁莅任后一革其弊，民始知畏法。旋以阳达古一案弃官归，盖以质直见嫉同僚，故蜚语中伤而鲁不自以为悔也。[②]

但是，在陋规泛滥的时代，革除陋规、勤政爱民的官员总会受到同僚的排挤和打压，因而许多人最终只能返回乡村。例如，杨彬就是如此。因为他杜绝官场中拉帮结派现象，并革除了棚费等陋规，所以“屡不得志于上官”。

（二）士绅与其他社会弊病的革除

上下奔忙，为民请命，许多士绅具有强烈的地方公益意识。[③] 因为清代绅士是以身份为纽带，以功名为凭借，以特定社区为范围，以官、民之间的社会空间为运动场所形成的一种具有权势的地方社会控制力量。[④] 在回到家乡社会后，士绅不仅参与各种公共工程和地方事务，而且关注、监督地方社会秩序的正常运行，一旦出现损害地方人民利益的事情，他们往往会出面纠正，要求革除。因为家乡是养育士绅的地方，即使在外做官，他们仍然有一种乡土情结，一旦在官场不顺或受挫，便退隐乡里。[⑤] 离开官场的士绅并非都像陶渊明那样，将世事置之度外，相反，他们会积极关注地方事务。所以，关注地方社会政令实施，造福于地方百姓就是这些离职官员的主要活动内容。例如，“霍勤炜，朝邑人，光绪戊子副榜，屡试不第，就职直隶州判，后任知州。长吏颁赠匾额，促之来省，卒不果行，惟为民请命，则披沥代陈，上游多屈从之。”[⑥] 可见，居于乡村的士绅常常尽可能地利用其声望和特权为地方社会获取利益，因此，革除社会弊病就是其为地方社会谋福利的内容之一。

---

① 《续陕西通志稿》卷77“人物四”，第16页。

② 《续陕西通志稿》卷78“人物五”，第6页。

③ 马学强：《乡绅与明清上海社会》，《上海社会科学院学术季刊》1997年第1期。

④ 王先明：《近代绅士——一个封建阶层的历史命运》，天津人民出版社1997年版，第287页。

⑤ 余子明：《从乡村到都市：晚清绅士群体的城市化》，《史学月刊》2002年第8期。

⑥ 《续陕西通志稿》卷84“人物十一”，第21页。

从士绅参与革除的各种社会弊病的内容来看，主要有以下几个方面：

第一，竭力减轻地方人民的徭役负担。在封建社会里，政府的税收名目繁多，除了土地税和人头税之外，还有很多加派。这些繁重的赋税负担和徭役，成为造成地方社会人民贫困的重要因素。因此，关注地方社会人民福利，素有民本思想的士绅会极力主张减轻地方百姓的徭役和赋税负担。在清朝陕西地方志人物传中，有许多为地方社会减轻徭役盘剥士绅的相关记载。例如：

武挺，武萧之弟，岐山人，廪贡生。嘉庆间，岐邑差徭累民，挺会诸绅，请于官，创立差局，按粮派钱，力从，节省数年，后余钱万缗，所派益少，民力以纾。①

赵可台，兴平人，廪生。邑差徭病民，众议创设差局，推可台总其事。乃立条规，杜侵渔，岁省民钱以万计。②

段琳，华州人，咸丰乙卯中副车，同治庚午与弟理同登贤书。琳学品既纯，尤慷慨好义，华州差徭久为弊丛，光绪初每石粮加差钱至三十余缗，控诉屡屡，一不之减。时敬铭居河东，琳往面陈其弊，即据以入奏，遂减山陕差徭十之七，两省士民至今颂敬铭不置，而不知实琳发之也。二华水灾滋甚，琳官凤县学，时以事谒藩司，陈三策，卒从中下策，至今二华食其利。③

张兆熊，洋县人，崇祯丙子举人。流贼寇洋县，兆熊偕邑令郭一龙募乡勇数百剿贼，贼遁，城得不陷。洋邑旧有浮粮千石，赋役繁苛，民甚苦之，兆熊力请当事尽革殆尽。④

高万鹏，城固人，同治戊辰进士。擢安徽凤颍六泗道，兼榷凤阳关税。时关吏贪婪，额收支绌，前任为言官劾罢。万鹏莅任，思更张之，大府持不可，忧愤成疾，匝月始起视事，卒毅然改辙，课入倍增而商民毫无扰累。⑤

刘愈勋，宜君人，以贡生官华州训导。居乡秉性刚方，不可干以

① 《续陕西通志稿》卷81“人物八”，第11页。

② 《续陕西通志稿》卷75“人物二”，第6页。

③ 《续陕西通志稿》卷80“人物七”，第5页。

④ 《陕西通志》卷57“人物三”，第61页。

⑤ 《续陕西通志稿》卷82“人物九”，第5页。

非义。邑遭闯贼之乱，户口凋敝，十村九空，每丁旧征银二两一钱，民不堪其苦。数十年无敢上陈者，值巡抚阅边，愈勋率众哭诉，遂减三钱，邑人感之。①

高照煦，米脂人，同治癸酉举人。先后办理城防，筹赈备荒，裁改差徭诸要政皆躬亲襄赞，劳怨不辞②

可见，敢于上陈民隐，减轻地方社会乡民的徭役和赋税负担，就是士绅最主要的活动之一。因为在中国古代基层社会，只有士绅才具有这种上陈民隐、下达官令的资格。所以，在他们的力请和交涉、游说下，常能革除一些地方社会扰民、害民的弊政。

第二，检举地方社会官商的不法之举。在任何时期、任何地方，总会有为非作歹的官吏和狡猾奸诈的商人。为了保护地方社会百姓的利益，士绅往往也会出面检举并制止这种不法行为。例如：

吕伟钰，洛南人。其从孙清举能文章，多善行，某商借征粮害民，清举发其奸，商惧，贿重金，不受，公议罚钱五百缗，充洛源书院膏火，蠹役殃民者因之敛迹。③

可见，目睹了奸商征粮之时的害民行为后，地方士绅吕清举出面进行了揭发，公议后处奸商罚金500缗充作了书院膏火。这不仅增加了书院的经费，促进了地方学校教育的发展，而且制止了贪官污吏的不法行为，因为“蠹役殃民者因之敛迹”④。

封建时代天灾不断，人祸更惨。以皇帝为首的统治者奢侈挥霍，是加重人民负担，造成人民痛苦的重要根源。清官廉吏于是犯颜直谏，甚至不惜冒着生死危险为民请命。⑤ 这种仕宦生涯中的现实记载和历史故事，也激励着回到乡村的地方士绅。因此，在面对地方官员一些非法之举时，其人往往也敢于质问，为民请命。因为对地方官员的不法行为，只有那些具

① 《续陕西通志稿》卷83“人物十”，第9页。
② 同上书，第14页。
③ 《续陕西通志稿》卷77“人物四”，第24页。
④ 同上。
⑤ 王岸茂：《论古代清官的重民思想和务实作风》，《史学月刊》1997年第1期。

有正义感、不畏强权的地方士绅才能揭露并上达，从而才有可能被国家革除，以减轻对地方百姓社会的滋扰和盘剥。例如，面对总兵任珍双重盘剥乡民的行为，地方士绅张志仁就向上级官府上诉，这些盘剥行为终于被革除。“张志仁，兴安州人。激昂好义，总兵任珍嗜杀，虐州人，买粮又令牧马，州民苦之。志仁愤激上诉，得奉部议革除二弊，勒石州署门外。”① 再如，“梅杠，华阴人。性刚毅好义，时胥役为害，杠奋然上陈，遂革其弊，人为立碑志之”②。

第三，敦促地方官出面主持地方公正。对于地方社会的一般纠纷，士绅往往会出面调停。因为在广大乡村，士绅中的德高望重者受到人们的信赖，所以民间纠纷常常由他们出面调解。例如，陕西河津生员董维焕，“族党见之无不肃然起敬，村人与邻村讼，官与两造之外，惟取决于焕之一言”③。然而，地方社会总会发生一些重大的纠纷，对于这些比较棘手、士绅难于调解的问题，士绅往往也会出面，请求地方官员调停，主持公道。例如：

> 李元春，朝邑人，举人。南乡滨渭各村以争滩地久蔓讼，为请于官府，正其经界而争端顿息。④
>
> 蒋常垣，汉阴人，咸丰癸丑进士，尝乘舟至郡，见月河米船为行户所扼，乃请于郡守，为定行规并西渡章程，商民称便。⑤

可见，面对地方社会乡民为河滩土地而持续较久的纷争，举人李元春请求官府出面划定疆界以解除纠纷；汉阴进士蒋常垣也是因为目睹了月河米船被行户阻挡的不法行为，所以建议郡守制定章程。

除了建议、请求地方官出面主持公道之外，士绅还积极建议地方官建立维护地方治安的设施和驻兵。例如，韩城进士高辛傅任工部右侍郎后，先后两次上书有关病涉韩城的建议，均获批准。也正因如此，韩城百姓立碑感其德。据记载：“高辛傅，韩城人，崇祯癸未进士，清初擢工部右侍

---

① 《续陕西通志稿》卷91“人物十八”，第1页。
② 《续陕西通志稿》卷89“人物十六”，第13页。
③ 光绪《河津县志》卷3。
④ 《续陕西通志稿》卷78“人物五”，第18页。
⑤ 《续陕西通志稿》卷82“人物九”，第14页。

郎。韩故小邑，土狭民稠，资食于延绥各路，乱后盗贼出没，刍粟不至，辛傅疏请设兵神道岭，防守有资，商民俱便。韩邑距潼关二百里，挽饷颇艰，再疏请免，邑人立碑以志不忘。"①

费孝通说：中国人才缺乏集中性的实事，也就是原来在乡间的士人，并不因为被科举选择出来之后就脱离本土。② 所以，出仕的士大夫不仅心系故乡，而且致仕后还会回到家乡。因此，他们不仅为地方社会的公共工程、慈善事务、学校教育贡献力量，而且高度关注地方社会的一切事务。这些事务不仅包括教育、治安，还包括慈善、地方工程诸多方面。

① 《陕西通志》卷60"人物六"，第65页。

② 费孝通：《乡土重建》，《民国丛书》第3编第14册，上海书店1991年版，第70页。

第五章　清朝陕西社会变动中的士绅

士绅阶层在封建社会统治的历史中，向来是皇权政治牢固的基础。[①]因为在中国古代社会，落叶归根的传统为乡土社会保持着人才的长期稳定。即使飞黄腾达的士大夫也不会忘记故土，至少是在年老的时候，他们就会回到乡村社会，并利用他们为宦得到的特权和人脉为家乡谋福利。[②]所以，士绅在地方社会中的作用，除了前文所论述的文化教育及人才培养、地方工程兴建、地方慈善事务之外，还包括地方社会秩序的维护及乡民日常纠纷的排解等方面。可以说，作为一乡之望，士绅在民间社会承担着大量诸如排难解纷、维持秩序、兴办公共事业等社会职责，并由此赢得乡民的尊重。[③] 由于士绅身处地方社会繁杂的事务中，他们的活动也会随着地方社会的发展而发生变动。所以，探究社会变动中的陕西士绅也是深入研究这一群体在地方社会治理中作用及功效的重要内容。

一　明末清初的陕西士绅

与历史上任何一个封建王朝一样，朱元璋建立的大明王朝在经历了200多年的历史变迁之后，也开始走向衰落。在明朝中后期，尤其是万历和天启年间，各种威胁中央王朝统治的起义接连不断。其中，尤以李自成为首的农民大起义的冲击最大。1644年，在李自成农民起义军攻入北京城之后，明朝的末代皇帝崇祯帝在煤山上吊自杀，大明王朝瞬间倾覆。此

---

① 王先明：《近代士绅基层的分化与基层政权的蜕化》，《黑龙江社会科学》1998年第4期。

② 赵旭东：《中国士绅》，秦志杰译，生活·读书·新知三联书店2009年版，第105页。

③ 郝秉健：《西方史学界的明清“绅士论”》，《清史研究》2007年第2期。

后不久，在吴三桂的引领下，清军入关，从而开启了清朝在关内的统治历史，也实现了明清王朝的历史更替。然而，由于清朝是满族少数民族建立的政权，这次王朝更替受到了深受夷夏之辨思想影响的汉民族的强烈反抗，掀起了轰轰烈烈的以反清复明为旗帜的抗清斗争。在这样的背景之下，士大夫阶层做出了不同的选择。其中，既有奋起抗清以殉大明王朝者，如史可法等人；也有远离政治的大量明遗民，如明末清初的著名三大家以及归庄等人；还有一些归附清朝，在清朝做官的汉族士人，如钱谦益、洪承畴，等等。

受这种大环境的影响，在这个被认为是翻天覆地的时代，陕西士绅也做出了不同的选择。其中，既有抗清者、明遗民，还有归顺清朝者。这一时期，比较典型的陕西遗民以李颙为代表，归降者则以党崇雅为代表。在陕西地方志人物传中，我们可以读到许多在这次王朝更替之际，陕西士绅的活动及相应抉择所产生的不同影响。对这一问题的探究，实际上也是对陕西士绅地方社会影响力的一个揭示。

（一）镇压农民起义的士绅

作为封建社会统治延伸的必要组成部分，士人阶层以维护常规的封建统治秩序为己任。因此，对于任何动摇封建王朝统治的行为，他们都会积极地参与镇压。所以，当明末农民起义爆发之后，陕西士绅也进行了各种镇压起义的斗争及尝试。例如，“孙枝蔚，字豹人，三原人。性豪宕，敦气节，博学工诗。明末，逆闯据关中，枝蔚感激时势，谋结乡曲诸豪士起义讨贼，卒不果，后遂南游吴下，流寓邗关，以诗酒自娱，遍交吴越诸名宿”①。

可见，面对农民起义对大明王朝的冲击，孙枝蔚也曾力图团结豪侠镇压农民起义，以维护明朝统治，最后在尝试无果的情况下，诗人流寓南方，与诸名士诗酒酬唱，最终以遗民终老。虽然他后来也参加过康熙年间的博学鸿儒科考试，但因为并没有被录取，所以其明遗民身份没有因此而改变。

虽然以孙枝蔚为代表的陕西士绅与其他诸多抗清者的抗清活动结果一样，并没有取得实际的效果，但他们的活动充分说明了在这一王朝更替的

---

① 《陕西通志》卷63“人物九”，第61页。

社会大变动中，陕西士绅同样参与了反清复明的斗争。从这点来看，他们与江浙等其他区域的士绅一道，在明清之际的社会变动中，表达过自己的政治主张，进行了各种形式的反抗活动。因为他们同样深受华夷之辨思想的影响，对入关的清王朝抱有一定的防备与不合作态度。

（二）陕西籍的明遗民

受封建社会忠君观念及历史上隐逸事例的影响，明清王朝更替之际的知识分子，把对大明王朝的怀恋转变为远离现实政治，拒绝接受清朝统治的隐逸行为，最终使得他们成为明遗民。所以，隐逸与奋起抗清一样，是当时社会上的主流思想。然而，士绅阶层大多是通过科举考试获取功名，从而在朝为官，后又居住在乡村社会的一群人，因此，他们并不擅长带兵作战。虽然有人参与过镇压农民起义或抵抗清军的活动，但许多人在抗清斗争失败后选择拒绝出仕清朝，从而成为明遗民。

在清朝陕西地方志人物传中，有许多明清王朝更替之际隐逸的士绅。在这些明遗民中，以合阳举人李灌及吕得璜兄弟的事迹最为典型。“李灌，字向若，合阳人，明崇祯癸酉举人。甲申之变，灌北面号哭不食，与同邑举人吕得璜慷慨流涕，誓与义旅同死王事，既不遂，则剃发为僧。得璜与兄钧璜殚心著述，不复问人间事。而灌行迹极诡，放浪太华、黄河间，乞食采药，或累岁不知所向。或黄冠缁衣行哭于市。清初，征书屡下，多遁迹方外，与田夫牧童伍，长吏欲一见不可得。既卒，郭传芳为题碣曰‘逸民李向若先生之墓’。同时缁衣高蹈者李文蔚、雷鸣声、董宗舒、杨芳誉皆守志山林，终身不出。”① 从记载可知，崇祯皇帝上吊自杀，大明王朝倾覆的消息，使得李灌及同籍举人吕得璜兄弟非常悲痛。出于封建士子忠君观念及本能的行动，他们发誓要为明朝复仇，然而在现实的打击下，这种复仇的愿望破灭，于是李灌和吕得璜等人遂远离政治，成为遗民。李灌的削发为僧，也比较符合当时明遗民得以生存的方式，即“逃禅”。因为“僧之中多遗民，自明季始也”②。逃禅，是明清之际遗民行为之引人注目又颇招争议者。③ 另外，吕得璜兄弟潜心著述，不问世事。在

---

① 《续陕西通志稿》卷79“人物六”，第1页。

② 邵廷采：《思复堂文集》卷3，浙江古籍出版社1987年版，第212页。

③ 赵园：《明清之际士大夫研究》，北京大学出版社1999年版，第290页。

这一时期，隐于佛门的陕西士绅也有不少。例如李文蔚、雷鸣声、董宗舒、杨芳誉等人。

也有些士绅则在李自成农民军追索拷掠缙绅，引起地方社会极度动荡的情况下，不畏危险，与农民军展开理论，以此保护地方社会秩序的稳定。例如，华阴的王宏撰就是如此。

> 王宏撰，华阴人。李自成破潼关，宏撰奉祖母与母避居山谷，未几，全陕陷。逆闯籍系缙绅，考索金帛，宏撰家在籍中，兄弟畏，不敢出。宏撰曰，不出，祸立至矣。遂挺身入长安贼营，说以大义，慷慨激昂，贼不能屈，亦不肯加刃，诡与约输而远屏居小涨村之别墅。而昆山顾炎武入关来访，宏撰分宅馆之。盖一时硕儒伟彦萃集华下者，咸以宏撰为居停焉。[①]

与诸多明遗民一样，虽然他们拒绝认可清朝的统治，也拒绝做清朝的官，但是对于地方志编修的邀请，却无法拒绝。例如，中部人刘尔榉就是这样。

> 刘尔榉，中部人。十岁能属文，博极群书，结庐西山之唐峪洞，率妻子力耕自给，历二十年。征隐逸不就，又征博学鸿词仍力辞不赴。会延守陈天植延尔榉与安塞贡生韩一识同修郡志，词理简严，论者称美。[②]

可见，遗民刘尔榉虽然拒绝参加清朝的博学鸿儒科考试，但是最终无法拒绝地方官陈天植撰修地方志的邀请。因为从某种程度上看，这也正是文化知识的享有者的责任所在，使命所在。

赵园先生在其著作《明清之际士大夫研究》中，多次提到明遗民的生存、交际、治生之方式的自虐和苦节情形。“土室”、“牛车”等是她对明遗民居住的表述，这种自虐应该就是当时比较盛行的“生殉”。[③] 在这

---

① 《续陕西通志稿》卷80“人物七”，第8页。

② 《陕西通志》卷63“人物九”，第62页。

③ 赵园：《明清之际士大夫研究》，北京大学出版社1999年版，第31页。

一背景之下，陕西士绅中也有这样的“筑土室而居”的“生殉者”，例如合阳诸生宁浤。

> 宁浤，合阳人，少补诸生。性狷介，言动不苟，崇祯中，邑令范志懋招至西河书院肄业。（明清）鼎革后，尽室入山，隐于徐水卧虎岗之柏岩，为土室，终岁尸居其中。其自奉刻苦，率人所不能堪，而处之泰然，五十年足趾未尝及城市。郭传芳署县事，尝三造庐，终不获一见。年八十七卒，卒之日写下“不愧天地、不愧君亲”。①

可见，其绝笔，“不愧天地、不愧君亲”似乎就是对世人及大明王朝君主忠诚的一种告白，因为在明朝灭亡之后的50年中，他土室而居，50年未入城市。虽然县令郭传芳三顾茅庐，终未一见。可以说，这可能算是一种真正的拒绝和隐逸，一个纯粹的明朝遗民。

在地方志中，还有很多陕西士绅通过墓碑来宣誓其人对大明王朝忠诚和对清朝拒绝的记载。例如：

> 管大音，澄城人，明崇祯癸酉举于乡。闯逆起，与合阳吕得璜兄弟遁入太华山，贼平，结庐河浒间，数十年如一日。尝言，吾殁后当题吾墓曰，明举人管大音之墓。②
>
> 张乃第，卒后，邑令郭传芳拜其墓，树碑曰：高士前孝廉张先生故里。③

总之，受夷夏之辨思想及忠君观念的影响，报国无门的读书人只能以或死殉，或生殉的方式来表示对大明王朝的尊崇和怀念。因此，隐居乡野，拒绝清朝就成为当时社会的一种主流思想及行为。清朝陕西士绅也不例外，在这一过程中，他们力图拒绝清朝征召，但其保护乡人安危，为地方社会谋福利的志节和传统没有改变。

---

① 《续陕西通志稿》卷79“人物六”，第1页。

② 同上书，第10页。

③ 《续陕西通志稿》卷87“人物十四”，第20页。

（三）出仕清朝的陕西士人

尽管奋起抗清、以身殉明是明清之际的主流思潮，但在现实生活中，如在家人父母等的敦促下，在士人渴望出仕等原因的促使下，也有大批归顺和投降、做了清朝官员的汉族士人。这些人后来被乾隆列入“贰臣传”。在此，我们暂且不论其人归顺和投降的行为是不是有悖于忠君观念和大明王朝，仅从其人熟知儒家治国方略等政治经验来看，这些归顺和投降的汉族士人，在清朝初年社会秩序的稳定、经济的恢复、统一的多民族国家的发展等方面做出了重要贡献。这些客观作用不应该因为其人的投降及归顺行为而被抹杀，也不能因为乾隆时“贰臣传”的撰修及批判而被否定。

在明末清初的陕西社会中，有一批投降清朝的士人及将领。他们出仕清朝后，在地方社会治理，江南地方的招抚及平定，吴三桂等三王之乱的镇压，清政权的巩固及统一的多民族国家的发展等方面做出了积极贡献。

首先，许多归降的陕西籍将领在镇压农民军残余，南明政权以及其他各种抗清武装方面做出了重要贡献。例如：

高进库，宜川人，前明副将，以善战名。顺治二年，豫亲王多铎下江南，进库投诚，授江宁副将。大学士洪承畴檄赴江西援剿，一战而捷，执明唐王部将邱龙等，遂克吉安，下赣州，进攻南安，明师望风溃。调南赣，左协叛将金声桓等围赣，进库力战坚守，城得以全。会广东提督李成栋叛应声桓，大举攻赣，进库乘其初至，饥疲，突出，大败之，斩首万计。后成栋坠水死，声桓伏诛，江西平，加都督佥事，赐蟒服，寻迁高雷总兵，康熙四年以劳乞休。①

王可臣，陕西人（县份失传）。顺治三年，肃亲王定四川，可臣导大军剿三寨山贼，由小路夺其门，克之。又随洪承畴南征，张献忠余党刘文秀犯常德，可臣设伏击之，斩获甚众，文秀遁逃。又屡败明桂王兵，擒斩有差。②

王国鼎，怀远人，以贡生荫授菠萝营守备，擢游击，从洪经略承

① 《续陕西通志稿》卷83“人物十”，第3页。

② 《续陕西通志稿》卷74“人物一”，第5页。

畴招抚云贵，有功，转贵州毕节道副使。①

胡茂祯，泾阳人，善骑射。年十六从军，积功至明榆林总兵。顺治元年，豫亲王南征，茂祯率众来归，下京口、破江宁、定凤阳，授凤阳总兵。进规宁国时，兵寡饷乏，人情疑惧，茂祯伏百人贼垒后，夜半，提铁骑进捣，呼声震天，大破之，降贼将二。旋率降众攻徽州，一日八战，身被十创，气益奋，士卒殊死，破贼数万，徽州平。江南初下，叛服不定，茂祯开诚示信，不事杀戮，卒致底定。降孙可望，加太子太保。②

可见，这些陕西籍的将领不仅参与了对地方社会土匪等侵扰的镇压，而且还参与了清王朝对江南社会的平定和统一事宜。

另外，有些人还在镇压吴三桂三藩之乱及保护陕西与西北地方社会安危等方面发挥了积极作用。例如：

张天福，榆林人。兄天禄，江南提督三等子爵，天福初为明总兵，顺治二年与兄同降，以原官随征昆山、嘉定，平之，授汉羌总兵一等男爵。叛将王永强陷延安、榆林、花马池，军民闻风嗥变，天福同平西王吴三桂、都统李国翰从间道击之，俘获甚多。又克蒲城，斩贼将二、伪官三，歼其众五千，进复延安。三桂分兵剿复绥榆，以延郊重地，留天福镇守，贼犯安塞及同官，天福屡败之，擒斩千数百人。③

郑之杰，耀州人。少负才略，顺治初，愤闯贼之祸，投谒英亲王，任葭州知县。剿贼招降，恢城御寇，屡著劳绩，玺书嘉奖，累迁山陕监军道，山西按察使，招抚延绥一带汉兵五营，鱼皮满兵皆属也。④

折增修，清涧人。骁勇善战，有胆略，明崇祯间由行伍积功为裨将，尝随总督洪承畴征李自成，以百人夜突贼营，达旦而返，以敢战称。嗣随大帅投清，顺治二年，王师复西安，增修从军斩获甚多。王

① 《续陕西通志稿》卷 83 “人物十”，第 32 页。

② 《续陕西通志稿》卷 76 “人物三”，第 2 页。

③ 《续陕西通志稿》卷 83 “人物十”，第 21 页。

④ 《续陕西通志稿》卷 77 “人物四”，第 20 页。

永强之乱，大兵复宜君，以增修为军锋，下清涧、平绥德，兵不血刃，加副将衔，守绥德。[①]

赵宏印，长安人，原籍神木。父大威随肃王剿灭张献忠，以功授马湖府副将，加左都督，赐产长安，遂家焉。宏印随征云南，荡平吴三桂。[②]

在这一过程中，有些人还冒死为朝廷提供了吴三桂叛乱的消息。例如，“李子燮，大荔人，顺治乙丑进士。南游桂林，值吴三桂叛，其党孙廷麟囚巡抚马镇雄，镇雄知不免，为遗表托子燮携其子世济、世永及孙国桢穴墙出，昼伏夜行，抵京告变。甫呈表，即昏眩仆地。圣祖命医治之，继而镇雄等四十三人被吴世宗所杀，而世济等子燮保全得免。是时，子燮义声闻天下，上闻之，将大用，以部胥索金弗应，授内黄知县，旋告归。”[③]

最后，还有一些人在出仕后被任命为地方社会的官员，在清朝初年的社会秩序整顿，以及社会经济的恢复和发展等方面，做出了积极贡献。例如：

田本沛，富平人，崇祯癸未进士。闯贼授以官，避不就，清初任长洲令，招集流亡，恤农通商，催科廉恕，折狱敬慎，民甚德之。[④]

师国桢，清涧人，生而颖异好学。顺治壬辰以前明举人辟授华州学正，己亥成进士，知河南尉氏县。[⑤]

李果珍，洛南人，前明举人。官顺天府治中，甲申之变，义不屈于伪顺，囚掠濒死矣。国朝高其节，脱桎梏，命以户部主事榷刊关税，迁工部郎中，转江西赣州知府，卒于官。[⑥]

马翰如，陇州人，由前明举人于顺治十一年授山西蒲州知州。[⑦]

① 《续陕西通志稿》卷83“人物十”，第16页。
② 《续陕西通志稿》卷74“人物一”，第6页。
③ 《续陕西通志稿》卷78“人物五”，第5页。
④ 《续陕西通志稿》卷77“人物四”，第10页。
⑤ 《续陕西通志稿》卷83“人物十”，第16页。
⑥ 《续陕西通志稿》卷77“人物四”，第22页。
⑦ 《续陕西通志稿》卷81“人物八”，第16页。

从以上事迹看，出仕清朝的这些陕西士绅为地方社会秩序的恢复和稳定做出了重大贡献。例如，他们不仅积极恢复学校以发展教育，敦促流民垦荒种田以恢复社会生产，而且有人甚至因劳顿而卒于任。例如，“王襄明，渭南人，前明举人。少躬耕养母，顺治十年授河南内乡知县。兵燹之后，人民凋瘠，襄明招徕开垦、建学明伦，政治焕然一新，后卒于官”①。

也有些投降的陕西籍官员，积极关注陕西地方社会弊病的革除，利用自己的声望建议革除陕西地方社会的各种加派，以纾民困。例如，后来被列入贰臣传的长安人霍达就是如此。

> 霍达，长安人，崇祯四年进士，为监军御史。顺治初，以荐授原官。言陕西西安府属多额外派累，咸长尤甚，私派名色三十余项，每县岁二万余金，百亩之家，一充里役，身家立尽，积弊急宜涤除，下所司议行。②

还有士绅为清初陕西地方社会秩序的稳定和恢复，积极上书地方官员，提出许多建议。例如，宜君生员孙绳就是如此。

> 孙绳，宜君人，邑庠生。性仁厚，豪侠好义，邑屡遭兵燹，县治凋残，荒凉满目，绳不惜家资，张皇补苴。适朝廷有开悬丁折地亩之诏，乃呈请当道上陈，悬丁得豁，折亩以行。又权移县治，设立宜营，均平盐引，减除公用，开垦荒芜，推去诬赖屯粮，皆从绳之请也。③

可见，作为地方士绅，孙绳正是因为目睹了明清王朝之际的各种社会弊病给人们带来的损害，所以积极建议地方官员解决这些加重人民负担的各种弊政，从而减轻了陕西地方社会人民的负担。

---

① 《续陕西通志稿》卷77“人物四”，第1页。
② 《续陕西通志稿》卷74“人物一”，第2页。
③ 《续陕西通志稿》卷83“人物十”，第10页。

二　士绅是社会动荡时期乡民的保护伞

皇权是神圣的，却不是万能的。[①] 因为代表皇权的地方官员在地方社会的治理功效，受到多种因素的限制与约束。例如回避制、任期制等。所以，地方士绅理所当然地填补了基层社会治理的这部分空白，这也正是中国古代基层社会能够长期处于稳定状态的重要原因。

尤其是在中央权威并不强大的时期，士绅和地方精英并不能真正指望政府来恢复秩序。[②] 例如，清朝自嘉庆、咸丰年间开始，各种起义接连不断，从白莲教起义到太平天国起义，无一不严重冲击、动摇了清王朝的统治基础，进一步削弱了中央王朝捍卫和保护地方社会秩序的能力。在这样的情况和背景之下，清朝统治者不得不提倡和发动地方社会的力量来镇压各种起义，维护统治。因此，以团练为主要形式的地方社会力量，俨然成为地方社会安危的保护伞。团练不仅打击了地方社会的各种土匪，协助镇压了白莲教起义、太平天国起义等，维持了清王朝的统治，而且最为重要的是，从基层社会治理的效果来看，它直接保护了地方社会百姓的生命及财产安全。而团练事务无论是募勇练兵，还是经费来源，都离不开地方士绅，尤其是名望显著的士绅的参与和支持。

（一）士绅与地方社会自卫

“士绅是和平年月的领袖，危难时刻唯其马首是瞻。”[③] 在地方社会动荡时期，地方士绅俨然成为乡民的主心骨。

在清朝陕西地方志人物传中，我们随处可见清朝中后期，在保护地方社会安危方面出谋划策，而且取得明显效果的相关士绅事迹的记载。面对突然爆发的社会动荡，地方社会的平民百姓往往束手无策，群龙无首。于是，地方社会中素有声望和责任感的士绅往往在这一危急时刻，招集、动员地方百姓自救，采取各种防卫措施。在这些士绅的带动和影响下，地方社会百姓的自救行为往往能取得较好效果。例如，嘉庆戊午年春天，教匪

---

① 王先明：《近代绅士》，天津人民出版社 1997 年版，第 65 页。

② 赵世瑜：《社会动荡与地方士绅》，《清史研究》1999 年第 2 期。

③ 周荣德：《中国社会的阶层与流动——一个社区中士绅身份的研究》，上海学林出版社 2000 年版，第 93 页。

窜入扶风县后，在地方百姓荒乱无措的情况下，士绅刘书升兄弟俩号召大家团结起来，追杀入侵者，最终，乡民们赶走了来犯者，有效地保护了地方的安危。据记载：

> 刘纯性，扶风人。乾隆丁酉拔贡，城固教谕，值教匪披猖，奉檄督修堡寨，地方赖以保全。弟书升，候选布政司理问，嘉庆戊午春，贼匪入境焚掠，书升集乡人晓以大义，皆感奋持梃大呼追逐，贼遁去。官兵倍道至，士马饥疲，乃倡率乡里供给糗粮，群帅欲以名荐，力辞之。①

可见，在社会危机时刻，具有儒家忧患意识的士绅，为地方社会出资倡修了许多堡墙堡寨，而这些堡寨在清朝中后期的历次社会动荡中，有效地保护了许多地方百姓的性命。除了上文的刘书升兄弟外，为地方社会修建堡寨的陕西士绅还有：

> 王朝简，商南人。嘉庆二年，教匪将入境，朝简充青山堡寨义首，率团勇三百人御之卢氏界岭，与贼决战，断其后尾，杀数十人，贼不敢入境，大吏奖给六品军功。又青山堡义首王恒泰，同治初匪入境，恒泰联络乡民设法堵御，捐资修文笔、霸王、阴岩、乌龙朵四寨，保全多人。②
>
> 白全义，原籍河南，同治间避捻匪乱至邠州，业商致富，遂家焉。所居牛武镇五方杂处，会匪潜滋，全义倡议修寨，捐资督工不辞劳怨。未几，土匪蜂起，地方糜烂，此寨独全，乡人感颂不置云。③

从这些记载来看，由地方士绅督修或倡修的这些堡寨俨然成为清朝中后期陕西地方社会百姓的安全屏障。其中，有些堡寨规模宏大，守御得力，保护的乡民人数多达万人。例如，“金占龙，砖坪厅人（今改岚皋县）。好勇多智，嘉庆初，教匪煽诱，愚民多为所惑，占龙阴结良民百余

---

① 《续陕西通志稿》卷90“人物十七”，第12页。
② 《续陕西通志稿》卷88“人物十五”，第8页。
③ 《续陕西通志稿》卷92“人物十九”，第1页。

家依山筑寨，乱作，皆移入自保。斩坚木为兵，率众奋击，贼恒败。又命众人择近寨膏腴耕种，秋熟，度贼必侵掠，乃截竹管为哨，令人伏丛莽间，后贼果至，闻哨即趋击，并派人于归路要之，击杀甚多，由是贼胆落，不敢犯。是时数十里无人烟，独此百余家安堵如故，占龙之力也。同时有徐化龙、余永隆、戴兴隆、张启龙皆有胆力，善战，至今相传为五条龙云”①。可见，士绅倡修的堡寨在清朝中后期社会动荡频仍的背景下，对乡民的保护作用是非常明显、有效的。另外，士绅还积极倡导修城浚濠以保护地方社会的安危。例如，“温树珖，三原人，顺治丁亥进士。甲寅、乙卯间，秦中不靖，树珖倡邑人修城浚濠，集乡勇守御，逾年卒，人知其用之未竟也”②。可见士绅的先见之明和忧患意识在地方社会治理上的重要性。

为了保障堡寨中乡民的粮食用度等问题，有些士绅还实行类似游击战术的寓兵于农、生产保卫两不误的方法，即敌来抵御，敌走耕种。例如：

> 余国才，孝义厅人。乾隆中由湖北黄冈迁厅北，务农为业，勤俭起家。嘉庆初，教匪扰乱，国才出家财练乡勇，保守一方，贼近则防堵，远则耕种。又捐修洞寨，俾难民栖止，当事奖以军功，固辞不受，且曰：无做官之志，亦无其才。后贼溃散，官兵搜捕余党，日诛数十人，国才查其胁从无辜者，恳求大帅释之，并请给路票归家，多至八百余人。③

可见，余国才的这种策略在地方社会动荡时期收到了良好的效果，这种自救方式对于乡民的保护是非常有效的。不仅保护了乡民的安危，而且在一定程度上保障了农业生产。这种自救方式在当时的社会动荡中，是非常可贵的。

（二）士绅与清朝后期的团练

团练原本并非常规性的地方组织，它萌生于清王朝社会严重“失控”

---

① 《续陕西通志稿》卷82“人物九”，第12页。

② 《陕西通志》卷63“人物九”，第59页。

③ 《续陕西通志稿》卷86“人物十三”，第1页。

的年代。嘉庆元年（1796）爆发的川楚白莲教大起义，暴露了清王朝“强控制力量”军事体系的严重虚弱。在这一社会秩序空前失控的严峻形势下，面对社会控制系统衰败的现实，清王朝不得不采取社会动员的手段，借助军事和行政以外的社会力量，以达到社会秩序再整合的目的。因为“地广而防不足，防多而兵不足，兵增而饷不足”[①]的现实，使得清王朝不得不“诏令各省兴办团练，以缙绅主之”[②]。由此，团练才作为一种特殊的社会控制组织遍及全国基层社会之中。此后，团练俨然成为晚清社会镇压太平天国起义的重要形式而遍布全国。在这一过程中，士绅阶层首当其冲地成为地方社会团练的实际领袖。有学者认为：对士绅阶层而言，团练的崛起意味着其基层社会地位的根本变动，因为借助团练这一组织形式，士绅获得了对于地方社会控制的主动权。[③]因为“团练承认并依赖绅士领导这一事实表明了，中国农村中官僚政治的潜在虚弱以及其他社会组织形式的相对强大”[④]。

“用兵防贼则不足，用民为兵则有余；以本处之民守本处之地，以本地之资供本地之用；有且守且攻之利，无增兵增饷之烦。由乡及县，由县及府，贼无可掳掠，无从裹挟，不战自溃。”[⑤]可见，团练的举办就是期望借助民间的力量来遏制反对清朝统治的各种势力，它所揭示和反映的是清朝统治力量的急剧衰落，尤其是军队战斗力的低下和国家财政紧张的客观事实。因为团练的产生，不仅其人员主要由各地百姓和人民组成，就是其创办和运营所需的经费也是由各地自筹的，其经理人员也基本上是由各地的士绅担任。对此种情况，张仲礼先生论道：“几乎所有的地方志都记载了19世纪当地团练的发展，并可以发现，其组织者和首领主要是绅士。”[⑥]

除地方志的记载外，清朝各种官方文献所记载的上谕也揭示了这种情况，如咸丰三年（1852）的上谕就论道：

---

① 孙鼎臣：《请责成本籍人员办理团练疏》，《皇朝道咸同光奏议》卷55“兵政类”。

② 凌惕安：《咸同贵州军事史》，文海出版社影印本，第6页。

③ 王先明：《晚清士绅基层社会地位的历史变动》，《历史研究》1996年第1期。

④ 孔飞力：《中华帝国晚期的叛乱及其敌人》，中国社会科学出版社1990年版，第64页。

⑤ 刘锦藻：《清朝续文献通考》卷215，兵14《团练》，第9618页。

⑥ 张仲礼：《中国绅士——关于其在19世纪中国社会中作用的研究》，上海社会科学院出版社1991年版，第70页。

各省在籍绅士，值此贼匪肆扰之时，谅必切志同仇，为民捍患。著该省督抚传旨，令该绅士等各就该地方情形，帮同团练，保卫乡间；或用坚壁清野之法，使贼不能掳掠逼胁。一切布置经费，应由公正绅士筹办，不得官为抑勒，致滋流弊。该督抚惟当遴选贤能之员与各绅民同心协力，严缉土匪，密拏奸细以杜勾串，被贼裹挟。①

然而，从清朝初期开始，统治者就十分重视对士绅力量的约束和限制。虽然朝廷给予这些或准备做官，或从官场致仕者许多好处，但是为了强化中央集权，清朝统治者在诸如书院的创办甚至地方组织如保甲长等的选择上，明确规定士绅不得借此煽动闹事或者不得担任其职，其目的不外乎是要强化中央集权，限制绅权，防止其危及王权。然而，随着清朝统治势力的衰微，尤其是在19世纪中期以后，面对太平天国起义等各地的反清浪潮，清朝统治者不得不开始借助于士绅的襄助，来维系其风雨飘摇的统治。例如，清廷明确要求“各地士绅……帮同团练，保卫乡间”，而且关于经费，“一切布置经费，应由公正绅士筹办”②。这种现象就充分反映了“王权”和“绅权”随着中央集权的加强与衰微而发生的此消彼长的事实和规律。关于绅权扩张及其原因，张仲礼先生说：

在太平天国以及其后的非常时期，由于中央政府的力量和效率下降，越来越多的政府职责和权威由绅士取而代之，乃至到了这样的地步：绅士可以选择究竟是支持政府还是向它的权威直接提出挑战。③

团练作为区域性社会组织，始终是地方名流——士绅一展权威的中心所在。士绅对于团练的主导地位突出地体现在两个方面。首先，他们居于团练的实际领导地位。绅士在中国乡村社会中所固有的支配地位，在经受反复冲击后，终被确立了对于团练的实际控制权。④ 尽管清王朝试图由官

① 刘锦藻：《清朝续文献通考》卷215，兵14《团练》，第9618页。

② 同上。

③ 张仲礼：《中国绅士——关于其在19世纪中国社会中作用的研究》，上海社会科学院出版社1991年版，第74页。

④ 王先明：《近代绅士》，天津人民出版社1997年版，第98页。

府总揽团练大权，但在实际的操作过程中，仍然确立了士绅负责团练的必要性。绅士成为团练组织中不容置换的领袖力量。其次，士绅是团练经济力量的支撑者或组织者。[①] 因为许多团练的经费都来自于地方力量的捐助，而士绅则是地方势力的核心力量。

（三）清朝陕西士绅团练的功效

虽然清朝中后期的乡团并不能同淮军、湘军等相比，但是由地方士绅督率的团练在抵御各种侵扰，保护地方百姓安危及财产安全等方面实际上发挥了重要的作用。例如在地方社会，面对规模较小的侵扰，就主要由地方士绅率众防守，而且许多记载表明：正是在这些地方士绅的带领下，击退了来犯的敌人，保护了地方社会的安宁。例如：

> 黄振海，雒南人。英勇迈众，遇事敢为，恤老怜贫，抑强扶弱，乡里莫不悦服。嘉庆丁巳教匪之乱，焚掠居民，地方骚动，振海充当义首，自备粮秣团练乡勇。星夜剿袭，击毙匪首张宏珍等三百余人。己未秋，贼复至，人心惶恐，龙驹寨州判盖方泌拒贼于火石岭，贼将遁，振海策其必由龙潭沟经过，乃拔营进击。恰与贼值，自辰至午，合战三次，毙贼百余，夺获马骡器械，余党尽溃，一乡赖以保全。事闻，赏六品衔，以千总候铨。同邑田正元，急公义有胆略，嘉庆三年教匪千余突至板庙河、红崖沟，时田姓族繁多侨居者，正元充义首，袒臂一呼，乡团响应。击毙贼首戴金花及从匪七十余人，声威大振，贼不敢犯。兰芳分发四川巡检，在籍充团正。同治三年，匪扰境，兰芳与团副张仁礼率义勇三千奋击，歼匪百余，夺获马匹器械多件，擒匪首雷震汉，阵亡团丁白占胜，贼越岭去。景村团正祝恒太率众千余预伏两山中，两堡木石具下，匪不支，逾山窜散。雒邑南境得免蹂躏者，兰芳之力居多也。事闻，兰芳加同知衔，恒太暨占胜子俱奖六品军功，仍给恤葬银两。[②]

可见，洛南地方社会历次的动荡，无一不是在地方士绅团练兵勇的打

---

① 王先明：《近代绅士》，天津人民出版社1997年版，第100页。

② 《续陕西通志稿》卷88“人物十五”，第6页。

击下扫平的。从记载可知，无论是黄振海、田正元，还是兰芳，他们均充当了洛南地方社会团练的团首，而且均在保护地方社会安危方面发挥了重要作用。

在地方志中，有许多“全城获安，某某之力也”的记载。这些记载就是对清朝中后期士绅为保护地方社会百姓安危而团练乡勇所做贡献的一种肯定。例如：

> 黄大鹤，大荔人，拔贡。咸丰十年，钦差大臣、侍郎梁翰奏请大鹤回籍团练，募勇五百，训以大义。①
>
> 张源澈，户县人，道光间副榜。主讲明道书院并办团练，乃暗调乡团诱至西郊夹击之，斩获甚众，贼始引去。川匪郭摆摆扰户境，亦以城防严密不敢犯，全城获安，源澈之力也。②
>
> 张儆铭，朝邑人，光绪甲午举于乡，狼匪窜陕，临邑相继陷，效铭固守请援，城得无恙。③

此外，还有许多在士绅团练的保护下，地方社会“赖以保全”、“保全甚众”等的记载。例如：

> 万秉钧，南郑人，贡生。设教四十余年，陶成邑西人才甚众。蓝逆窜汉，秉钧为西路团长，训练防御，贼不得逞，当道令守郡城数月。④
>
> 王应昇，沔县人，廪生。嘉庆三年，总领乡勇，以大义激众，率二千余人堵贼八次，贼不敢入境。四月初十日，贼来甚急，应昇防堵马鞍山凹，以大炮击退，柿子沟一方赖以保全。⑤
>
> 刘文煜，临潼人，恩贡生，候选教谕，花门之变，率团击贼，县城以全。⑥

---

① 《续陕西通志稿》卷78“人物五”，第10页。
② 《续陕西通志稿》卷75“人物二”，第18页。
③ 《续陕西通志稿》卷84“人物十一”，第22页。
④ 《续陕西通志稿》卷90“人物十七”，第19页。
⑤ 同上书，第25页。
⑥ 《续陕西通志稿》卷84“人物十一”，第13页。

在地方志中，对有些士绅带领团练、保护地方百姓的杀敌数量及作战效果的记载也非常具体。例如：

马玉麟，长安人，武举。嘉庆初，楚匪将由河南卢氏入陕，商州、山阳之贼复乘机窃发，玉麟奋击之，贼大溃，歼七百，擒十三人。[①]

杨作舟，华阴武举。陕西岐山三才峡厢匪滋事，作舟战于柏阳岭，歼首逆麻大旗、刘二等，生擒龚天贵夫妇，赏戴蓝翎。[②]

可见，熟悉地方社会民情、地形，并具有声望的士绅在社会动荡时，俨然成为地方百姓和地方官依赖的、不可或缺的人才。尤其是在清朝中后期，地方团练的团首几乎全是由以士绅为代表的民间力量担任的。他们带领地方百姓，不仅能完成守御家园、保护乡邻的责任，而且在协助官方镇压叛乱、维护社会稳定方面贡献卓越。许多记载表明，正是在士绅的带领下，地方社会筹措得当，防守有方，所以来犯的敌人甚至在不侵扰的情况下就离开了，没有给地方社会带来太多的灾害。例如：

黄桂滋，临潼人，咸丰辛酉举人、光绪丁丑进士。花门之变，桂滋部伍乡人为战守计，贼不敢犯。[③]

曹正江、曹正光，商南人，国学生。治家得张公艺法，百口同居，老稚无异言。嘉庆初，教匪之乱，随其叔圣颜捐饷练团，败贼于万家坪，贼远窜，凡阵亡者皆备棺殓埋。[④]

在危急时刻，地方士绅挺身而出，挽救乡里，保护地方百姓的行为，除了中国古代士人所具有的优秀品质和传统外，应该也与封建国家对保护地方安危做出重大贡献士绅的军功奖励有重要关系。所谓重赏之下必有勇夫，正是这些军功奖叙制度，激励着地方士绅为保卫地方社会安危而尽心尽力。例如，地方志中有许多因团练效果突出而获得奖叙的记载。例如：

---

① 《续陕西通志稿》卷74“人物一”，第9页。
② 《续陕西通志稿》卷80“人物七”，第13页。
③ 《续陕西通志稿》卷75“人物二”，第11页。
④ 《续陕西通志稿》卷88“人物十五”，第7页。

翁其森，咸宁人，邑庠生。屡困秋闱，遂博考兵法，思以办贼自任。捻匪窜陕，其森防守东关，贼不得逞。又与长安柏景伟总办西同凤三府团练，坚壁清野，相得甚欢。又随伯父招安南山土匪，扈彰等数万人咸就抚，拔出难民安插泾渭间，委办屯垦，全活甚众，援例捐同知，加知府衔。①

有些记载表明，团练士绅在清剿这些危害地方社会秩序的匪乱时几乎是常胜将军。例如，“卫如琥，白河人。幼从中书卫如玉学，喜武略，长补弟子员，旋食饩。白邑为秦楚关键，如琥奉檄偕职员张闰梁督办团防，修城垣、制炮船、刀矛火药具备，训以步武进退。同治二年，匪围兴安，各邑救援，惟白邑勇与逆相持至五十余日”②。

从诸多士绅参与团练的原因及守卫效果来看，既有来自于中央王朝军功奖叙的激励作用，也与士绅熟悉地方情况，在地方社会具有深远影响力的先天优势有关，当然，更不可忽视士绅奋勇杀敌、身先士卒的表率作用。毕竟，战争依靠的是兵勇的集体力量。在地方志中，有许多奋勇杀敌，把生死置之度外的士绅。

肩负地方社会职责的士绅不仅在镇压各种社会动荡的战争中充当团首，打击敌人，保护地方社会百姓的安全，而且在战争结束后，也常常给予避难的难民回家的路费及资斧。例如：

王锡桂，商州人，道光壬辰武举。同治三年，时锡桂充东乡团总，避难山岩，捐资树旂，招收难民。及贼退走，难民集至千余人，按口给粟以活生命。事平，询其住址，给以路票资斧俾回原籍，后多登门叩谢者。③

此外，“在太平天国运动中，各级官府及军队不堪一击，而在乡间却遇到以生监为主体的绅士组织的强烈抵抗。可以说，若没有士绅所组织的

① 《续陕西通志稿》卷74“人物一”，第29页。
② 《续陕西通志稿》卷82“人物九”，第22页。
③ 《续陕西通志稿》卷88“人物十五”，第1页。

配合活动，清王朝要消灭太平天国北伐军是相当困难的"[①]。其实，不仅仅是在镇压太平天国起义的过程中，而且在清朝中后期国家防卫力量衰微的情况下，几乎所有威胁政权巩固和地方社会安危的动荡，都是"各地士绅以办理团练的形式，成就了作为封建社会统治基础所应成就的事业，合力挽救了清王朝即倾的狂潮"[②]。

三　为保护地方社会安危而牺牲的士绅

为保护地方社会安危而牺牲的士绅举不胜举，尤其是在清朝中后期的历次社会动荡之中。士绅的死亡也充分说明了他们为保护地方社会秩序而做出的重大贡献。毕竟，生命对于每个人来说都是唯一的。然而，有许多士绅为保护地方社会安危而失去了生命，他们或自尽，或被杀；或死于起义军，或死于兵勇的溃散；或死于寡不敌众，或死于粮饷不继；或无奈的骂贼而死，或被执遭惨杀而死。士绅的牺牲也影响了其家人等地方社会其他人群，他们纷纷通过各种死来表示对清朝中央的忠诚和对威胁社会稳定的各种动荡的愤恨与无奈。因此，本部分主要通过地方志人物传，对在清朝陕西地方社会秩序维护中士绅各种形式的死进行梳理，进而探究其人在维护地方社会秩序中的作用。

（一）战死的团首

咸同之际，伴随着地方团练组织的发展和清王朝中央集权力量的衰微，形成了前所未有的"惟绅士把持政务"的绅权大张之势。[③] 因为"团练多由有功名的士绅推动"[④]。作为团首，士绅必须身先士卒，所以为保护地方安危，战死疆场的士绅就屡见不鲜了。例如：

程孟洁，商南庠生。同治三年捻匪由汉中窜境，孟洁率勇堵御，

---

① 王跃生：《清代生监的社会功能初探》，《社会科学辑刊》1988年第4期。

② 王先明：《近代士绅基层的分化与基层政权的蜕化》，《黑龙江社会科学》1998年第4期。

③ 王先明：《晚清士绅基层社会地位的历史变动》，《历史研究》1996年第1期。

④ 郑亦芳：《清代团练的组织与功能》，《中国近现代史论集》第28编，第650页。

至石垭子阵亡。又庠生田现龙与孟洁堵贼，力竭死之。[①]

贾彦登，合阳武生，与生员姚增同膺忠信团团长。同治六年六月，帮同协力团御贼于赵庄，督勇鏖战死。[②]

在有些战争中，战死的士绅非常多。例如，咸阳人所称的“平陵五烈士”以及兴平庠生王道一督率的团勇，在战争中全部战死，非常惨烈。

（二）为团练积劳而死

作为地方社会的中坚力量，士绅不仅在地方社会公共工程、慈善事业、学校教化等事务中发挥着作用，而且在地方团练中居于实际的领导地位。因此，团练兵勇的军饷筹措、经费倡捐、练兵募勇等事务均离不开士绅的参与和支持。所以，因团练而积劳成疾，最终死于团练事务的士绅也见诸地方志。例如：

聂澐，泾阳人，举人，官礼部主事、军机章京。告归，督办本籍团练，加三品衔。总理城防，积劳病殁。[③]

吕申，临潼人，蓝田先儒吕氏之裔，前明迁临潼，清道光初移居长安。父炤林，廪贡生，奏派陕西团练，积劳病故。[④]

（三）寡不敌众的士绅

“然团勇皆齐民，以梃杖耕锄接斗，贼用巨炮击之，遂大败，死者数百。”[⑤] 这段资料其实道出了团练的缺点和劣势。由于团练招募的大多是地方社会的乡民，他们不仅缺乏作战经验，而且很多兵勇没有合适的武器，所以在战场上往往会受到致命的打击。因此，尽管地方社会的团练具有机动、灵活、人数众多的优点，但是在上战场后，有时候往往不堪一击。所以，时有兵勇溃散、团首被杀的事例。例如，“邢景周，平利人，进士。假归，值楚匪作乱，窜扰县，景周倡募团勇，防御有功。后请终养

① 《续陕西通志稿》卷95“人物二十二”，第5页。

② 同上书，第15页。

③ 《续陕西通志稿》卷76“人物三”，第7页。

④ 《续陕西通志稿》卷84“人物十一”，第3页。

⑤ 《续陕西通志稿》卷93“人物二十”，第14页。

家居，奉旨帮办团练。同治元年，川匪窜境，景周率勇出击，大败之，战火无算。贼遁，乘胜追剿，勇溃，景周力竭被杀”①。因此，团练只能说是官军作战的补充，绝对没有发展到取代官军作战的程度。

正是由于地方团练的这些缺点和不足，所以弹尽粮绝、兵饷不足等问题，也成为团练作战失利、团首战死的主要原因之一。还有因粮饷不足而败亡的士绅。例如，“王汝为，韩城人，道光间举人。奉委办团防，加同知衔。后围汉中年余，粮饷匮乏，淫雨城倾，遂失守遇害”②。在有些战争中，虽然士绅奋勇杀敌，但是因没有后援接应而被杀。例如，“李百成，石泉人，武生。同治二年，川匪蓝二顺围县城月余，百成率本邑猎户三百人协同官绅筹办防守，累战皆捷，颇著功绩。日久，贼不得逞，将引去，百成率队蹑其后，奋勇急击，竟以接应无人遇害”③。

（四）为保卫地方而死的其他情形

为保护陕西地方社会安危而死的士绅有许多，他们的死也各不相同。除了上文提及的战死沙场，积劳而死，寡不敌众之外，还有许多为保护地方社会安危而牺牲的士绅。

例如，在忠君思想及封建等级观念的影响下，地方士绅以维护封建社会秩序为己任。他们积极办理团练，保护地方安全，一旦战败被俘，他们大多会选择忠于朝廷。他们的惨死一方面说明了他们对封建清王朝的忠诚；另一方面也说明了他们为维护封建统治秩序，保护地方社会安危而宁愿一死。方志中有许多关于被起义军惨杀士绅事例的记载。例如：

> 刘仓应，商南人。嘉庆初教匪齐二寡妇入寇，仓应率团与匪鏖战于捻平沟，杀贼甚多，力竭被执，挖心剖腹以为马槽。④
>
> 张志一，潼关厅庠生。同治五年捻匪掩至，志一率丁壮十余人堵御，众溃，志一被执，遂遇害。又监生张树芋，被执大骂，贼怒，剜目割舌死。⑤

---

① 《续陕西通志稿》卷82“人物九”，第19页。
② 《续陕西通志稿》卷79“人物六”，第27页。
③ 《续陕西通志稿》卷82“人物九”，第23页。
④ 《续陕西通志稿》卷95“人物二十二”，第5页。
⑤ 同上。

从这些被剖腹为马槽、剜目割舌、焚尸、肢解等死状来看，发生在清朝中后期的各种起义及社会变动给陕西地方社会所带来的损失和灾难是非常惨重的。因为不仅有大量的无辜民众在战争中被杀、丧生，社会经济等遭到破坏，而且有许多地方社会的“精英”——士绅被杀。这对地方社会来说，是一个莫大的损失。

有些士绅因为劝谕地方社会采取防堵措施，由于乡民不响应，最终士绅在城陷后被起义军杀死。例如：

> 李培本，盩厔南集贤人，廪贡生。嘉庆二年教匪扰汉南，警报日急，培本劝堡众修城御贼，并为思患预防，说再三，劝导弗从。明年贼至，堡陷，培本与弟培基危坐谕贼，责以大义，俱死贼手，母及家中惨戮者七人。事平，堡人追念前言，建祠致祭奠，后祀流芳祠。①

在地方志中，我们经常可以看到关于“骂贼死”的记载。且不说把这些起义者称为贼的阶级局限性，但仅从骂贼而死的苍白与无奈中，就可以感受到中国古代知识分子的依附性缺陷及“临危一死报君王”的悲剧所在。因为在中国古代社会里，国家对人才的培养是以四书五经和三纲五常为主要内容的，缺少对军事谋略等的培养。所以，出任地方官员和回到乡间的士绅大多也是文治、谋略有余，而武功不足。因此，当防守失败，他们只能苍白地“骂贼死”。清朝陕西地方社会有许多这样骂贼而死的士绅。例如：

> 高建瓴，城固人，道光辛巳举人，子高海鹏，咸丰乙卯举人。口匪之变，海鹏率子弟数十守城二百余日，城陷，均骂贼殉节。②

受儒家传统思想中三纲五常观念的影响，居于地方社会的士绅在受到起义者的围攻时，常常以各种各样的死来表明对中央王朝的忠诚，尤其是诸多士人临死言语中“深受国恩，义不受辱”的语句，更表明其人不同于一般的齐民，也许正是这种特殊的身份使得他们在日常生活中为乡人表

① 《续陕西通志稿》卷94“人物二十一”，第16页。
② 《续陕西通志稿》卷82“人物九”，第4页。

率，而在危难之际，就是殉葬于君主及国家的各种死，他们的殉葬也成为家人和其他人模仿的对象。例如，在捻军起义之际陕西盩厔人雷启秀全家服毒的悲壮事迹。

雷启秀，盩厔人，道光甲午解元。性坦直、敦气节，取与不苟，邑令咸礼重之。捻匪陷城，启秀语家人曰：读圣贤书，幸博一第，义不受辱，已仰药矣，汝等将若何？众谓：大节所在，义难苟免，父死国，子死父，妻死夫，宜也，遂全家服毒以殉。贼见之，莫不嗟悼。①

总之，在清朝中后期的各种社会动荡中，为保护地方社会、维护封建秩序而去世的士绅很多。士绅的各种死因、死状虽不相同，但其保护地方社会安危及维护封建社会秩序的目的是一致的。

四　士绅与陕西地方团练事务

士绅是掌控地方团练的主体力量。首先，士绅居于团练组织的实际领导地位。尽管清王朝试图由官府总揽团练大权，由“官总其权，而绅董其事”②，但在实际的操作过程中，仍然确认了由士绅担任团练首领的必要性。因为“办理团练在乎地方官实力奉行，尤在乎公正士绅认真办理。盖官有更替，不如绅之居住常亲，官有隔阂，不如绅之见闻切近，故绅士之贤否关乎团练之得失甚巨”③。因此，具有一定功名身份，具有社会权威力量的士绅，最终成为团练组织中不可替代的领袖人物。例如，1853年前后，江西南昌地区五个团练局领袖均是士绅。④ 对此种状况，郑亦芳先生经过研究后也认为：“太平天国时期各地团练领袖都是以士绅为主体的。”⑤所以，清政府“官督绅办”的体制，并不能动摇士绅阶层对于团练组织的实际控制地位。其次，士绅也是团练经济力量的支撑者和组织

① 《续陕西通志稿》卷94“人物二十一”，第16页。

② 闻天钧：《中国保甲制度》，第322页。

③ 惠庆：《奏陈粤西团练日坏亟宜挽救疏》，《皇朝道咸同光奏议》卷55“兵政类·团练”。

④ 《南昌县志》卷28，第6—16页。

⑤ 郑亦芳：《清代团练的组织与功能》，《中国近现代史论集》第28编，第657页。

者。例如在团练兴起前期，由士绅捐献或由士绅组织的捐资活动，是团练的主要经济来源。因为乡土社会中“富者出钱，贫者出力”[①] 的社会动员原则，既决定了士绅在组织资金中的号召力，又决定了士绅在捐资中的职责。

团练的经济来源，尤其在咸丰朝，主要依靠捐资筹集，而捐资又主要依赖士绅。所以士绅不仅充当了团练的团首等角色，而且在团练办理的过程中积极筹集、捐饷，为团练的经费来源尽职尽责。清朝陕西地方志中的诸多记载表明，士绅为地方社会的团练及城防捐助了大量的经费和粮饷。例如：

> 刘太階，孝义厅人，例贡生。同治元年四月，发逆、川匪叠次扰境，太階倡捐钱二百余缗，粮数石助饷。[②]
>
> 唐祖友，定远厅人。同治元年蓝逆寇境，团丁乏粮，复捐包谷四十石。[③]
>
> 阎文会，户县人，乡饮介宾。同治四年，师旅饥馑，闾阎凋敝，文会于本村人各给钱一千，并将道安里军民粮如数代纳。[④]
>
> 刘葆华，澄城人，咸丰初捐饷银一千一百两，同治间亦两次贩粟捐饷。[⑤]
>
> 吴蔚文，泾阳人，庠生。家素封而好读书，助饷万金，议叙知府。[⑥]
>
> 张鉴堂，户县人，咸丰辛酉乡荐第一。花门之变，督办城防兼西征后路粮饷。戊辰成进士。[⑦]
>
> 张闰河，白河人，太学生。家素封，好施与，喜谈经世略。出资办团练，扼要设险，卒以无患。[⑧]

---

① 《华容县志》卷6，第9页。
② 《续陕西通志稿》卷93“人物二十”，第2页。
③ 《续陕西通志稿》卷90“人物十七”，第17页。
④ 《续陕西通志稿》卷86“人物十三”，第20页。
⑤ 《续陕西通志稿》卷89“人物十六”，第4页。
⑥ 《续陕西通志稿》卷86“人物十三”，第24页。
⑦ 《续陕西通志稿》卷75“人物二”，第19页。
⑧ 《续陕西通志稿》卷91“人物十八”，第11页。

有些士绅在粮饷筹措的过程中尽心尽力，不取薪水，因筹措方法得当而保障了军饷无缺。例如，“王庭杞，朝邑人，幼倜傥有大志。将军穆图善耳其名，檄办军粮，庭杞往来河套中，以饷不足，自辞薪水。先是，买军粮者多减其值，又不遽给价，且胁以威，有粟者多匿之，庭杞购以时价，至即给之，间不足则授以功牌，于是商民皆踊跃出粜，军食无缺。以功保守备以赴石嘴山新任，辞曰，国家多故，优游官署不愿也。”① 还有些士绅不仅带头捐助团练，而且针对乡民关于捐资的迟疑等状况，提出了独到的认识和见解，从而推动了地方社会的慷慨捐助。例如，“袁秀章，澄城诸生，慷慨好义。同治间乡人推秀章总团防事。议捐资重筑城，众皆观望，秀章首输白金五十两以为之倡，众曰，若薄田三亩，茅屋数间，何以捐？秀章曰，必待富而后施济，终身无施济之时矣。诸富绅遂踊跃输资，期月而蒇事，安堵无恐，秀章之力也”②。可见，正是在袁秀章的表率及敦促下，尤其是他“待富而后施济，终身无施济之时矣”的劝导之下，地方富绅踊跃捐助团练事务，最终使得澄城地方虽然屡经侵扰，但终安然无恙。

在清朝后期，士绅群体自身也意识到在晚清社会大变乱面前，单纯依靠国家的军队是解决不了问题的，所以他们纷纷倡言团练。于是，倡言“团练”也成为士绅群体政治文化的重要内容。③ 所以，士绅阶层不仅为官府提倡的地方团练事务捐助经费及粮饷，有些士绅还为地方社会团练事务的顺利开展，提出了许多合理建议，甚至总结出了系统的训练兵勇的方法及著述。例如：

> 梁瀚，户县人，道光进士。因陈团练章程九条，请饬陕甘一律举办，酌荐官绅以资保衔。④
>
> 康君耀，兴平人，邑增生。著《训勇文》数则亲为讲解，士皆感奋。⑤

---

① 《续陕西通志稿》卷78“人物五”，第32页。

② 《续陕西通志稿》卷79“人物六”，第19页。

③ 朱淑君：《晚清咸同时期士绅政治文化考察》，《兰州学刊》2011年第6期。

④ 《续陕西通志稿》卷75“人物二”，第17页。

⑤ 《续陕西通志稿》卷86“人物十三”，第13页。

再如，清朝陕西唯一的状元王杰也在社会动荡频繁、地方社会局势不稳定的情况下，为安抚民众，防止为敌人所诱惑而提出了一些建议。“王杰，韩城人，进士。时教匪方炽，杰言，川楚秦豫四省被贼，灾民穷困已甚而地方官不能安绥抚缉，反重征横敛，以致胁从日众，贼势日张，今宜速安良民以解从贼之心。被贼地方蠲免钱粮，有来归者概勿穷治，民不从贼，贼势自孤。然后罢骄惰之将帅，汰老弱之士卒。”①

总之，团练是在绿营兵等官军无法阻止太平天国起义冲击的情况下，通过动员基层社会武装，以实现各地自保，从而巩固统治的一种组织。清朝时期的团练乡勇一般有两种模式：一是由基层社会组织的代表绅士等自发组织团练，地方官予以支持；二是地方官奉命在所属地方办理团练，由基层社会组织的代表士绅予以支持。② 可见，无论是哪一种模式，地方团练的发展和运作都离不开地方社会组织的代表——士绅的参与和支持。因为士绅不仅充当了团练实际的领袖，而且在经费筹措、粮饷捐助、训练兵勇等方面发挥了重要的作用，从而为地方社会团练事务的发展及保护地方社会安危，甚至为清政权的巩固做出了重要贡献。

五　地方社会秩序维护中的官绅合作

官绅合作是中国古代地方社会治理的常规模式。在19世纪中期以前，绅士一般不担任地方政府职务，他们只是为州县官提供咨询，进行协助，州县官掌握着对基层社会的主控权；咸丰初年，在太平天国迅猛发展的情况下，清政府在全国大规模地兴办团练。绅士通过团练组织，扩大了团练的社会功能，由幕后走向了台前，成为乡村控制的主体。③ 因为，在中国古代阶级社会里，士绅将保护地方百姓的安危及利益视为自己的职责，地方百姓也俨然把地方社会中出仕的士大夫当作自己的屏障，所以当地方社会有难以解决的重要问题时，乡民自然会以士绅为求助对象，而士绅也往往会寻求同籍在朝为官者的声援。例如，安徽某地拐骗幼女吸髓一案的处理，就是得到了在朝为官的安徽籍御史吴椿的帮助才得以除掉罪犯的。据

---

① 《续陕西通志稿》卷79“人物六”，第22页。

② 刘彦波：《清代基层社会控制中州县官与绅士关系之演变》，《武汉理工大学学报》2006年第4期。

③ 同上。

记载：

> 嘉庆十六年，徽州歙县颜子街有妖民张良璧，能吸女童精髓，年已七十余，须眉皓齿，而颜貌只如三四十岁人。其术诱拐四、五岁女童，用药吹入鼻孔，即昏迷无所知，用银管探其阴，恣吸精髓。女童犹未死，抱送还其家，或数日，或数十日始殒命，人皆不知其中伤也。忽一日门有罅隙，同被诱之女童瞥见之，归语其父母，事遂败露。此声即扬，县尉某先拘妻妾某氏讯供，诸被害之家亦争控于官，然无赃证。良璧到案，挺身长跪，抗论不挠，谓："从古无此事，何得以莫须有之事诬陷人？"严讯三日，并呼其妻质对，始吐食。二十年来，被拐者共十七人，其四人尚无恙，余十三人皆被戕。适有同乡御史吴椿官于朝，阖邑士民公札寄知，椿据以入奏。皇上饬地方有司，讯得实情，良璧照采生炙割律凌迟处死。[①]

另外，"视地方公共事务为职责的士绅，或独力，或官绅合作，或绅民合作，为清朝陕西地方社会的道路桥梁、水利工程、城墙堡寨等公共工程的兴建，做出了重要贡献"[②]。因此，与城墙、水利等大型公共工程一样，作为保护地方社会的团练事务，士绅在其中也发挥了重要作用。但需要注意的是，虽然团练的实际管理、资金来源等大多由士绅负责，但士绅及团练活动并没有完全脱离地方官的监督，而是在地方官的支持、批准或默许下进行的。

作为地方社会安危的捍卫者，士绅不仅团练乡勇，在团练中担任首领，而且与官军合作。例如，许多士绅受到多隆阿等清朝官员的委托采办军饷，协同作战，取得了较好的成效。其中，张润霖还对如何消除回汉之间的尖锐民族矛盾，提出了通婚的建议。"乃上书大吏，谓回汉积忿愈深，宜勒令省城回民之女出嫁汉人，以联婚媾消隐患，惜不果行。"[③]

此外，还有许多受到地方官员赏识和邀请，参与地方社会动荡平复工作的陕西士绅。例如，参与提督杨遇春军队事务的华阴生员杨翼武。"杨

---

① 赵翼：《檐曝杂记》，中华书局 1997 年版，第 129 页。

② 杨银权：《独力与协作：试论清代陕西士绅与地方公共工程的营建》，《延安大学学报》2012 年第 2 期。

③ 《续陕西通志稿》卷 84 "人物十一"，第 6 页。

翼武，华阴诸生，善治法家言。嘉庆元年，教匪作乱，陕甘总督某延掌书记，入资为县丞，参将军庆某军事。复随提督杨遇春剿贼，荡平后保知县，补甘肃清水县，调张掖。嘉庆十八年，凤翔饥民为乱，奉檄查办，事平，升循化同知，引见记名，寻授宁夏知府”[①]。可见，在地方社会中，许多士绅因为才学过人，声望颇著，受到地方官员的倚重，他们在镇压各种起义中与官员合作，保护地方安危。例如：

汪文元，南郑人，生员。嘉庆九年教匪扰汉，文元倡巨资建中固寨，附近二十余家恃以无恐，知府严如熤延赞军务，颇有建白，并上坚壁清野策于松制军。委督办山南团练，佐理行营，事平，办理善后。[②]

杨彦修，临潼人，咸丰间举人。□匪之乱，当道属以渭北团练，并劝捐助饷，事不扰而集。[③]

总之，受地方官员委托或邀请，参与军务是清朝中后期士绅参与多次社会动荡平定的主要形式。他们或积极建议战略部署，或参与粮饷筹措，或帮办军务，为地方社会的稳定和清朝统治的稳固做出了重要的贡献。

六　士绅维护地方社会秩序的特点

作为社会精英，士绅阶层不仅具有知识文化，还有丰富的治理经验，因此在地方社会秩序的维护中，也体现了他们不同于一般齐民的突出特点。这些特点集中体现了他们作为地方精英的谋略所在。

（一）智擒匪首

在地方社会及人民生命安全受到威胁时，具有谋略、智慧、魄力与胆识的士绅往往能肩负起捍卫地方社会安危的职责，而且许多记载表明，在他们的筹划与安排下，防御往往能取得较好功效。例如，洛川廪生贾秉衡

① 《续陕西通志稿》卷 80“人物七”，第 12 页。

② 《续陕西通志稿》卷 90“人物十七”，第 18 页。

③ 《续陕西通志稿》卷 75“人物二”，第 10 页。

在顺治初年剿灭土匪张奇的事例。据记载：

> 贾秉衡，洛川人，廪生。顺治初，土寇张奇纠众劫掠，村社为墟。秉衡密计，员家寨奇险，与寨众谋选精壮数十埋伏，佯置酒宴张奇，丐免蹂躏。时贼势方张，奇坦然率众至，单骑入寨，余贼安置寨外，众遂杀奇，余亦骇散，邻村数十里内乃获安枕。[①]

很显然，贾秉衡等人能较容易地杀死张奇，是因为他了解这些土匪莽撞有余、自以为是的缺陷，所以最终杀死了张奇，赶走了其他匪徒。这次治匪效果也很明显，因为，此后“邻村数十里内获安枕”，很显然，这种良好的社会治安效果源自于贾秉衡等地方士绅的作用及功绩。

（二）以己财换取乡民安危

在地方社会里，士绅的捐助不仅能在灾荒之年避免很多人沦为饿殍的命运，而且在村寨受到侵扰时，通过他们的捐助，也能避免村庄被抢劫和屠戮的厄运，从而保全更多人的性命和财产。例如，华州在同治年间受到焚掠时，就受益于地方士绅刘仁杰，他捐出几百金给匪众，从而使得匪众撤走，保全了全村人的性命。

> 刘仁杰，华州武生。父刘蔚清，太学生，家素封而谦和好义，捐助公帑，奖员外郎衔。仁杰亦慷慨乐施，咸丰间捐饷万金，同治初□匪焚掠，村堡被困，仁杰以数百金啖贼，围遂解，众赖以全，叙游击，赏花翎。[②]

再如，把自己的牛羊给起义军以换取乡人安全的刘络。

> 刘络，中部人，顺治十二年岁贡。明末之乱，络方隐居唐峪洞，贼猝至，避乱者数百人，洞隘不能容，络出所蓄牛羊啖贼，豁免。[③]

---

① 《续陕西通志稿》卷92“人物十九”，第2页。

② 《续陕西通志稿》卷89“人物十六”，第10页。

③ 《续陕西通志稿》卷83“人物十”，第9页。

可见，重义轻利的士绅在面对敌人入侵之时，愿意用自己积累的财富去换取乡人的安危。这不仅与士绅大多财力雄厚有关，也与士绅在地方社会的声望有关，更与儒家思想影响下士绅的自我期许及社会责任有关。

七　代替官守的陕西士绅

清朝官员的义务基本上可以分为两大类，即因履行职务而生之义务和因其身份而生之义务。就第一类义务而言，法律要求大小各官以恪尽职责为首务。[①] 例如，《钦定六部处分则例》卷 14 “旷职” 开篇就写道：“朝廷设官，各有分司，惟当各尽职守。” 可见，“居守岗位是文官最基本的职责，是各机构正常运行的重要前提。所以文官若‘擅离职役’，不仅要受行政处分，而且也会受到刑事处罚”[②]。在地方社会，州县官要处理的具体政务包括征派、刑名、治安、教化、建设、救济等各个方面，他们对其辖区内的一切事情负有责任。[③] 然而，尽管法律和朝廷对地方官员的职责及守职有这样明确的要求和考核、奖惩措施，但是在社会动荡时期，官员或战败，或因其他原因离岗，守土无人的现象时有发生，尤其是在清朝中后期社会动荡频仍时期。每当这种情况发生时，以地方士绅为代表的其他力量往往会挺身而出，代替地方官来保护地方社会的安危，统领群龙无首的百姓。

因为在地方社会的正常秩序受到各种反对势力冲击之时，并非所有的地方官员都能积极筹备、保卫一方。因此，县令走匿，弃城而逃的事件时有发生。在这种群龙无首的危急状况下，由地方社会的士绅担负守土卫民的职责，就成为一种惯有的模式。例如，顺治三年土匪侵扰朝邑时，县令藏匿，就是由地方士绅雷于霖作为代表安排百姓防守，并促使县令履行守土职责，最终获得安全的。很显然，若无雷于霖在这危急时刻的挺身而出，安排部署，结果将不可预测。“雷于霖，朝邑人，崇祯癸酉举人。明末流寇之乱，倡众筑堡以守，多所全活。顺治三年，土人不靖，纵暴入

① 艾永明：《清朝文官制度》，商务印书馆 2005 年版，第 149 页。

② 同上。

③ 刘彦波：《清代基层社会控制中州县官与绅士关系之演变》，《武汉理工大学学报》2006 年第 4 期。

城，县令走匿，于霖以兵法部勒堡众拥令入城，事遂定。”[①] 可见，在这次事件中，雷于霖不但保护了地方社会的安危，而且可以说是他逼迫、敦促地方官恪守其职，从而保护地方的安全。这也验证了一些学者的观点，即清朝中后期地方社会中存在着“前所未有的绅权大张之势”[②]。

再如，“刘在霄，朝邑人，附生。辛亥之变，邑令李焕墀潜逃，绅民公推在霄主持邑政，定乱扶危，合境安谧”[③]。可见，在知县逃走之后，正是在地方人民的公推之下，附生刘在霄代替官责守土卫民，从而维护了地方社会秩序的稳定。

另外，在清朝中后期的历次社会动荡中，许多素无战守策略的地方官往往疲于应对。在这种内外交困的情况下，很多官员在无力应对动荡时，往往将守土职责交付给地方士绅。例如：

> 车用锡，合阳人，道光间以举人官西乡教谕。同治壬戌捻匪蓝二顺围西乡，知县巴彦善力战不支，城将陷，以印付用锡，投井死，用锡慨然率勇出城迎战，中炮死。初，用锡之将出战也，谓妻及女招弟曰，我为国尽忠，义无反顾，妾贱人耳，去留任自择，女吾骨血，勿离此堂。及是，妾先死，女坐父所指处向战地哭，或牵使出避，女曰，父命我勿离此地，父不来我不去也。强之，亦不动，贼以幼舍之，女竟三日不食死，年甫十二，人称其父子祖孙一门忠烈。[④]

可见，车用锡是在危急时刻接受地方官的委托，代替地方官守土御敌的，而且两人均为保护地方社会战死了。其中，车用锡在战争之前，已经做好了为地方社会安危尽忠的准备。在其牺牲之后，其女儿也以死殉父。

有些士绅则是在地方官因公离职的情况下，代替地方官守土安民的。例如，韩城举人吉凤翔就是如此。

> 吉凤翔，韩城人，以举人官洋县教谕，邑令方某公出，群贼逼

---

① 《陕西通志》卷63“人物九”，第58页。

② 刘彦波：《清代基层社会控制中州县官与绅士关系之演变》，《武汉理工大学学报》2006年第4期。

③ 《续陕西通志稿》卷84“人物十一”，第22页。

④ 《续陕西通志稿》卷79“人物六”，第10页。

县，凤翔集诸生列帜城上，固守三日夜，城得保全。[①]

士绅素有忧国忧民以及立功、立德、立言的优良传统和优秀品质，尤其是在社会处于危急关头之时，他们往往会挺身而出，成为地方社会中的实际领袖，带领人民捍卫他们的生命财产安全，尽士绅之职责，实现士绅的传统理想。因此，在地方官员或公出，或逃亡的情况下，他们往往会主动担负起守土卫民的职责。这在清朝中后期的历次社会动荡中表现得非常突出，也说明了士绅在地方社会治理中的作用不可或缺，至关重要。

① 《续陕西通志稿》卷79“人物六”，第25页。

结　论

作为地方社会的中坚力量，士绅是官民之间的中介。他们在民情上达和政令下传之间起着桥梁作用，扮演着中间人的角色。因为在行政体制只设置到县一级的中国古代社会里，中央王朝要想实现对基层地方社会的有效治理，就必须借助地方社会士绅中典型代表人物的力量。所以在许多时候，官绅是以合作的形式实现对地方社会事务的有效治理的。具体情况大多是，士绅在地方官员的委托下，参与地方社会大型公共工程建设，例如桥梁水利、书院学校、庙宇城池的兴建，团练的办理，等等。究其原因，对于地方官来讲，因为任期的限制和回避制的实施，他们并不熟悉地方社会的民情、风俗，所以他们必须依赖地方士绅。对于士绅来讲，在儒家忧患意识和士人安邦治国传统理想的影响下，关注民生民瘼的士绅，希翼可以为地方社会的宗族里党谋取最大利益。然而，身份上属于民的范畴的士绅，要想实现为地方社会谋福利的理想，就必须得到地方官员的允许和支持。因此，地方社会的有效治理是士绅和地方官员共同关注的目标和任务，而官绅合作则是实现这个目标的主要途径。从士绅参与地方社会基层事务的内容和范围来看，清朝陕西士绅与明清时期其他区域士绅的活动范围大致相似。他们不仅参与地方学校教育机构、公共工程等的修建，而且在地方社会的慈善事务、社会秩序的维护、良好社会风俗的培育等方面，均发挥了重要作用。在很多时候，他们会与官府合作。例如，受地方官委托办理团练、受地方官聘用负责地方社会的慈善及救济事务，等等。另外，他们还通过士绅群体联合，或倡导地方民众参与，或独力办理等民间自发形式，实现对地方社会事务的有效治理。从士绅参与地方社会治理的效果来看，可以说，离开地方社会士绅的参与，地方官员的很多政策不仅无法落实，更谈不上良好的治理效果了。例如，在清朝中后期的历次社会动荡中，若无地方士绅率领的团练协助，单凭清朝官方很难实现对历次起义的镇压。因为有很多史料表明：在地方社会动荡期间，在地方官员或战死，或逃亡，或疾患加剧无法实现守土责任的情况下，是地方社会的士绅勇敢地担当了守土卫民的职责。此外，在地方社会的慈善救济中，尤其是在清朝中后期国家财政紧张，官方赈济衰微的情况下，是士绅等民间社会的自发赈济，保全了大量饥寒交迫乡民的性命，避免了他们沦为流民，从而为稳定清王朝的统治及维持既有的地方社会秩序，做出了积极贡献！总之，清朝陕西士绅作为中国古代士绅群体的重要组成部分，他们积极参与地方社会事务，在地方社会有效治理方面所起的作用与其他时期、其他区域的士绅相比是一致的。因为他们不仅参与了清朝陕西地方社会的各种文化教育事务、慈善事务、公共工程、社会秩序的维护、社会矛盾的调处等，而且取得了良好的社会效果。客观评价士绅的这些社会作用，对于充分调动当今知识分子的主观能动性、发挥他们的创造力，从而在敦促他们履行自己的社会职责，促进当今和谐社会秩序构建，科学技术、文化教育的健康发展等方面都有一定的积极意义！

余　　论

一　官府的敦促是士绅积极致力于地方社会事务的外部因素

清朝统治者非常重视绅士在地方社会上的作用，所以对其维护统治的积极作用大加鼓励与表彰；而对其扰乱社会秩序、违法不仁的行为，也常进行有力的惩治。[①] 例如，雍正在上谕中明确要求，地方士绅要体恤民情，他说："朕为此劝导各富户等，平时当以体恤贫民为念。从来家国一理，若富户能自保其身家，贫民知共卫夫富户，一乡如此则一乡永靖，一邑如此则一邑永宁，是富户之自保其家，犹富户之宣力于国也。"[②] 显然，这里所说的富户自然包括地方士绅。可见，雍正帝把士绅体恤地方民情，维护地方社会稳定的作用及活动，上升到了家国一体的高度，这对于素有修齐治平理想的士绅来说，无疑有着更大的激励与促进作用。可以说，地方士绅在基层社会治理方面的积极作用及表现就来自于官方的敦促与提倡，这是士绅阶层积极参与地方社会治理的外部因素。

二　宗族血缘关系和地缘关系是士绅关注地方社会事务的前提

在"家天下"的社会格局中，作为同一祖先的子孙，士绅虽然获取了功名，贵为"皇帝家人了"，但也跳不出宗法关系的网络，所以他们必

---

① 吴吉远：《清代地方政府的司法职能研究》，中国社会科学出版社 1998 年版，第 334 页。
② 阮元等：《广东通志》卷 1《训典一》。

须承担宗族法规所规定的权利和义务，[①] 即为地方社会和家族里党的利益服务。

因此，受宗法血缘关系的影响，士绅把宗族事务当作自己的天然职责。同父者为亲、同祖者为堂、同远祖者为族、同姓者为宗的血缘观念与同乡者为我群的地缘观念与乡土观念相结合，造就了士绅群体爱族、爱乡观念的盛行，一旦乡土社会发生危机，宗族里党受人欺侮，他们就会齐心协力，一致对外。[②] 因为，在中国社会的基层构成中，宗族里党是其中一个重要的构成因素。在一些庄重的场合，也只有绅士身份者才可能出席，如文庙的官方典礼。另外，在家族或宗族祭祖典礼中，具有身份的绅士及其家族成员被推崇为领袖人物，有些族规明确规定，每年一度的各种祭礼必须由具有绅士身份者主持。如果家族中绅士让平民冒用此项特权，他们就会被认为有失体面，家族因此也会使祖宗蒙辱。[③] 所以，士绅在基层宗族社会事务中的作用和影响非常深远。借此，士绅也实现了对宗族成员的约束、引导、管理及救助等。

三　身体力行、表率乡民是士绅参与地方社会治理的重要方式

在中国古代社会里，官与绅是既对立又统一的关系。官是士绅向上流动（入仕）的结果，随着这种流动，士绅的活动区域和场所也相应地发生了变化，那就是从乡村转移到城镇，从远离政治中心到挤入这个中心，也即从“江湖”到“庙堂”；与之相反，士绅是官员的后备力量或卸任的官员（致仕等）。与其身份转换相适应，他们的活动场所由市镇转移到乡村，由政治权力中心转移到边缘，由“庙堂”到“江湖”。这种转换就是古代士绅或者读书人奉行的“读书—出仕—致仕”的社会流动途径的写照，他们通过科举从乡村到城镇，然后因为致仕而再次回到乡村。究其原因，则在于读书出仕是社会所有观念，包括士绅本人的目标指向，因为他们绝大多数以科举出仕为目的，这就是从乡村到城镇的过程。另外，从城

---

① 郝秉健：《试论绅权》，《清史研究》1997 年第 2 期。

② 陈礼颂：《一九四二年前潮州宗族村落社区的研究》，“潮汕文化丛书”，上海古籍出版社 1995 年版，第 104 页。

③ 张仲礼：《中国绅士》，上海人民出版社 2008 年版，第 31 页。

镇回到乡村，则是因为士绅大多生长在乡村社会，那里有他的亲人、家族，或者他的根。一旦致仕，一旦远离政治权力中心，他们大多会选择回归故里。因为回归故里，一方面可以颐养天年；另一方面，回归乡村的士绅往往还是地方社会的楷模和领袖人物。这样，他们就可以继续发挥作为士绅的作用，即在官与民之间充当中介人和桥梁的作用。

因为士绅拥有文化，拥有知识，所以很容易成为农耕时代一个文明得以延续、社会秩序得以稳定的重要角色。[①] 因为等级制度和农耕社会的生存方式，排斥着农民享有受教育和拥有文化的权力，农民也因此处于被统治的地位。在一个“礼法”社会中，只有“知书”才能“识礼”，也才配“识礼”。于是，对于文化和教育的占有，使得士绅集教化、伦理、祭祀、宗族等社会职能与权力于一体，成为控制乡土社会的实际权威。

所以，为社区民众树立楷模正是士绅的另一项主要职责。因为在中国古代社会里，士绅是指有高尚道德的正人君子。他们是集体和社会的理想人物，是选拔出来的，其品德足以使社会关系融和的群体，于是，他们被设想为精神高尚、品格杰出的人。[②] 这种社会的外在认可，决定了士绅应该成为乡村社会百姓的道德楷模和典范。

在地方社会中，有许多士绅表率乡人、改善地方风俗的记载。例如，“贺士英，渭南人。巡抚徐炌疾典商之病民也，谕饬各属质库减息，仅改冬三月为二分，他月仍旧。士英质库在省者八，乃以终年二分，榜于通衢，质物者不之他而士英。于是，西同凤邠乾五郡四十余州县质库凡八百余悉数改常年二分，岁省贫民息钱四十余万缗。子振甲亦周恤不倦，邑之乐善好施者必首推贺氏”[③]。可以说，正是贺士英减息二分并常态化的坚持，迫使其他当铺也不得不减少当息。因为他们不减息，就没有生意可做。而且这次减息影响到了陕西五郡四十多个州县，仅每年减轻穷人的利息钱就多达40多万缗。这对于贫民来说，其获益是非常巨大的，更重要的是，这种让利于民的影响非常深远。

再如，“李承引，蒲城人。设义学，塾师及诸生膏火悉以身任，塾中多成名者。好施与，周贫恤苦无虚日，尝居肆，偶出，或窃其钱，比舍攒

① 王先明：《晚清士绅基层社会地位的历史变动》，《历史研究》1996年第1期。

② 周荣德：《中国社会的阶层与流动——一个社区中士绅身份的研究》，学林出版社2000年版，第105页。

③ 《续陕西通志稿》卷87“人物十四”，第16页。

击之，承引至，曰：‘我令彼来取，勿殴也’，其人感悔易行。除夕，有邻人盗其麦，遇承引，诉以养母，因倍给钱米遣之。”① 可见，以士绅为主体的民间力量在地方社会的言传身教，往往能取得比严刑峻法更好的社会治理效果。他们凭借其良好的社会声望，宽于待人的态度，体恤贫乏的慈悲情怀感化乡人，尤其是在感化那些有盗窃等不法行为的乡邻方面，具有良好效果。例如，李承引在窃贼被捉后为保护并感化盗贼，对他人说，是他自己让偷盗者来取的，最终使得偷盗者感化改行，不再偷窃。

恪守道义，疾恶如仇是许多耿直士绅自我约束的准则。许多时候，他们也通过宣讲、表率等形式教化乡人。但通过挞笞等方式教育戚族及乡人也是一种手段，这往往会使得地方社会行为不羁者因敬畏而守法，比如害怕遇到他。例如，“刘正昨，洵阳人，邑庠生。性方严，非义一介不取，疾恶如仇，人敬惮之。戚某有邪行，正昨痛挞之，里中佻达子弟无敢见者”②。

中国古代社会中的孝义养亲、重义轻财、乐善好施等优良传统，均离不开地方士绅的宣讲和教化。因为身居乡村社会，士绅不仅身体力行、表率乡邻，而且通过集中宣讲的方式教导乡邻敦睦家庭，和谐邻里。例如，清代陕西米脂人李锦江在乡里的教化活动，就取得了明显的效果。“李锦江，米脂人，举人。事继母孝，待两姊友爱有加，岁时伏腊必招集族人，勖以袛父恭兄，敦本睦族之道，长幼皆化于善。邑中年少有过，辄相戒勿令李先生知，其为人敬畏如此。”③

再如，“李廷佐，三原人。性好义，因事赴蜀，值重庆饥，倾囊数千金赈之。成都三义庙灾火，延数千家，男女裸替奔避，适逢久雨，艰于食宿，廷佐阴使人各予之金。过宝鸡，有妇人因夫远出，无消息，夫弟逼嫁，痛哭欲死，乃伪其夫信，封银致送，告以归期，妇得留，已而夫果归。泾阳某商伙遗五千金，仓皇觅不得，欲投缳，廷佐曰：银我拾得矣。如数给之，其人以非原物不肯受。亡何，有剃发匠持银至：吾母谓李善人不拾金尚出金活人，而独非人耶？廷佐生平善行不使人知，然人卒知之，故远近皆曰：李善人云。”④ 可见，剃发匠归还所拾银两的行为，正是受

① 《陕西通志》卷62“人物八”，第59页。

② 《续陕西通志稿》卷91“人物十八”，第9页。

③ 《续陕西通志稿》卷92“人物十九”，第7页。

④ 《续陕西通志稿》卷87“人物十四”，第3页。

到了李廷佐义举的感化及引导。这充分说明，在基层社会，士绅传递的社会正能量对乡民具有教化、引导、榜样及表率作用，这种作用对于地方和谐社会的形成具有重要意义。

四　良好的家训家教促进了士绅社会治理能力的养成

家庭是人类社会最小的单位。家庭和睦、长幼有序是社会和谐的基础。因此，中国古代社会几代同居、和睦友爱的家庭离不开良好的社会风气，也离不开和谐大家庭的表率及带动作用。因为国有国法，家有家规，和睦大家庭一般都有自己的家规族规。例如，清代韩城史帝辅家庭传守七代不衰的《齐家规》。很显然，子孙后代对这一家规的遵守和传承，对于80余人和睦同居的大家庭来说至关重要。“史帝辅，韩城人，太学生。自其始祖大人，著有《齐家规》一编，世相传守，及帝辅已七世。家口和睦，八十余人同居，学使旌之。”①

因此，从某种意义上讲，士绅良好素养的形成，离不开良好的家庭教育。因为父母是人生的第一任蒙师，所以父母言传身教的作用不亚于学校教育。家人的敦促及勉励也是促使人成长的关键和动力。例如：

> 侯树屏，合阳人，前壬午举人，授朔州牧。父在庠，尝采古名宦事实为观宦录以勖树屏，树屏为循吏，盖本庭训云。②
>
> 阎敬铭，朝邑人，道光甲午进士。其父以商业起家，尊师重道，教子甚严，命与弟敬舆从盩厔路德受业，敦品励学，文名大起。③
>
> 孙应选，合阳诸生。尝书，处处体认天理，刻刻严防人欲以自警。以礼治家，严正不苟，家人四十余口遵奉教诫，无敢违，待宗族乡党宽厚有恩。④
>
> 张玉树，武功人，进士，以知县分山东。其父诫之曰：尔弗薄民当如吾弗薄尔，使民不薄尔始见尔不薄吾。情词恳挚，时称为名言，玉树终身识之。其没后，韩城相国王杰为志墓，称其能阐父命，不愧

---

① 《续陕西通志稿》卷89“人物十六”，第6页。

② 《陕西通志》卷62“人物八”，第53页。

③ 《续陕西通志稿》卷78“人物五”，第22页。

④ 《续陕西通志稿》卷79“人物六”，第11页。

民之父母焉。[①]

于开泰，扶风人。母申氏善教子，尝著《慈训》一篇。开泰幼负神童之目，又从宿儒康履赐、王心敬学，雍正壬子举于乡，癸丑成进士，改庶吉士。[②]

姚大勋，泾阳人。好义举，尝训子九裕曰："古人轻财尚义，尔等宜世守之。"道光十年饥，子九裕遵遗命完阖里粮。二十年，临泾坡圯，亦遵遗训修之。设义塾课里中子弟读，并捐纸笔膏火。[③]

可见，良好的家庭教育和家训，也是造就士绅具有治理地方才略的重要因素。另外，士绅也常常以古代知名士人为榜样，不仅身体力行，而且以此作为家训教育子孙后代以名士为榜样，捐施地方社会。例如，"师贞充，韩城人，贡生。先世周急济困，多善行。贞充慷慨好施，喜推解。壬申大饥，首请于官，自设粥厂以食饿者，日千余人而已。己卯岁又饥荒，亦如之。尝教其子师彦公曰：范文正作秀才即以天下为己任，汝曹须绳祖武，断不可少此襟怀！彦公常遵遗训，戊戌又饥，即出粟五百石赈之，并建宗祠，捐地若干亩以恤里党。立法数十条以励寒士，仿义田法而较周详焉。"[④]

五　官绅合作是士绅参与地方社会治理的主要途径

在地方社会治理中，许多地方事务是地方官员与士绅合作完成的。可以说，官绅合作是地方社会治理的主要模式。例如清代地方官在维持教化、兴办地方教育和维持社会治安等方面多倚重乡绅。所以，地方官的为政经验是，"为政不得罪于巨室，交以道，接以礼，固不可以权势相加"。[⑤]

对于官绅合作的原因，汪辉祖认为："朝廷之法纪不能尽谕于民，而士易解析，谕之于士，使转谕于民，则道易明，而教易行。境有良士，所

---

① 《续陕西通志稿》卷81"人物八"，第4页。

② 同上书，第14页。

③ 《续陕西通志稿》卷86"人物十三"，第25页。

④ 《续陕西通志稿》卷89"人物十六"，第6页。

⑤ 王凤生：《绅士》，徐栋辑《牧令书》卷16。

以辅官宣化也。且各乡树艺异宜，旱潦异势，淳漓异习，某乡有无他匪，某乡有无盗贼，吏役之言，不足为据，博采周谘，唯士是赖。”①

在清朝陕西地方志人物传中，有许多士绅与地方官合作的事例。例如：

石和钧，潼关厅人。光绪庚子岁大饥，同知焦云龙委和钧勘灾，和钧苦心调查，饥氓毕沾实惠。②

张学愚，商南人，邑增广生。嘉庆初，白莲教匪猖獗，窜扰境，学愚率乡勇助邑令剿灭之。③

成锦堂，大荔人，贡生。足迹不轻出户，一时守令累顾草庐，邀办赈务、差徭，洁己奉公，井井有条。④

王懋德，扶风人。性孝谨，治家有法，尝佐邑令赈饥，倡议按乡分厂，得免道殣。⑤

史兆熊，城固人，道光间举人。奉檄劝办兴安府属堡寨一千数百处，贼不得逞。⑥

刘万富，白河监生。嘉庆间教匪猖獗，知县严一青令万富督团捐饷募丁，屡获胜仗，合乡无蹂躏苦。⑦

地方社会的官府活动离不开士绅的参与，这几乎已经成为一个不争的事实。例如，在地方公共机构的运行中，士绅就发挥着实际的领导作用。其原因就在于，他们上能得到官府的倚重，下能得到乡邻的认可与信任。例如，凤翔的地方民局董事就是由太学生严昇担任的，而且长达十几年。“严昇，凤翔人，太学生。尝充邑里民局绅十余年，动慎正直，官府倚重。”⑧

不过，居于乡村社会的士绅，虽然具有较大的影响力，但是在与官府

① 陈生玺：《政书集成》第10辑，中州古籍出版社1996年版，第290页。

② 《续陕西通志稿》卷78“人物五”，第4页。

③ 《续陕西通志稿》卷77“人物四”，第26页。

④ 《续陕西通志稿》卷78“人物五”，第12页。

⑤ 《续陕西通志稿》卷81“人物八”，第14页。

⑥ 《续陕西通志稿》卷82“人物九”，第4页。

⑦ 同上书，第21页。

⑧ 《续陕西通志稿》卷90“人物十七”，第10页。

合作的过程中，还是会受到地方官的制约，尤其是当士绅和地方官的意见相左时，士绅的社会治理效果就会大打折扣。例如，清朝陕西山阳廪生童钧的传记所反映的情况就是如此。“童钧，山阳廪生。咸丰末，残贼破兴汉二府地方，钧告邑令恒椿曰：贼逼矣，请练乡兵数千扼险守之，救此一方生灵，弗听。同治三年四月，贼围县城，钧制布为幕，裂帛为旗，炮声隆隆，烟气蔽天，贼惧欲去，诡云：愿遣二卒登陴索马二匹，银五百，即拨队行，恒椿许之，钧泣谏不听，贼侦得虚实，遂陷城，钧死之，恒椿殉节，巷战死者千余人。”[①] 很显然，山阳县城的沦陷，首先在于山阳县令恒椿事前没有听从童钧练兵守御的建议；其次在敌人准备撤退的情况下，恒椿没有听从童钧的阻止，竟然相信了敌人的诡计，暴露了自己的实力。所以，最终导致县城沦陷，童钧和恒椿均死亡，巷战死者千余人的惨景。所以说，尽管士绅在地方社会的影响力非常深远，而且具有治理才略，但是他们的计划必须取得地方官的支持和默许。反之，若士绅的建议得不到地方官的认可和支持，其治理功效也很难实现。

六　士绅在基层社会的影响力与其声望密切相关

对于地方社会潜在的危险和可能到来的社会动荡，深受儒家治乱兴衰经验熏染的士绅，总是比普通百姓具有更敏锐的预知性。但是，他们早为筹备、防患于未然的建议，有时候往往得不到地方社会百姓的认可，所以等到动荡发生，百姓往往在措手不及、惊慌失措时，才能明白士绅的先见之明。所以，士绅有时只能靠自己的力量，为即将到来及可能发生的危险做准备。例如：

武定功，南郑人，岁贡。读书喜实学，遭母丧，庐墓哀毁逾恒。未几，贼围城，定功赴省乞援，兵未至而城陷。乱甫平，即请当道设义仓、办团练，咸笑其迂。既而岁大祲，匪徒肆掠，一方赖以保全，人始服其先见。[②]

李培本，盩厔人，贡生。嘉庆戊午，白莲教匪滋事，培本劝村人

---

① 《续陕西通志稿》卷95“人物二十二”，第1页。

② 《续陕西通志稿》卷90“人物十七”，第18页。

筑堡，闻者多非笑之。禀县，又不报，遂谋负母远避，未果，贼猝至，遇诸途，培本大呼曰：勿杀我，俟我入村见母，死无憾，贼竟杀之。阖村亦被惨祸，人乃服其先见。①

从李培本的经历来看，在基层乡村社会，士人的建议和倡导是否能够得到百姓和地方社会的重视，应该与士绅的地位及功名有关，更与他们在地方社会的威望有关。正是由于李培本声望不高，只有贡生学衔，所以他关于筑堡寨的建议，不但遭到地方百姓的耻笑及嘲弄，而且县令也没有重视，所以地方社会最终遭到了白莲教起义的重创，直到此时，百姓才知道李培本筑堡的建议是正确的。

可见，士绅在地方社会的治理效果，不仅与士绅的责任感、儒家的忧患意识、民本思想有关，与地方官员的支持、乡民的响应与否也有重要关系。因为离开地方官员和乡民的支持，士绅的治理才略根本就无法施展，所以也谈不上良好的治理效果。

① 《续陕西通志稿》卷87“人物十四”，第12页。

参考文献

一　文献资料

《诸子集成》，中华书局 1986 年版。
《孟子》，中华书局 1983 年版。
《礼记》，上海古籍出版社 1987 年版。
《墨子》，中州古籍出版社 2008 年版。
杨伯峻：《孟子译注》，岳麓书社 2009 年版。
《清文宗实录》，中华书局 1986 年版。
《大清缙绅全书》，1880 年春季本。
《清世祖实录》，中华书局 1986 年版。
《钦定平定陕甘新疆回匪方略》，“中国西北文献丛书”第 86 册，兰州古籍书店 1990 年影印本。
盛康：《皇朝经世文续编》，光绪二十三年刻本。
李鸿章等：《钦定大清会典事例》，商务印书馆光绪三十四年刻本。
恭阿禄编：《钦定学政全书》，嘉庆十七年刻本。
赵尔巽：《清史稿》，中华书局 1977 年版。
刘锦藻：《清朝续文献通考》，浙江古籍出版社 2000 年版。
邵之棠编：《皇朝经世文统编》，1901 年本。
徐致初编：《牧令书》，道光二十八年刻本。
徐梦莘：《三朝北盟会编》，上海古籍出版社 1987 年版。
徐松：《宋会要辑稿》，中华书局 1957 年版。
许乃普：《宦海指南五种》，咸丰九年刻本。
张集馨：《道咸宦海见闻录》，中华书局 1999 年版。

胡林翼:《胡文忠公全集》第4册，世界书局1936年版。
吴宽:《匏翁家藏集》,《杜东原先生墓表》，四部丛刊初编·集部，商务印书馆民国年间刊行本。
刘古愚:《陕甘味经书院志》，陕西味经刊书处，清光绪二十年版。
蒋廷锡:《古今图书集成》，中华书局1986年版。
梁启超:《饮冰室文集》(三)，台湾中华书局重印本。
《郑观应集》(上)，上海人民出版社1982年版。
贺长龄辑:《皇朝经世文编》，上海广百宋斋刊本，光绪十五年版。
钱泳:《履园丛话》，中华书局1997年版。
邵廷采:《思复堂文集》，浙江古籍出版社1987年版。
左宗棠:《左文襄公奏稿》，上海书店1986年版。
赵翼:《檐曝杂记》，中华书局1997年版。
陈康祺:《郎潜纪闻初笔二笔三笔》，中华书局1997年版。
陈生玺:《政书集成》第10辑，中州古籍出版社1996年版。
汪辉祖:《佐治药言》，1786年本。

二　地方志

戴肇辰:《广州府志》，光绪五年刻本。
张金城:《宁夏府志》,“中国西北文献丛书”第50册，兰州古籍书店1990年影印本。
高拱辰:《会宁县志》,“中国西北文献丛书”第36册，兰州古籍书店1990年影印本。
民国《陕西联合县立汉中学校志》,《书院时代志》，荣林堂刊。
彦书麟:《光绪新续渭南县志》，光绪十八年刻本。
李体仁:《光绪蒲城县新志》，光绪三十一年刻本。
李鸿章等修，黄彭年等:《撰畿辅通志》，清宣统二年(1910)刊本重印，台湾华文书局。
(民国)《续修陕西通志稿》,“中国西北文献丛书”第1辑《西北稀见方志文献》总第9卷，兰州古籍书店1990年影印。

三　专著

张仲礼:《中国绅士——关于其在十九世纪中国社会中作用的研究》，上海社会科学院1991年版。

周荣德:《中国社会的阶层与流动——一个社区中士绅身份的研究》，上海学林出版社2000年版。

王先明:《近代绅士——一个封建阶层的历史命运》，天津人民出版社1997年版。

王先明:《中国近代社会文化史续论》，南开大学出版社2005年版。

费正清:《剑桥中国晚清史》上卷，中国社会科学出版社1985年版。

孔飞力:《中华帝国晚期的叛乱及其敌人》，中国社会科学出版社1990年版。

吴吉远:《清代地方政府的司法职能研究》，中国社会科学出版社1998年版。

游子安:《劝化金箴：清代善书研究》，天津人民出版社1999年版。

刘新科、刘兰香:《西安教育史》，西安出版社2005年版。

闻天钧:《中国保甲制度》，商务印书馆1935年版。

费孝通:《乡土重建》，“民国丛书”第3编，上海书店1991年版。

何怀宏:《选举社会及其终结》，三联书店1998年版。

张东荪:《理性与民主》，上海商务印书馆1946年版。

刘正伟:《督抚与士绅——江苏教育近代化研究》，河北教育出版社2001年版。

吴琦:《明清社会群体研究》，中国社会科学出版社2009年版。

郭琦、史念海、张岂之:《陕西通史·思想卷》，陕西师范大学出版社1997年版。

费正清:《美国与中国》，世界知识出版社2006年版。

刘晓东:《明代的塾师与基层社会》，商务印书馆2010年版。

张研:《清代族田与基层社会结构》，中国人民大学出版社1991年版。

余英时:《士与中国文化》，上海人民出版社1987年版。

黄仁宇:《万历十五年》，中华书局1982年版。

江地:《捻军史论丛》，人民出版社1981年版。

于建嵘：《岳村政治：转型期中国乡村政治结构的变迁》，商务印书馆2004年版。

王日根：《乡土之链——明清会馆与社会变迁》，天津人民出版社1996年版。

钞晓鸿：《水资源环境与社会变迁——以清代汉中府为例》，黄山书社2004年版。

马克斯·韦伯：《儒教与道教》，江苏人民出版社1995年版。

王子平：《灾害社会学》，湖南人民出版社1996年版。

周秋光、曾桂林：《中国慈善简史》，人民出版社2006年版。

邓云特：《中国救荒史》，三联书店1958年版。

常建华：《中国文化通志·宗族志》，上海人民出版社1998年版。

毕诚：《中国古代家庭教育》，商务印书馆1997年版。

白钢主编：《中国政治制度史》下卷，天津人民出版社2002年版。

周致元：《明代荒政文献研究》，安徽大学出版社2007年版。

孙立群：《中国古代的士人生活》，商务印书馆2003年版。

赵园：《明清之际士大夫研究》，北京大学出版社1999年版。

凌惕安：《咸同贵州军事史》，文海出版社影印本。

艾永明：《清朝文官制度》，商务印书馆2005年版。

李路路、王奋宇：《当代中国现代化进程中的社会结构及其变革》，浙江人民出版社1992年版。

吴吉远：《清代地方政府的司法职能研究》，中国社会科学出版社1998年版。

巫仁恕：《品味奢华：晚明的消费社会与士大夫》，中华书局2008年版。

张锡勤：《中国传统道德举要》，黑龙江教育出版社1996年版。

瞿振元、夏卫东：《中国传统道德讲义》，中国人民大学出版社1997年版。

任俊恒：《晚清官场规则研究》，海南出版社2003年版。

陈礼颂：《一九四二年前潮州宗族村落社区的研究》，上海古籍出版社1995年版。

四 论文

赵世瑜:《社会动荡与地方士绅》,《清史研究》1999 年第 2 期。
邓玉娜:《“甲申之变”与中国官绅阶层》,《郑州航空工业管理学院学报》2005 年第 3 期。
谢俊贵:《中国绅士研究述评》,《史学月刊》2002 年第 7 期。
巴根:《明清绅士研究综述》,《清史研究》1996 年第 3 期。
雷冬文:《近代士绅在民众起义中的角色扮演》,《安徽史学》2003 年第 3 期。
王先明:《晚清士绅基层社会地位的历史变动》,《历史研究》1996 年第 1 期。
宋永明:《宋元明清历朝君主与书院发展》,《陕西师范大学学报》2007 年第 2 期。
刘晓喆、胡翠玲:《陕西书院的历史概貌与区域特征初探》,《西北大学学报》2007 年第 5 期。
雷红伟:《清代地方官学的恢复与重建》,《中国地方志》2007 年第 7 期。
张惠民:《清末陕西的味经、崇实书院及其科技教育活动》,《汉中师院学报》1991 年第 4 期。
徐凌美、丁煜成:《陕甘味经书院考述》,《宝鸡文理学院学报》2014 年第 4 期。
余子明:《从乡村到都市:晚清绅士群体的城市化》,《史学月刊》2002 年第 8 期。
李严成:《绅士的资格获取与职业选择》,《湖北大学成人教育学院学报》2004 年第 5 期。
马学强:《乡绅与明清上海社会》,《上海社会科学院学术季刊》1997 年第 1 期。
王跃生:《清代生监的社会功能初探》,《社会科学辑刊》1988 年第 4 期。
钱蓉:《清代学田来源试析》,《清史研究》1998 年第 4 期。
邓洪波:《中国书院传播文化的功效》,《湖南大学社会科学学报》1992 年第 1 期。
杨远征、田丽娟:《清同治光绪时期陕西书院及其活动》,《宁夏社会科学》2005 年第 2 期。

桑荟：《明清时期江苏士绅与地方志编修》，《中国地方志》2010 年第 9 期。

江凌：《试论清代两湖地区书院刻书业的特点及其社会作用》，《湖北第二师范学院学报》2008 年第 6 期。

马怀麟：《绅士和绅士政治》，《贵州民意》1985 年第 4 卷。

雷绍业、成海鹰：《中国古代儒家的忧患意识探析》，《吉首大学学报》2000 年第 4 期。

李严成：《晚清政府职能萎缩与绅士阶层自治》，《湖北大学学报》2005 年第 1 期。

吴用强：《古代广西的城池研究》，《桂林师范高等专科学校学报》2008 年第 2 期。

魏幼红：《官绅之间：试论明清时期江西府县城的"城门事件"——以吉安府城南门改建为中心》，《江汉论坛》2006 年第 6 期。

王绚、黄为隽、侯鑫：《陕西地区的传统堡寨聚落》，《西北工业大学学报》2005 年第 3 期。

邓庆平：《华北乡村的堡寨与明清边镇的社会变迁——以河北蔚县为中心的考察》，《清史研究》2009 年第 3 期。

王绚、侯鑫：《陕西传统堡寨聚落类型研究》，《人文地理》2006 年第 6 期。

余子明：《从乡村到都市：晚清绅士群体的城市化》，《史学月刊》2002 年第 8 期。

雷冬文：《近代士绅在民众起义中的角色扮演》，《安徽史学》2003 年第 3 期。

李严成：《晚清政府职能萎缩与绅士阶层自治》，《湖北大学学报》2005 年第 1 期。

杨国安：《 空间与秩序：明清以来鄂东南地区的村落、祠堂与家族社会》，《中国社会历史评论》2008 年第 9 卷。

王双怀：《中国古代的水利设施及其特征》，《陕西师范大学学报》2010 年第 2 期。

卢勇、王思明：《明清时期关中地区小型水利述论》，《南京农业大学学报》2006 年第 4 期。

吴媛媛：《明清时期徽州民间水利组织与地域社会》，《安徽大学学报》2013 年第 2 期。

萧正洪:《传统农民与环境理性》,《陕西师范大学学报》(社会科学版)2000 年第 4 期。
佳宏伟:《水资源环境变迁与乡村社会控制——以清代汉中府的堰渠水利为中心》,《史学月刊》2005 年第 4 期。
郝秉健:《试论绅权》,《清史研究》1997 年第 2 期。
姚兆余:《明清时期甘肃抗灾、减灾措施及其启示》,《开发研究》2000 年第 4 期。
毛阳光:《中古时期民间救灾综论》,《山西大学学报》2006 年第 2 期。
夏明方:《从清末灾害群发期看中国早期现代化的历史条件——灾荒与洋务运动研究之一》,《清史研究》1998 年第 1 期。
叶依能:《清代荒政述论》,《中国农史》1998 年第 4 期。
顾颖:《明代的赈粮初识》,《中国社会经济史研究》1993 年第 4 期。
彭定光、彭军、胡丽明:《论清代民间慈善活动的三种类型》,《中南林业科技大学学报》2010 年第 4 期。
王日根:《论清代义田的发展与成熟》,《清史研究》1992 年第 2 期。
王日根:《义田及其在封建社会中后期之社会功能浅析》,《社会学研究》1992 年第 6 期。
张占力:《明清时期绅士阶层在宗族保障中的作用探析》,《山东省农业管理干部学院学报》2010 年第 1 期。
贺圣迪:《论儒医的形成与特征》,《上饶师专学报》1999 年第 5 期。
朱亚杰、张艳青:《论儒医医德思想的构建》,《医学与社会》2014 年第 3 期。
邱鸿钟:《儒医义利观及其实践状况》,《中国医学伦理学》1996 年第 4 期。
胡发贵:《试论儒家的慈善思想》,《南京工业大学学报》2009 年第 3 期。
宋立中:《论明清江南婚嫁论财风尚及其成因》,《江海学刊》2005 年第 2 期。
吴正东、姚伟钧:《清代湖南婚姻礼仪消费及特点》,《江西社会科学》2012 年第 2 期。
王岸茂:《论古代清官的重民思想和务实作风》,《史学月刊》1997 年第 1 期。
余新忠、惠清楼:《清前期乡贤的社会构成初探——以浙西杭州和湖州府为中心》，《苏州科技学院学报》2003 年第 3 期。
李严成：《晚清政府职能萎缩与绅士阶层自治》，《湖北大学学报》2005 年第 1 期。
沈亦新：《家庭教育的优势》，《杭州师范学院学报》1990 年第 5 期。
刘彦波：《清代基层社会控制中州县官与绅士关系之演变》，《武汉理工大学学报》2006 年第 4 期。
王洪兵、张松梅：《清代京师的粥厂与贫民救助》，《东岳论丛》2013 年第 5 期。
陈正奇：《布衣杨屾》，《西安教育学院学报》1996 年第 1 期。
熊秋良：《清代湖南的慈善事业》，《史学月刊》2002 年第 12 期。
郝秉健：《西方史学界的明清“绅士论”》，《清史研究》2007 年第 2 期。
赵金辉：《论清代慈善机构的组织运作与理念——以保定育婴堂和全节堂为例》，《呼伦贝尔学院学报》2012 年第 1 期。
彭定光、彭军、胡丽明：《论清代民间慈善活动的三种类型》，《中南林业科技大学学报》2010 年第 4 期。
梁其姿：《清代的惜字会》，台北《新史学》第 4 卷第 2 期。
薛剑文：《中国古代民间慈善救济事业的变迁及作用》，《山西大学学报》2013 年第 3 期。
靳环宇：《论晚清基层民间慈善组织的筹贩模式》，《贵州文史丛刊》2006 年第 1 期。
于铭松、邢燕：《重义轻利：儒家经济价值观》，《华北电力大学学报》2001 年第 4 期。
张英：《从“杀身成仁”，“舍生取义”看儒家生命价值观》，《理论探讨》2007 年第 2 期。
张锡金：《试论舍生取义及其现代意义》，《社会科学家》1997 年第 5 期。
陈国庆：《儒家义利观论纲》，《西北大学学报》1998 年第 1 期。
张宏慧：《儒家思想主导下的魏晋南北朝慈善事业》，《许昌学院学报》2008 年第 6 期。
王岸茂：《论古代清官的重民思想和务实作风》，《史学月刊》1997 年第 1 期。
王先明：《近代士绅基层的分化与基层政权的蜕化》，《黑龙江社会科学》1998 年第 4 期。

杨银权:《试论民族团结平等对多民族国家的重要性》,《兰州教育学院学报》2011 年第 3 期。
朱淑君:《晚清咸同时期士绅政治文化考察》,《兰州学刊》2011 年第 6 期。
杨银权:《独力与协作:试论清代陕西士绅与地方公共工程的营建》,《延安大学学报》2012 年第 2 期。
吕宽庆:《清代州县官司法问题探析》,《中州学刊》2014 年第 3 期。
徐茂名:《同光之际江南士绅与江南社会秩序的重建》,《江海学刊》2003 年第 5 期。
温文芳:《晚清时期贞女烈妇盛行的原因及状况——建立在〈申报〉(1899—1909)上的个案分析》,《甘肃行政学院学报》2003 年第 3 期。
张雪蓉:《晚清女性贞节礼俗社会教化功能的强化及其变化探微》,《南京邮电大学学报》2012 年第 3 期。
杨银权:《表率·教化·守护:清代陕西士绅与地方社会秩序之维护》,《宝鸡文理学院学报》2012 年第 2 期。
郑智辉:《传统孝文化及其现代价值》,《前沿》2003 年第 2 期。
卢先明、张闰洙:《孝的历史意蕴及其现代价值》,《云梦学刊》2012 年第 5 期。
杨明辉:《新三纲五常:中国传统孝养思想的现代转化》,《江苏大学学报》2013 年第 2 期。
刘季富:《中国古代孝行当议》,《新乡教育学院学报》2007 年第 2 期。
王璋:《灾荒中女性买卖初探——以清代山西为例》,《农业考古》2013 年第 6 期。
梁翠:《论孝道对中国古代官员仕途的影响》,《东南大学学报》2011 年第 13 卷增刊。
葛坔:《忠孝之道:传统政治伦理的价值结构与传统义务观》,《天津社会科学》1992 年第 5 期。
顾渊明:《浅谈清代陋规横行的原因》,《河套学院学报》2013 年第 1 期。
李映发:《清代州县陋规》,《历史档案》1995 年第 2 期。
柏桦:《明清州县衙门陋规的存留与裁革》,《史学集刊》2010 年第 3 期。
李严成:《绅士的资格获取与职业选择》,《湖北大学成人教育学院学报》2004 年第 5 期。